Roland Garve

Unter Mördern

Ein Arzt erlebt den Schwerverbrecherknast

Ch. Links

Ch. Links Verlag, Berlin

Zum Schutz der handelnden Personen wurden die Namen geändert und manche Handlungsabläufe geringfügig verfremdet.

Die Deutsche Bibliothek – CIP-Einheitsaufnahme
Garve, Roland:
Unter Mördern. Ein Arzt erlebt den Schwerverbrecherknast.
3. Aufl. – Berlin: Links, 1999
ISBN 3-86153-179-8

3. Auflage, Dezember 1999

Zehdenicker Straße 1, 10119 Berlin, Tel. (030) 44 02 32–0
www.linksverlag.de
Umschlaggestaltung: KahaneDesign, Berlin, unter Verwendung eines Fotos von Felix Schumann
Lektorat: Dr. Petra Kabus
Satz: LVD GmbH, Berlin
Druck und Bindung: Friedrich Pustet, Regensburg
ISBN 3-86153-179-8

Inhalt

Der Grotewohl-Expreß

Der Zug hielt. Die blockierten Räder kreischten auf den Schienen. Nach der stundenlangen Fahrt mit dem »Grotewohl-Expreß«, wie der Gefangenenzug im Fachjargon der Knaster hieß, kam wieder etwas Leben in die Abteilinsassen. Die stickige, verbrauchte Luft in der keine zwei Quadratmeter großen, verschlossenen Zelle hatte allen dicke Schweißperlen auf die Stirn getrieben. Das Hemd unter meinem Jackett klebte förmlich auf der Haut. Aber war es wirklich nur diese verdammte erdrückende Hitze, die mich so schwitzen ließ, oder war es die Erwartung des Ungewissen – Angst?

Mir gegenüber saß ein rothaariger, gutgenährter Mitvierziger, der von Familie, Haus und Job in Greifswald und den zwei nun abzusitzenden Jahren gesprochen hatte. Erst als er sicher gewesen war, daß die beiden anderen Mitinsassen in ihrer unbequemen Sitzhaltung eingeschlafen waren, hatte er mir ängstlich flüsternd anvertraut, daß er schon mal ein paar Jahre im Knast gewesen war, angeblich wegen Spionage. Damals hatte man ihm drei Jahre gestrichen, von denen jetzt die Bewährung noch nicht abgelaufen war. Er baute seine ganze Hoffnung darauf, daß man ihm die jetzt nicht auch noch aufbrummen würde.

»Weißt du, ich hab' mich damals recht gut geführt. War auch da oben in Rostock bei der Stasi. Hab' da nach'm Urteil 'n paar Jahre als Handwerker gearbeitet. Kenn' die Zellen, wo ihr drinnen wart, hab' die mit ausgemalert. Die U-Haft da ist wirklich blöde. Aber als Strafer konnt' man's da schon aushalten. Am Tag irgendwas bauen, Essen ging auch, und abends dann fernsehen. Und mit'm Oberstleutnant ... kennste den eigentlich? ... mit dem kam ich auch ganz dufte aus.«

»Und weshalb sitzt du jetzt?« fragte ich ihn. Über diese Frage schien er nicht sehr erfreut zu sein. Jedenfalls wurde sein Gesicht noch röter, während er prustend nach Luft und Worten, die ihm nicht einfallen wollten, rang.

»Ja, weißt du«, sagte er schließlich leise und stockend, »ich hab', als ich rausgekommen bin, immer nur gearbeitet für die Frau und den Jungen, das Haus, den Garten ... und ab und zu konnte ich das Saufen eben nicht lassen. Naja, und da ist es eben passiert, obwohl ich's gar nicht wollte. Eben der Scheiß-Suff und so ...«

Ich fragte nicht weiter und suchte in meiner Phantasie ein für ihn passendes kriminelles Delikt zwischen Fahrerflucht, Diebstahl und einer sexuellen Sache. Letzteres schien mir am ehesten zu passen, und ich empfand für den schwitzenden Menschen, der seine offensichtliche Scham hinter gespieltem Selbstbewußtsein verstecken wollte, eine Mischung aus Mitleid und Abscheu.

Die beiden anderen Mitreisenden waren noch nicht älter als Zwanzig, kannten sich aus dem Jugendwerkhof und hatten ähnliche Tätowierungen an Händen und Hals. Sie hatten nie gelernt, etwas Sinnvolles aus ihrem Leben zu machen, tranken zu viel und lebten von geklauten Sachen. Kriminelle, wie sie sich in dümmlich-provozierender und pöbliger Art und Weise in Kneipen, auf Bahnhöfen und Jahrmärkten bewegen.

Die beiden sprachen mecklenburgisch-breiten Dialekt, bemühten sich aber aus irgendwelchen Gründen um eine scheinbar berlinerische Mundart. Ständig mußte ein »eh!«, »weeßte!« oder »wa!« ertönen. Wer weiß, vielleicht machte das innerlich irgendwie stark oder half, Komplexe zu verstecken? Jedenfalls war ich zufrieden gewesen, als sie schon vor einiger Zeit ihr dummes Geschwätz mit stupider Schläfrigkeit vertauscht hatten. Das Quietschen der Räder hatte sie wieder munter gemacht. Sie wußten bereits, daß man sie nicht in einen absolut festen Bau stecken würde, und bedauerten den Rothaarigen, der nach Brandenburg sollte. »Mensch, Oller, da is mir dat Lager aber doch lieber. Ick kannt' ma een von die, den hamse da laufend uffjeruppt. Nee, Dicker, du, da haste aber tief inne Scheiße gegriffen! Mittenmang de Arschfickers kommste«, sagte der eine. Ich schaute in seinen geöffneten Mund. Es sah aus wie in einem Steinbruch. Alle oberen Vorderzähne fehlten, und ich staunte nicht schlecht, wie flüssig dieser Mensch noch vom »Saufen, Ficken, Bullenschweineverdreschen, Knackmachen« und so weiter schwadronierte.

Ob ich auch nach Brandenburg kommen würde? Ich hatte gehört, daß die Republikflucht-Delikte und andere politische

Vergehen in Cottbus oder Bautzen abgesessen wurden. Ach nein, Brandenburg ist nicht, da kommen andere hin, versuchte ich, mich zu beruhigen. Jetzt bloß nichts anmerken lassen und Ruhe bewahren! Ich dachte an die antifaschistischen Widerstandskämpfer aus den vielen Büchern über das Dritte Reich, die ich als Kind gelesen hatte. Damals war ich oft neidisch auf das Durchhaltevermögen und die edlen Verhaltensweisen unter extremen Bedingungen gewesen. So ein Held wäre ich auch gern gewesen. Na, nun hatte ich meine extremen Bedingungen.

Blödsinn! Aber ich hatte mir ein Ziel gestellt und durfte nicht zum Waschlappen werden. Also, wenn nötig, dann Zähne zusammenbeißen und vor allem gesund bleiben! Fünf Monate waren schon fast vorbei, und die restlichen fünfzehn kriegte ich, wenn ich nicht schon vorher abgeschoben wurde, ebenfalls rum. Vielleicht sollte ich das Ganze ja als eine Art zusätzliches Studium auffassen, damit ich später besser mit den verschiedensten Menschentypen auskommen könnte …

Ich schloß die Augen und ließ die vergangenen Monate noch einmal Revue passieren. Wie konnte ein frischgebackener Universitätsabsolvent und dressierter Staatsbürger wie ich nur hierher geraten?

Noch vor einem guten Jahr war ich ein braver, jung verheirateter Zahnmedizinstudent, der zwar etwas faul war, aber doch achtzig Mark Leistungsstipendium zusätzlich im Monat erhielt und sich auf sein Abschlußexamen vorbereitete. Freilich hatte ich Träume, die weit über die staatlich geförderte Schrebergartenmentalität hinausgingen. Ich wußte zwar nicht, wie sie jemals zu realisieren sein könnten, aber ich wollte unbedingt irgendwann einmal fremde, exotische Länder und ihre Einwohner kennenlernen. Nicht durchs Fernsehen, sondern live. Mir schwebten Expeditionen durch Neuguinea zu unbekannten Papuastämmen und am Amazonas zu wilden Indianern vor. Wie oft hatte ich die alten Schmöker des Dresdner Weltreisenden Erich Wustmann gelesen und war in Gedanken mit ihm auf Reisen gegangen. Der Regenwald mit seiner unglaublichen Artenvielfalt, besonders den riesigen Käfern und Schmetterlingen, hatte es mir schon seit frühester Kindheit angetan. Einmal dorthin zu gelangen, war für mich zehnmal wichtiger, als Westeuropa oder die USA kennenzulernen. Die Aussicht, mich möglicherweise zeit meines Arbeitslebens, das heißt bis hin zum Rentenalter, nur zwischen Ostsee und Erzgebirge und im Urlaub vielleicht noch im sozialistischen Bruderland Bulgarien als ungeliebter Nichtdevisenbringer bewegen zu können, gefiel mir gar nicht. Man mußte nicht erst Ostrowskis »Wie der Stahl gehärtet wurde« gelesen haben, um zu begreifen, daß man wirklich nur ein einziges Mal auf diesem Planeten lebt. Und der war weit größer als die kleine DDR. Außerdem hatte ich den hochgepriesenen »real existierenden Sozialismus« der DDR mit all seinen Phrasen, »antiimperialistischen Schutzwällen« und anderen üblen Erscheinungen reichlich satt. Die Diskrepanz zwischen den hohlen Parteitagssprüchen und der Mangelwirtschaft, den gähnend leeren Geschäften war zu deutlich, und ein System, das seine Macht ausschließlich mit Mauern, Selbstschußanlagen, Minen, Todesschüssen und einem gefürchteten Geheimdienst durchsetzen konnte, war nicht demokratisch.

Es mußte etwas passieren.

Freunden war per Schlauchboot die Flucht über die Ostsee gelungen. Sie hatten es clever angestellt, waren nicht Richtung Westen gefahren, sondern nach Bornholm. Inzwischen arbeiteten sie in westdeutschen Kliniken in ihren Berufen als Ärzte. Ich fand ihren Schritt sehr mutig. Immerhin hatten sie ein paar Jahre Knast oder gar ihr Leben riskiert und Freunde und Verwandte zurückgelassen. Aber sie hatten auch endlich diese stets fühlbare staatliche Bevormundung und Gängelei überwunden und einen Grad von Freiheit erreicht, um den ich sie nur beneiden konnte.

Meinen Freund Alexander, einen angehenden Kinderarzt, beschäftigten ähnliche Gedanken. Eines Tages sprach er mich direkt auf eine mögliche gemeinsame Republikflucht hin an. Zuerst war ich verunsichert. Es hätte schließlich eine Stasi-Falle sein können. Aber diesen Gedanke ließ ich schnell fallen. Ohne lange weiter zu überlegen, sagte ich zu. Ich vertraute ihm und er mir offenbar auch. Aber absolut niemand anders durfte von unseren aufkeimenden Plänen wissen. Das war oberstes Gebot. Auch meine Frau durfte nichts davon erfahren. Wenn die Stasi ihr später hätte nachweisen können, von unseren Plänen Kenntnis gehabt zu haben, hätte man sie als Mitwisserin eingesperrt. Das durfte ich nicht riskieren. Irgendeine Möglichkeit, sie und unsere gemeinsame kleine Tochter später per Familienzusammenführung legal nachzuholen, würde sich schon finden.

Zunächst diskutierten wir eventuelle Fluchtmöglichkeiten über die Ostsee per Faltboot oder über Ungarns »grüne Grenze« hinüber nach Österreich. Doch das Schlupfloch Richtung Bornholm war sicherlich längst dichtgemacht worden, und die ungarische Grenze hätte man zunächst inspizieren beziehungsweise von jemandem aus dem Westen erforschen lassen müssen. Aber wer sollte das tun?

Ich war in einem Grenzort an der Elbe aufgewachsen, und so kam ich auf eine schwierige, aber nicht unmögliche Fluchtvariante: Im Herbst hing der Morgennebel über den Elbwiesen und Zuflüssen zuweilen so dicht und tief, daß man selbst mit Scheinwerfern kaum zehn Meter weit schauen konnte. Wenn man sich dann unter Wasser strikt an die Richtung per Kompaß hielt, standen die Chancen gar nicht so schlecht, in der Elbe wieder aufzutauchen und gen Westen abzutreiben. Aber dazu brauchte man Tauchgeräte, eine gute Kondition und viel Übung und Erfahrung unter Wasser. Und woher Tauchgeräte bekommen? Wie funktionierten die überhaupt? Noch war Winter, also verschoben wir die Tauchvorbereitungen, das Abhärtetraining und die gesamte Logistik auf die wärmere Jahreszeit. Ich mußte auch noch mein Studium beenden. So beschränkten wir uns zunächst auf Lauftraining im Wald und Kraft- und Kampfsport im Fitneßraum meines Studentenheimes. Auch Nahkampf konnte wichtig sein. Es ging schließlich um unser Leben. Dessen wurden wir uns zunehmend bewußt.

An dem für die mögliche Flucht vorgesehenen Hafenkanal an der Elbe befand sich eine Schiffswerft, die riesige Binnenfahrgastschiffe für die Sowjetunion baute. Als Schüler auf der Erweiterten Oberschule war ich während der sogenannten Wissenschaftlich-praktischen Arbeit dort gewesen. Die Schiffe befanden sich noch im Rohbau, wenn sie von einem Team staatstreuer Genossen in die Elbe manövriert, dort gedreht, anschließend nach Geesthacht und Hamburg Richtung Nordsee gefahren und schließlich über den Nord-Ostsee-Kanal zur endgültigen Fertigstellung nach Wismar überführt wurden. Die Hafenausfahrt war durch mehrere Reihen von Signalzäunen und Sperrgittern gesichert und durch eine Kette von Straßenlaternen nachts gut ausgeleuchtet. Auf beiden Seiten standen hohe

Wachtürme der DDR-Grenztruppen mit MG-Nestern und bester Sicht auf den Kanal und den unmittelbaren Zugang zur Elbe. Täglich patrouillierten sowohl Grenzer als auch Wasserschutzpolizisten mit Schnellbooten. Die Werft selbst wurde durch grünuniformierte Betriebsschutzangehörige, die der Volkspolizei unterstanden, abgesichert. Auch sie waren bewaffnet, tagsüber mit Pistolen und nachts zusätzlich mit Kalaschnikows und scharfen Spürhunden. Hinter der Werft war die Grenze zusätzlich mit riesigen Hundelaufgräben abgesichert. Wenn die Hunde, an langen Leinen hin- und herlaufend, fremde Geräusche vernahmen oder jemanden witterten, schlugen sie sofort an. Wo und ob sich in diesem Grenzabschnitt Selbstschußanlagen oder sogar noch wie früher Minen befanden, wußte niemand genau. Trotzdem schien uns die Werft die einzige Stelle zu sein, von der aus man überhaupt eine Chance haben konnte, unbemerkt in die Elbe zu gelangen.

Acht Jahre zuvor, die ersten Minenfelder waren gerade geräumt worden, hatte eine achte Klasse aus Hagenow die Werft besichtigt. Die Schüler sollten sich im Rahmen der Vorbereitung auf ihre Jugendweihe über spätere Berufsmöglichkeiten informieren. Zwei der knapp vierzehnjährigen Kinder waren plötzlich spurlos verschwunden. Sie waren über den Betriebszaun geklettert und am Kanalufer entlang Richtung Elbe marschiert. Am hellichten Tag. Da sie niemand bemerkte, erreichten sie schließlich Lauenburg und waren im Westen. Auch das war einmal möglich gewesen. Aber jetzt war das gesamte Elbufer derart mit Sicherheitsvorkehrungen versehen, daß eine Flucht auf dem Landwege einem sicheren Selbstmord gleichkam. Wenn überhaupt in diesem Grenzbereich, dann konnte sie nur unter Wasser gelingen.

Unsere Idee war, nachts oder während der Dämmerung über den Betriebszaun zu klettern und so weit wie möglich am Schiffskai Richtung Westen bis hin zum betriebseigenen Holzlager zu gehen, um dort unbemerkt ins Wasser zu kommen. Dann waren es noch einige hundert Meter bis hinein in die Elbe, die man entweder unter Wasser in Ufernähe krabbelnd oder in der Fahrtrinne schwimmend zurücklegen mußte. Ein guter Freund, der auf der Werft arbeitete, diente mir als Informant. Er stellte keine Fragen.

Unsere abendlichen Treffen wurden immer häufiger und konspirativer. Die Kommilitonen sollten möglichst nicht mitbekommen, daß Alexander und ich inzwischen dicke Freunde geworden waren.

Aber die Ereignisse überstürzten sich plötzlich. Meine Ehe ging in die Brüche. Innerhalb von drei Wochen war ich geschieden. Ein Gefühl, als ob man den Boden unter den Füßen verliert. Doch andererseits stand nun unserem Fluchtvorhaben nichts mehr im Wege. Jetzt erst recht, war von nun an meine Devise. Ich mußte nur noch meine bevorstehenden Abschlußprüfungen über die Bühne bringen und die Approbation erhalten.

Die Vorbereitungen wurden ernsthafter. Das einzige Sportgeschäft der DDR, in dem Tauchgeräte erhältlich waren, befand sich in Berlin-Köpenick. Wir fuhren also von Greifswald in die Hauptstadt. Allerdings brauchte man für den Erwerb einer Taucherausrüstung nicht nur eine plausible Erklärung, sondern auch eine Art Waffenschein. Ich ahnte so etwas, wußte es aber nicht genau. Jedenfalls blieb Alexander draußen gleich um die Ecke im Auto, während ich den Laden betrat und beim Verkäufer nach den Geräten fragte.

Wozu ich die denn bräuchte, war seine erste Frage. Ich stammelte irgend etwas von einer GST-Tauchsportgruppe, die mich hergeschickt hätte, damit ich mich nach neuen Geräten erkundigte.

Der Mann zog ungläubig die Brille herunter und bat mich um meinen Taucherpaß oder GST-Ausweis. Sonst könnte er gar nichts für mich tun.

Das sei überhaupt kein Problem. Moment mal! Ich fingerte in meinen Hosentaschen, klapste mit der flachen Hand auf die Stirn: »Genau! Hab' ich im Auto vergessen.« Der Verkäufer schielte mir hinterher. Ich war mir sicher, er hatte mich durchschaut. Ich lief um die Ecke und vergewisserte mich, daß mir niemand folgte, um die Autonummer zu notieren. Dann verschwanden wir schleunigst.

An konventionelle Tauchgeräte heranzukommen war also nicht möglich. Wir mußten selbst welche bauen. Druckbehälter aus Metall, ein Kompressor, Atemventile und sogenannte Lungenautomaten waren vonnöten.

Zuerst hatte ich die Idee, Feuerlöscher umzubauen. Wir fanden ein paar ausgediente Exemplare auf einem Schrottplatz.

Allerdings ließen sie sich kaum öffnen, geschweige denn reinigen. Den Gedanken mußten wir verwerfen.

Vielleicht funktionierte es mit Propangasflaschen? Aber woher sollten wir die nehmen? Im HO-Geschäft für Freizeit- und Campingbedarf zuckte die Verkäuferin nur mit den Schultern. Die Läden in der Provinz wurden schon seit langem nicht mehr mit Propangasflaschen beliefert. Bei der ständigen Mangelwirtschaft war es gar nicht so einfach, eine »standesgemäße« Fluchtausrüstung zu beschaffen.

Ich mußte also erneut dem »Schaufenster der Republik« einen Besuch abstatten. In Berlin konnte ich drei Druckbehälter ergattern. Obwohl die Verkäuferin sich nicht danach erkundigte, was ich mit den Dingern vorhatte, schlich ich wie ein Agent in geheimer Mission mit unauffälligem Bodenhaftungsblick, Herzklopfen und großer Einkaufstasche aus dem Centrum-Warenhaus. Ich fühlte mich ständig beobachtet und verfolgt. Natürlich war das Quatsch. Aber wenn mich jetzt die Stasi geschnappt hätte, mir wäre wahrscheinlich nicht einmal eingefallen, daß ich die Propanflaschen zum Camping brauchte.

Bei Alexander wurde ich meine »heiße Ware« los. Er konnte über meine Verfolgungsängste nur lachen.

Auf dem Klinikdachboden fanden wir gebrauchte Beatmungsmasken, die wahrscheinlich noch aus der Nachkriegsproduktion stammten, aber noch funktionierten. Es war für mich kein großer Aufwand, daraus mit Zahnprothesenkunststoff passende, wasserdichte Mundstücke anzufertigen. Jetzt fehlten nur noch Kompressor, Druckregler und Schläuche. Berechnungen über Atemminutenvolumen, benötigten Mindestdruck in der Flasche und die unter Wasser zu verbleibende Zeit hatten wir schon angestellt.

Ein Kompressor, der über eine Leistung von zehn Atü hinausging, war absolut nicht zu bekommen. Zunächst behalfen wir uns damit, die Propangasflaschen an einer Tankstelle mit Preßluft zu füllen. Während einer die Gegend ableuchtete, tat der andere so, als würde er den Reservereifen im Kofferraum aufpumpen. Dank meiner ebenfalls aus Prothesenmaterial gebauten Ventilvorrichtung erreichten wir den Maximaldruck von zehn Atü. Anschließend machten wir den ersten Unterwassertest. Nein, nicht im Fluß, sondern nur in der Badewanne.

Es gelang tatsächlich, den Kopf reichlich sechs Minuten lang unter Wasser zu behalten. Wir waren glücklich darüber, berauschten uns mit euphorischen Zukunftsvisionen, Pink Floyds »The Wall« und selbstgemachtem Rhabarberwein.

Jean-Michel Jarres »Oxygen« wurde zu unserer zweiten Aufbau- und Seelenmusik. Wir hörten die Platte quasi jedesmal, wenn wir uns trafen. Immer etwas lauter, um dabei ungestört quatschen zu können. Die Wände der eintönigen Neubauklötze waren nicht nur mit Stethoskop gut zu durchhorchen. Es genügte, ein Ohr an die Wand zu legen, um mitzubekommen, was der Nachbar so trieb. Manchmal gab es Ärger mit den Nachbarn wegen zu lauter Musik. Einmal stand sogar ein Polizist, der wegen nächtlicher Ruhestörung gerufen worden war, vor der Tür. In diesem Moment fühlte ich mich ertappt wie Kjeld von der Olsenbande. Alexander blieb cool und wimmelte den besorgten Genossen mit freundlichen Worten ab.

Im April mußte ich mein vierwöchiges Militärmedizinpraktikum im Lazarett von Peenemünde ableisten, wurde dafür noch einmal richtig zur Armee eingezogen und trug die Matrosenuniform der Volksmarine. Obwohl wir Studenten noch keine Approbation besaßen, setzte man uns bereits als Ärzte ein. In der Zahnarztpraxis ließ man uns frei walten, bohren und Zähne ziehen. Ein gutes Praktikum für die Zukunft.

Peenemünde war militärisches Sperrgebiet. Hier wurden auch Marinetaucher ausgebildet. Wir wohnten sogar im selben Mannschaftsraum. Natürlich gab es genügend Gesprächsstoff. Ich hatte keine Ahnung vom Tauchen und ließ mir alles erklären. Im Lazarett-Schreibtisch fand ich Blanco-NVA-Tauchscheine. Einer verschwand, nachdem ich ihn mit einigen Stempeln versehen hatte, in meiner Hosentasche. Vielleicht brauchte ich ihn noch einmal. Außerdem kam ich in der Werkstatt der Taucher an diverses kleines Zubehör heran, das wir dringend für den Bau unserer Apparate benötigten. In den Regalen lagen ausrangierte Druckregler, Schläuche und Ventile, die keiner vermißte.

Später trieben wir eine halbvolle Sauerstoffflasche auf und füllten damit unsere Flaschen zusätzlich zur Druckluft. Jetzt konnten wir die ersten richtigen Tauchversuche starten. Wir fuhren zu einem Waldsee. Das Wasser war zu dieser Jahreszeit noch bitter kalt. Ich legte meine Schwimmflossen an und stieg hinein. Es war ein Gefühl, als würde ich im Gefrierschrank liegen. Um unterzugehen, mußte der Körper beschwert werden. Wir hatten uns zu diesem Zweck Gürtel aus schweren Kettenteilen vom Schrottplatz gebaut.

Die Sicht war unter Wasser relativ schlecht, aber es gelang mir mühelos, eine Strecke von über hundert Metern direkt unter der Wasseroberfläche zu durchtauchen. Allerdings wich ich sehr von der angepeilten Richtung ab und wäre beinahe einem Angler in die Quere gekommen. Aber es funktionierte!

Um weiterhin keinem Menschen zu begegnen, verlegten wir unsere Tauchversuche in die frühen Morgenstunden und den Abend. Wir tauchten schließlich in Flüssen und im Bodden. Die zurückgelegten Strecken wurden immer größer. Alexander war Brillenträger und nachtblind. Also mußten wir uns mit einer Strippe aneinander festmachen, und er schwamm mir hinterher. Schließlich bastelten wir sogar noch eine beleuchtete Uhr mit Kompaß.

Überschattet wurden unsere Fluchtvorbereitungen eines Tages durch eine Radiomeldung im NDR. Am Vortag war ein junger Republikflüchtiger von DDR-Grenzern erschossen worden. In diesem Moment ging unsere Stimmung Richtung Nullpunkt. Die Gefährlichkeit der Grenze und seiner Bewacher war uns noch immer nicht richtig klar gewesen.

Tagsüber büffelte ich für die Examina. Jede bestandene Prüfung wurde abgehakt. Schließlich blieben nur noch zwei übrig.

Nach der vorletzten Prüfung bat mich der Professor in sein Büro und verschloß die Tür hinter sich. Geheimniskrämerisch teilte er mir mit, daß ich mich sofort bei der Abteilung für Erziehung und Ausbildung bei einem gewissen Dr. Meyer zu melden hätte. Er wisse nicht, worum es gehe. Mir rutschte das Herz in die Hose. Mein Instinkt sagte mir, daß es nur eine Firma geben konnte, die sich so merkwürdig ankündigte.

Ich entschied mich, nicht zum Termin zu erscheinen, sondern erst einmal eine Stunde abzuwarten und dann aus einer Telefonzelle anzurufen.

Der vermeintliche Dr. Meyer am anderen Ende der Leitung war zunächst außer sich vor Wut, benahm sich dann aber so, als ob er mich bereits gut kennen würde, und meinte, ich möge dann bitte jetzt sofort kommen, die Angelegenheit verdiene keinen Aufschub.

Ich tat so, als ob die Leitung unterbrochen sei, und verschwand bis zur letzten Prüfung eine Woche später von der Bildfläche. Alexander, inzwischen glücklich verheiratet, erwartete mich bereits an der Müritz zum »Training«. Seine Familie ahnte nicht das Geringste. Ich teilte ihm meinen Verdacht mit, daß die Stasi hinter mir her sei. Er nahm mich nicht ernst, war mit seinen Gedanken schon ganz woanders. Aber von meiner Exfrau erfuhr ich, daß in der Zwischenzeit ein Stasi-Mann bei ihr erschienen war, sich nach meinem Verbleib erkundigt und in unserem Zimmer herumgeschnüffelt hatte.

Meine letzte Prüfung verlief bestens, und hinterher ließen wir mit dem Professor die Gläser klingen. Endlich geschafft! Als ich aus der Tür trat, standen dort zwei unauffällige Herren, zückten ihre Ausweise und nahmen mich »zwecks Klärung eines Sachverhaltes« mit. Mit ihrem Diensttrabbi ging's zur MfS-Kreisdienststelle. Ich saß hinten und hatte Angst.

Die Genossen führten mit mir ein sogenanntes Vorbeugungsgespräch. Es gebe Anhaltspunkte, daß ich im Sinne einer zu begehenden strafbaren Handlung gefährdet sei. Man wolle mir nur helfen. Während des Militärmedizinpraktikums in Peenemünde hätte ich die Kampftaucher gezielt befragt, ob man unter Wasser mit Radar oder ähnlichem geortet werden könnte. Diese Ausfragerei sei höchst verdächtig gewesen. Ein junger Mensch, so wurde mir gesagt, hätte sich vertrauensvoll an das MfS gewandt, weil er sein Gewissen nicht länger damit belasten wollte. Und nicht nur der Junge mit dem schwer beladenen Gewissen, sondern auch andere verantwortungsbewußte Mitbürger hätten seit einiger Zeit den Eindruck, daß ich irgend etwas Verbotenes im Schilde führte. Das sollte ich den beiden nun einmal näher erklären.

Angeheitert, wie ich von der Feier war, mußte ich mich zusammenreißen, die Situation wirklich ernstzunehmen. Wie konnten die sich diese Geschichte nur aus den Fingern saugen? Für meine drei Kommilitonen, die im Lazarett mit mir gearbeitet hatten, hätte ich meine Hand ins Feuer gelegt. Unvorstellbar, daß darunter ein Denunziant war. Einer von ihnen, Paddel mit Spitznamen, war sogar mit einer Polin, einem Mitglied der Solidarność, verheiratet. Der kam am wenigsten in Frage, meinte ich. – Elf Jahre später sollte ich erfahren, daß es tatsächlich Paddel gewesen war, der als IM unter dem Decknamen Harald für das MfS gearbeitet hatte und schon sehr frühzeitig auf mich angesetzt worden war, um »Ansatzpunkte für eine vorzeitige Exmatrikulation des Garve zu erarbeiten«.

Die Herren machten mir klar, daß man mich auf der Stelle verhaften könnte, wenn sich noch weitere Anhaltspunkte für eine staatsfeindliche Handlung ergäben. Mit erhobenem Zeigefinger ließen sie mich nach anderthalb Stunden Kreuzverhör wieder laufen.

Doch Alexander und ich setzten bei Nacht und Nebel unser Training fort. Wir trauten uns nicht mehr, mit unseren Flaschen zur Tankstelle zu fahren, und kamen auf die unglückliche Idee, nachts eine in einem Nebengebäude der Uni stehende Sauerstoffflasche anzuzapfen. Um diese Zeit hielt sich niemand dort auf, und wir fühlten uns relativ sicher, machten aber trotzdem kein Licht.

Zwei von unseren Flaschen waren bereits gefüllt. Die dritte und kleinste sollte nur als Ersatzflasche dienen. Draußen vernahm ich ein Geräusch. Vielleicht von einer Katze. Wir schauten auf die Straße. Plötzlich gab es hinter uns ein Zischen und dann einen Knall. Die kleine Propangasflasche war an einer dünnen Schweißnaht geplatzt.

Damit hatten wir nicht gerechnet. Wir gerieten in Panik. Obwohl Alexander sofort die Sauerstoffflasche verschloß, blieb mir ein eigenartiger Piepton im Ohr. Ich konnte für einige Augenblicke kaum noch hören. Meine Hand blutete.

Der Tisch, auf dem die Gasflasche gelegen hatte, war durch den Druck zerborsten, ein größeres Stück Putz hatte sich von der Wand gelöst. Auch eine Fensterscheibe war zu Bruch gegangen, und das Honeckerbild hing nicht mehr an der Wand. Klar, daß man am nächsten Morgen den Schaden entdecken würde. Wir hatten ein furchtbar schlechtes Gewissen und waren unfähig, einfach abzuhauen.

Offenbar hatte aber niemand den Lärm vernommen. Alles blieb ruhig. Alexander begann mit Aufräumungsarbeiten, während ich die Gasflaschen in meiner Tasche verstaute. Wir nahmen uns vor, später für die Renovierungskosten aufzukommen und uns zu entschuldigen. Aber dazu mußten wir so schnell wie möglich die Seiten wechseln. Am anderen Tag wollten wir uns noch einmal treffen, um letzte Einzelheiten zu besprechen.

Draußen auf der Straße bekam ich plötzlich einen Schwächeanfall. Ich spürte eine klebrige Flüssigkeit auf dem Bauch. Blut!

Unter dem hochgezogenen Pullover entdeckte ich in Höhe der Leber ein fingerdickes Loch. Es sah aus wie ein Einschuß. Offenbar hatte mich ein Splitter getroffen. Mir wurde schlecht. Eine innere Blutung konnte ich weder selbst behandeln noch überleben.

Ich riß mich, so gut es ging, zusammen und schleppte mich in die Universitätsklinik. Der diensthabende Arzt kaufte mir die Geschichte eines angeblichen Fahrradsturzes nicht ab und rief noch in meinem Beisein die Kriminalpolizei an, weil er der Meinung war, es könnte sich um einen Messerstich handeln. Die ärztliche Schweigepflicht gelte in diesem Falle nicht, klärte er mich auf.

Dem Kriminalpolizisten, einem freundlichen älteren Herren, erzählte ich dieselbe Geschichte. Ich hatte sogar den Eindruck, daß er mir die Notlüge halbwegs abkaufte. Danach erhielt ich eine Narkose und wurde operiert.

Als ich tags darauf aufwachte, kämmte mir jemand die Haare. Staub fiel auf Papier. Junge Männer mit strengen Gesichtern und schicken Exquisit-Anzügen saßen um mich herum. Das waren keine Polizisten.

Obwohl frisch operiert, wurde ich mit einem Stasi-Krankenwagen zunächst nach Rostock ins MfS-Untersuchungsgefängnis verbracht. Dort wurde mir der Haftbefehl vorgelesen. Mein Bauch war geschwollen, und die Wunde tat weh. Trotzdem fuhr man mich nach Berlin ins Haftkrankenhaus. Kurz bevor der Krankenwagen dort ankam, zog mir ein Bewacher die Bettdecke über den Kopf, damit ich nicht mitbekam, wo genau in Berlin wir uns befanden.

Drei Wochen verbrachte ich in einer Einzelzelle, dann ging's zurück nach Rostock ins dortige Stasi-Gefängnis.

Es war ein schreckliches Gefühl, so urplötzlich in einem Gefängnis zu stecken. Alle zehn Minuten ging nachts das Licht an, jemand schaute durch den Spion, und niemand sprach mit mir mehr als nötig. Ich fiel in ein ganz tiefes depressives Loch.

Auch Alexander war inzwischen verhaftet worden. Kurz vorher hatte er noch unsere Fluchtpläne und die bei der Marine gestohlenen Gerätschaften, die uns eine zusätzliche Verurteilung wegen Diebstahl eingebracht hätten, beiseiteschaffen können und auch unsere Approbationsurkunden, die man uns sicher gerne abgenommen hätte, versteckt. Der Stasi-Vernehmer, ein baumlanger junger Kerl, hatte es leicht mit uns, da sich unsere Aussagen im wesentlichen deckten und wir die Fluchtvorbereitung, derer wir beschuldigt wurden, nicht bestritten.

Der Zug stand. Am oberen Rand der vergitterten Milchglasscheibe war eine kleine Klappe, die man ein paar Zentimeter nach innen ziehen konnte. Mit einigen Verrenkungen gelang es mir, einen Hauch der kühlenden Nachtluft einzusaugen. Ich konnte ein paar Lichter draußen erkennen, Wagentüren klappten, und ich hatte das Gefühl, daß unser Wagen soeben abgekoppelt wurde. Eine Stimme im Berliner Dialekt, vermutlich die eines Eisenbahners, war zu hören und eine Art Hammerpochen an den Rädern. Dann ertönten Hundegebell und gedämpfte Befehle. Die Nachbarzellen wurden nach und nach geöffnet, Namen vorgelesen und Leute herausgeholt. Bei leichtem Druck auf die federnde Tür konnte ich durch einen ganz schmalen Spalt am Türschloß einzelne Leute vorbeigehen sehen. Es waren junge, hübsche Frauen darunter, auch solche, denen man die Prostituierte deutlich ansah.

Als unsere Zellentür, an die ich mich angelehnt hatte, plötzlich aufging, krampfte ich die Hände um meinen kleinen Klappsitz, um nicht zu fallen. Mein Herz pochte. Das Licht floß stechend in die Augen. Ich hielt die Hände reflexartig vors Gesicht und hatte auf einmal Angst, mein Name werde vorgelesen. Ich kam mir vor wie eine störrische Maus, die man an einen kleinen Käfig gewöhnt hat und nun in einen größeren sperren will.

Ein gutgenährter junger Polizist in blauer Uniform und mit lustigen Augen stand vor uns. In der Hand hielt er ein paar Karten mit aufgeklebten Paßbildern, die aussahen wie Steckbriefe aus klassischen Western. Er nannte einen Namen und fragte nach dem Geburtsdatum. Der dicke Rothaarige stand stramm und betete seine paar Daten zitternd herunter. Dann hörte ich meinen Namen und antwortete, ohne auf die Frage zu warten, mit meinem Geburtsdatum. Der Bulle lächelte. Er war alles andere als ein böser, brutaler Mensch, sicher einer, der hier bei den Ganoventransporten nur seinen Job machte, seine Ruhe haben wollte und vielleicht bei bestimmten »Straftaten«, die auf den Karten vermerkt waren, dem Delinquenten mit einem mutmachenden Lächeln oder einem Augenzwinkern ein kleines bißchen Sympathie zeigte.

Kurz vor dem Ausstieg erwartete mich ein anderer Blauer, der mir eine Handschelle um die linke Hand legte. Dann wurde ich an einen kleinen, dicken Gefangenen geschlossen. Zusammen führte man uns vorbei an schwerbewaffneten Polizisten und kläffenden Hunden zu einem LKW Typ W 50. Ich konnte feststellen, daß wir uns in Berlin in der Nähe vom Bahnhof Rummelsburg befanden. Mein unförmiger siamesischer Zwilling kletterte voraus in das Kastengestell des LKW. Ich folgte. Durch die Bewegung drückte die Handschelle ins Gelenk. Als ich mit der anderen Hand nach dem fesselnden Ding griff, rastete der Zackenring noch mehr ein. Der Schmerz wurde stärker. Der Bulle, dem ich das begreiflich machen wollte, winkte nur unbeeindruckt ab. Also Zähne zusammenbeißen und nicht daran denken!

Im Innern des Wagens befanden sich auf der einen Seite zwei lange, braun gepolsterte Sitzreihen. Ansonsten war hier alles einfarbig grau.

Der Rothaarige saß bereits da, schaute zu mir und freute sich über das bekannte Gesicht. Er war an einen Jungen, der noch halb wie ein Kind aussah, gekettet worden. Dessen verstörter Blick in dieser düsteren Umgebung von Polizisten und Ganoven machte mich betroffen. Wer weiß, welche Untat der Kleine verbockt hatte und wie sein weiterer Weg zum Erwachsenwerden aussehen würde?

Die graue Minna hielt noch mindestens zweimal auf der Strecke nach Brandenburg. Gefangene wurden hinausgeführt, andere hineingebracht. Draußen war es stockdunkel und eiskalt, als sich das erste große Tor der berüchtigten Strafvollzugseinrichtung Brandenburg wie ein Schlund öffnete und unsere Gefangenenkiste auf Rädern mit metallischem Knall verschluckte. Unter Türknallen, Gittergerassel, Schlüsselklimpern und kurzen markanten Befehlstönen passierte der Transporter die Schleuse durch die äußere Sicherheitszone. Die Kiste wurde geöffnet. Wir stiegen aus.

Es war Mitternacht, doch der Raum, den wir betraten, war mit Leuchtstoffröhren taghell ausgeleuchtet. Ein forscher, aber freundlicher Bulle nahm uns die Handschellen ab und führte uns zu einem Haufen von Postsäcken, die mit abgeladen worden waren und in denen sich unsere Habseligkeiten befanden. Jeder griff sich den seinen heraus und folgte dem Bullen zur Effektenkammer. Dort erwarteten uns bereits zwei ältere Strafgefangene. Beide hatten dunkelblaue Uniformen an. Wenn auf den Hosenaußenseiten und auf dem Rücken nicht leuchtend gelbe, fast handbreite Streifen aufgenäht gewesen wären, hätte ich die beiden Grauhaarigen für Reichsbahner oder Feuerwehrmänner gehalten. Allerdings hatten beide schon das Pensionsalter erreicht. Um sie herum stapelten sich Berge von Arbeitsschuhen, Uniformen und grauer Unterwäsche.

»Na, Jungs, wieviel habt ihr denn mitgebracht?« fragte der eine in die Runde der Neuankömmlinge. Seine Stimme hatte einen väterlichen, freundlichen Klang. Die Antwort eines jungen, etwa neunzehnjährigen Typs neben mir klang etwas bedrückt: »Ich habe LL.« Sein Gesicht wurde rot dabei. Er zog es vor, nicht weiter darüber zu sprechen und auf die Wäscheberge auf dem Boden zu starren. LL war das Kürzel für lebenslänglich. Noch in der Zugangsabteilung sollte ich erfahren, daß der Junge seine eigene Oma umgebracht hatte. Sexualmord. Die Leiche hatte er tagelang unter ihrem Klappsofa versteckt.

»Na, mach dir mal nichts draus. Hier bist du gut aufgehoben. Und wenn du 'nen guten Job kriegst, macht das Leben auch wieder Spaß. Kannste mir glauben. Ich bin schon fast zwanzig Jahre hier«, versuchte ihn der Alte aufzumuntern.

Nachdem wir uns splitternackt ausgezogen hatten, erhielten auch wir unsere Knastuniformen. Sie waren graugrün eingefärbt, hatten aber die gleichen gelben Streifen. Vermutlich neueste DDR-Zuchthausmode. Kein Wunder, daß mich sowohl die langärmeligen häßlichen Unterhemden als auch die Filzuniformen an meine Armeezeit erinnerten: Es handelte sich um ausrangierte, eingefärbte NVA-Uniformen. Die Auswahl schien nicht sehr groß zu sein. Es gab für mich keine passende Hose, und ich erhielt einfach Hosenträger, um sie festzuhalten. Mit den hohen Arbeitsschuhen sollte ich noch wochenlang meine Probleme haben, bis sie sich endlich an meine Füße angepaßt hatten. Ein Umtausch war leider nicht möglich. Größe 45 war zur Zeit ausverkauft. Monate später löste ich selber das Problem, indem ich mit einem scharfen Messer daraus Halbschuhe maßschneiderte.

Der schwere Filzmantel saß besser. Die Klamotten rochen nach Desinfektionsmitteln. Wer weiß, wie viele Mörder schon in ihnen gesteckt hatten.

Während uns der eine grauhaarige Lebenslängliche die Privatsachen abknöpfte und sich pedantisch jeden Socken quittieren ließ, zeigte uns der andere, wie wir die Knastklamotten und die karierte Bettwäsche in einer Filzdecke zu einem tragbaren Sack zusammenwickeln konnten. Jeder von uns erhielt zum krönenden Abschluß noch eine große braune Plastetasse mit der Bodenprägung »Made in DDR«, einen weißen Plaste-Suppenteller und ein Aluminiumbesteck. Das Messer war abgerundet und die Schneide etwa einen Millimeter dick. Immerhin schon mal ein Vorteil zum Stasi-Gefängnis. Dort waren auch die Messer komplett aus Plaste gewesen. Jemand mit Suizidabsichten hatte es hier im Zuchthaus jedenfalls viel leichter, sein Ziel zu verwirklichen, als bei der Stasi.

»Und du, mein Junge, hast du auch bis zur Jahrtausendwende?« blinzelte mich der eine Effektenausgeber freundlich an. Bis zur Jahrtausendwende! Das waren noch achtzehn Jahre! Vielleicht war das ja auch gleichbedeutend mit lebenslänglich.

»Nein, ich habe nur zwanzig Monate.« Mir war die Antwort fast peinlich angesichts der lebenslänglichen Kollegen.

Das Gesicht meines neugierigen Gegenübers verfinsterte sich: »Wieso, bist du etwa Ausweiser?«

Ich verstand ihn nicht so recht. Was, in aller Welt, war denn nun schon wieder ein Ausweiser? Vielleicht meinte er, ob ich einen Ausweis geklaut oder gefälscht hätte?

Mein Hintermann mischte sich ein: »Ob du ausgewiesen werden willst?! Ab in den Westen, verstehste?«

»Ja, ja, na klar.«

Dem Grauhaarigen war die gute Laune vergangen: »Da lohnt sich ja die ganze Klamottenausgabe gar nicht. Die paar Tage bis zur Abschiebung könntet ihr auch im Zugang absitzen. Scheiß Ausweiser!«

»Von wegen paar Tage, ich hab' zehn Jahre abgefaßt«, meldete sich eine Stimme hinter mir. Ich drehte mich um. Ein breitschultriger baumlanger Kerl stand da im gebügelten Knastlook und reichte mir die Hand.

»Hast du auch Anwalt Vogel?« fragte er mich.

»Nicht persönlich, aber einen seiner Vertreter aus Rostock. Aber sag mal, wofür hast du denn zehn Jahre bekommen?« wollte ich wissen, und er erzählte:

Er war mit seinen Ende Zwanzig einer der jüngsten Entwicklungsingenieure im Carl-Zeiss-Jena-Werk und an optischen Neuentwicklungen für die russische Raumfahrt beteiligt gewesen. Dann wurde er in Ungarn im Kofferraum eines österreichischen Transitreisenden erwischt. Während sein mitgefangener Kollege mit dreieinhalb Jahren in Cottbus davonkam, erhielt er zehn Jahre, weil er ein kleines Aktenköfferchen mit seinen eigenen Forschungsunterlagen aus dem Carl-Zeiss-Jena-Werk bei sich geführt hatte. Republikflucht und Industriespionage! Trotzdem war er optimistisch und sicher, schon in Kürze in den Westen abgeschoben zu werden. Sein Fall sei in bestimmten Wirtschaftskreisen, die Geschäfte mit dem Osten machten, bekannt, und die würden ihn nicht hängenlassen. – Er sollte recht behalten. Schon ein Jahr später hatte ihn die DDR an den Westen verhökert und sich die restlichen acht Jahre als Kaution auszahlen lassen.

Ein übermüdeter Bulle kontrollierte unsere verbliebenen persönlichen Sachen. Drei Privatfotos durften wir mit in die Zellen nehmen. Alle anderen mußten abgegeben werden. Etliche Gittertüren schlossen sich hinter uns, bis wir endlich in die Zugangszelle kamen, in der wir die nächsten Tage verbringen sollten. Die verbrauchte Luft roch nach Urin. Der Bulle schaltete das Licht ein. Sechs Doppelstockbetten standen an den Wänden. Einige verschlafene Gesichter lugten aus der karierten Bettwäsche. Klo und Waschbecken standen wie eingeklemmt zwischen den Bettenburgen. Jeder konnte einem hier beim Klogang zusehen. Eklig allein schon die Vorstellung. Aber ich sollte noch lernen, daß Menschen leidensfähig sind und sich schnell an solche Zustände gewöhnen.

Jemand schnarchte. Erschöpft fiel ich in eines der freien Betten und schnell in einen tiefen, traumlosen Schlaf.

Aufnahmerituale: Stoppelschnitt und Tetanusspritze

Eine Art Hupen und helles Licht rissen mich aus der kurzen Nachtruhe. Auf dem Gang brüllte jemand: »Zählung! Aufstehen!« Schlüssel rasselten. Die Türschlösser krachten. »Los, los, aufstehen! Sonst mach' ich Ihnen Beine!« herrschte uns ein kleiner o-beiniger Bulle mit langschäftigen Stiefeln und Reithose an. Als alle Zellengenossen schließlich murrend strammstanden, wurde durchgezählt. Gleich dreimal, zur Übung gewissermaßen. Der Bulle vermerkte die Zahl auf einem Zettel und ließ die Schlösser der Tür wieder zukrachen. Dann aus der Nachbarzelle die gleichen Töne. Auch da wurde dreimal durchgezählt. Hatte man tatsächlich Angst, daß hier jemand verschwinden könnte?

Diese Prozedur sollte sich von nun ab täglich morgens und abends vollziehen. Kam es vor, daß ein Bulle sich verzählte oder eine falsche Zahl weitermeldete, wurde sofort Alarm ausgelöst und das Zählen wiederholt, bis man sich sicher war, daß alles seine Ordnung hatte.

Kurz nach der Zählung wurde die Tür erneut aufgeschlossen. Zwei rundliche Strafgefangene reichten einen Kübel mit Malzkaffee herein, dazu Frühstücksbrötchen, etwas Butter und Marmelade. Am einzigen Waschbecken und am Klo hatten sich derweil Schlangen gebildet. Endlich war ich an der Reihe, um mich zu erleichtern. Hygiene wurde in dieser Herrenrunde nicht gerade großgeschrieben, und Händewaschen nach der Toilettenbenutzung war eher die Ausnahme.

Eine Schöpfgelegenheit für den Malzkaffee gab es nicht. Jeder tunkte seine braune Plastetasse, sauber oder nicht, ein, bis der Kübel geleert war.

Seltsame Gestalten waren das, die um mich herumstanden. Alle befanden sich erst seit kurzem in Brandenburg. Die gestern Eingelieferten konnte man gut daran erkennen, daß sie noch längere Haare hatten. Den anderen war schon der anstaltsübliche Pißpott-Radikalschnitt verpaßt worden. Einige, so schien es mir, waren mit dem Knastmilieu bestens vertraut. Besonders die Tätowierten, von denen es in dieser Zugangszelle sieben gab.

Die monatelange Isolierung während der U-Haft hatte sicherlich auch die anderen gesprächig gemacht. Ich war neugierig zu erfahren, weshalb sie hier einsaßen, und hoffte, Gleichgesinnte zu finden. Aber ich sollte mich irren. Mörder, besonders Sexual- und Kindermörder, kehren nicht gleich am ersten Tag ihr Innerstes nach außen. Eigentlich reichten auch schon die Mitteilung über die Haftlänge und einige Informationen von Mithäftlingen, um sich Einzelheiten über das jeweilige Verbrechen zusammenzureimen.

Von uns zwölf Neuzugängen hatten drei Leute lebenslänglich, zwei fünfzehn und einer neun Jahre. Sie alle waren wegen Tötungsdelikten verurteilt, was mich sehr erstaunte. Hatte ich doch in meiner Naivität immer geglaubt, Mörder gebe es in der DDR so gut wie keine. Über Mordfälle wurde in den Zeitungen äußerst selten berichtet, und auch in der DDR-Fernsehreihe »Polizeiruf 110« ging man erst seit kurzem buchstäblich über Leichen. Richtige Sittenstrolche und Serienmörder kannte ich nur aus dem Westfernsehen. Und jetzt war ich genau dort gelandet, wo die saßen, die es offiziell im Sozialismus nicht geben durfte: im DDR-Mördergefängnis Nummer eins, in Brandenburg-Görden mit über eintausend wegen Mord und Totschlag verurteilten Gefangenen. Als mir das so richtig bewußt wurde, bekam ich weiche Knie.

Nach dem Frühstück wurden die Neuzugänge in die Friseurzelle gebracht. Auf der Erde häuften sich Berge von Menschenhaaren. Meine Bitte um einen halbwegs akzeptablen Haarschnitt quittierte der lebenslängliche Mörderfriseur nur mit einem hämischen Grinsen. In wenigen Minuten hatte er mit der elektrischen Haarschneidemaschine Nacken und Schläfen entgrast. Nur auf dem Oberschädel blieb ein Rest an kämmbarer Haarmasse zurück. Ich fühlte mich entsetzlich, als ich im Spiegel den Kahlschlag und dahinter die schadenfrohe Ganovenvisage erblickte.

Anschließend führte uns ein Bulle durch etliche Gitter und Türen zur sogenannten Freistunde. Seit Monaten hatte ich nur das kleine zwölf Quadratmeter große Freistundenloch im Stasi-

Knast mit Bewachern und vier Meter hohen Wänden gekannt. Schon allein der Gedanke, wieder eine Strecke von über zehn Metern vor mir zu haben, verschaffte mir das Gefühl von körperlicher Bewegungsfreiheit. So verrückt war ich schon geworden, Geradeausgehen als Glück zu empfinden.

Der kleine, düstere Gefängnishof des Zugangs füllte sich zunehmend mit graugrün bemäntelten Gestalten zwischen achtzehn und siebzig Jahren. Allein die Gesichter über den Knastuniformlumpen mit den aufgenähten gelben Streifen unterschieden sich.

Es war recht kalt an diesem ersten Brandenburger Zuchthausmorgen. Ich steckte die Hände in die Taschen meines muffig riechenden Mantels. Den Kragen hatte ich bereits hochgeschlagen und das Käppi bis an die Ohren herabgezogen. Trotzdem fror ich, denn ich hatte zwar hohe Arbeitsschuhe und eine lange, dicke Unterhose an, aber die Hose selbst war nicht nur oben zu weit, sondern auch unten fünf Zentimeter zu kurz. Ich schloß mich dem Rhythmus des Rundherumgehens an. Das Gehen in der Hofrunde war eine Befreiung, aber gar nicht so einfach, denn man mußte ständig darauf achten, daß man niemandem im Trott auf die Füße latschte – schließlich wußte man nicht, mit wem man es zu tun hatte und welcher Wind hier wehte.

In einem sympathischen Potsdamer Maskenbildner fand ich einen brauchbaren Gesprächspartner. Reinhard sprach in einem schon lange nicht mehr gehörten, seelenruhigen und doch ironischen Ton. Ich lachte über seine Arbeitserlebnisse bei der DEFA in Babelsberg, über die Arroganz und Eskapaden der Schauspieler. Diese Leute waren mir früher immer wie heilig und unerreichbar erschienen. Heute, o Gott, ich pfiff drauf – dieser ganze Haufen von versoffenen DDR-Künstlern, Schlageraffen und sonstigen Eierköppen, die wie ein Stern ihren Drachen steigen ließen, ohne dem Wind aus dem Weg gehen zu müssen …

Auch Reinhard war wegen R-Flucht verurteilt und eingesperrt worden. Man hatte ihn in Bulgarien an der türkischen Grenze geschnappt und per Flugzeugsammeltransport wieder zurückgebracht. Mit seinen sechzehn Monaten war er nicht einverstanden, zumal er sein Vorhaben, weiterhin ausreisen zu wollen, aufgegeben hatte und andere Leute in solchen Fällen auf

Bewährung entlassen worden waren. Er hoffte daher, daß sein Berufungsantrag nicht abgelehnt werden würde. Das stieß bei mir auf Unverständnis. Wie konnte ein intelligenter Mann so gutgläubig sein und noch an etwaige objektive, nicht willkürliche Entscheidungen glauben? Naja, seine Sache.

Inzwischen waren an die fünfzig keuchende, hustende, frierende, irgendwelches Zeug rauchende Leutchen auf dem Hof. Das Gitter wurde abgeschlossen. Allmählich vereinten sich Rauch und kondensierte Atemluft zu einer nebligen Wolke, die den ganzen Hof wie eine riesige Amöbe umfaßte. Während einige Männer sehr selbst- und heimatbewußt dahinschritten, eben wie Profis oder alte »Brandenburger«, standen andere in Gruppen zusammengedrängt oder auch mutterseelenallein in den Ecken oder lehnten an der Wand, klappernd und ängstlich die vielen Mauersteine und Gitter beschauend. Viele hatten noch ihren zivilen Haarschnitt. Reinhard war schon ein wenig länger hier als ich, und ich löcherte ihn mit Fragen über die Leute.

Etwas abgesondert standen drei sehr eigenwillig aussehende Typen. Ihre Blicke schienen zu sagen, daß unsereins mit seinen Popeldelikten ihrer Nähe nicht würdig sei.

Der eine, zirka 1,75 Meter groß, mit einem fast kahl geschorenen runden Kopf und spitz ins Gesicht gezogenem Käppi, mochte vielleicht fünfundzwanzig Jahre alt sein. Er hatte ein sehr markantes, fast hübsches Gesicht mit scharf gekrümmter, spitzer Nase, eckigen Brauen und braunen, gelangweilt dreinschauenden Augen, die mich an die eines Psychopathen erinnerten. Streicher, so war sein Name, lehnte gekonnt an der Wand und gab sich trotz des überlangen Mantels und der Umstände allen Anschein von Lässigkeit. Streicher hatte lebenslänglich. Vor einem Jahr hatte er zusammen mit zwei Saufkumpanen in einer Kneipe eine junge Frau angemacht und mitgelockt. Gemeinsam fuhren sie in einem LKW los. Streicher saß mit einem der Typen und der Frau vorne im Fahrerhaus, der dritte hockte indes auf der Ladefläche. Nachdem sexuelle Annäherungen mißglückt waren, zog Streicher ein Messer und stach auf das Mädchen ein. An einer Kiesgrube wurde ihr dann endgültig mit hirnzerschmetternden Steinschlägen der Garaus gemacht und die Leiche versenkt. Ich zeigte es nicht, aber ich war schockiert von Reinhards Bericht und darüber, daß dieser Typ offenbar auch noch stolz auf seine Tat und die Straflänge war.

Vor Streicher stand ein Typ mittlerer Größe mit fast farblosen Leichenaugen, einer dicken, roten Nase, großen Schlappohren und pickeligen Hängebacken. Das durch die Akne abschrekkende Gesicht strahlte etwas von der Langweiligkeit eines müden alten Jagdhundes aus. Ich erfuhr, daß er, nachdem er das letzte Mal entlassen worden war, mit seiner Freundin sexuell nicht recht klargekommen war. Darauf hatte er viel gesoffen, und eines Nachts hatte es ihn dann gepackt. Er war in die Wohnung einer mit im Haus wohnenden Oma eingebrochen und über sie und ihre Alkoholitäten hergefallen. Das hatte ihm fünf Jahre eingebracht. Sein Geschlechtsteil hatte er nicht eingeführt – das war der Punkt, auf den er nun stolz war, und er drängte Neuankömmlingen ständig seine Anklage- und Urteilsschriften zum Lesen auf. Im Moment warb er in seiner plumpen Art und mit ständig unsicher flackernden Augen um Streichers Gunst.

Der dritte Absonderling war ein ganz kleiner Mann, vielleicht 1,50 Meter groß. Im Vorbeigehen hörte man seine gezwungene, tiefe, laute Stimme. Mit seinem spitzen Käppi, dem überlangen Mantel und den hochgekrempelten Hosen hatte er etwas von einem Schlumpf oder Gartenzwerg. Das Gesicht war hinter großen Brillengläsern, die wiederum seine kindlichen Kulleraugen immens vergrößerten, versteckt. Er mochte Anfang Zwanzig sein und war ein reines Bündel von Komplexen und Minderwertigkeitsgefühlen. Auch er hatte für sich den Spieß menschlicher Logik umgedreht und strahlte Stolz über seine Missetaten aus. Endlich war er wer. Fehlte nur, daß dem kleinen Piepser noch ein böswilliges Knurren einfiel. Aber auch kleine Maikätzchen gehören bekanntlich zur großen Gruppe der Raubtiere. Fünfzehn Jahre Freiheitsentzug hatte der Kleine sich verschafft. Später war ich einmal bei einer lustigen, ja fast tragikomischen Begegnung dabei, als ein einschlägig vorbestrafter LLer den Kleinen am Schlaffittchen nahm und ihn ungefähr in diesem Stil ausfragte: »Eh, Kleene, nun biet ma an! Wieviel Glocken hast'n?« – »Ich … ich hab' fünfzehn Jahre wegen mehrfach versuchtem Raubmord!« – »Wat denn, habt ihr dit jehört, die Kleene!« schüttelte sich die Litfaßsäule von LLer vor Lachen aus. »Mensch, du traust dir ja nich ma, 'ner Göre die Brottasche zu klauen, du Affenkopp!«

Ich konnte nicht recht begreifen, warum ich ausgerechnet

hierher ins Schwerverbrechergefängnis gebracht worden war. Handelte es sich nicht doch um eine Verwechslung? Waren vielleicht andere Gefängnisse überfüllt? Ich hatte doch niemanden umgebracht, vergewaltigt oder auch nur beklaut. Das unterste Eintrittsmaß in Brandenburg-Görden lag normalerweise bei fünf Jahren. Was sollte ich denn mit meinen zwanzig Monaten hier? Doch offensichtlich steckte Methode dahinter. Ich war nicht der einzige Ausweiser. Von Zellengenossen erfuhr ich, daß auch Alexander, mein »Mittäter«, schon vor Tagen in der Zugangsabteilung gewesen und am Tag vor meiner Ankunft weiterverlegt worden war. Aber dennoch nahmen politische Häftlinge nur einen geringen Anteil an der Gesamtbelegschaft des Zuchthauses ein. Ich schätze, daß es 1982/83 etwa dreihundert der Insassen waren, also höchstens zehn Prozent der über dreitausend Strafgefangenen. Mehr als ein Drittel saß hier wegen Tötungsdelikten, also wegen Mordes, Mordversuches, Totschlags oder Kriegsverbrechen. Eine Ansammlung von über tausend Mördern auf einem Fleck. Und ich mittendrin.

Nach der Freistunde war mir noch immer ganz mulmig in der Magengegend. Um mich abzulenken, ließ ich mir von einem tatterigen Karo-Kettenraucher das Zuchthaus erklären. Während einige Gefangene lautstark »Mensch, ärgere dich nicht« spielten und jemand bei jeder gewürfelten Sechs anfing zu johlen, zählte er mir an den Fingern seine bisherigen, meist mehrjährigen Gastaufenthalte in den einzelnen Abteilungen auf. Er kannte sich bestens aus und freute sich, einen interessierten Zuhörer gefunden zu haben.

Offiziell waren die Bezeichnungen Zuchthaus und Görden verboten. Im DDR-Amtsdeutsch hieß es Strafvollzugseinrichtung Brandenburg, kurz »StVE Brdbg.«. Der Zusatz Görden wurde wegen der anrüchigen NS-Vergangenheit weggelassen. Damals hatten übrigens Honecker und Havemann hier gesessen.

Anstelle von Zellen sprach die DDR-Justiz von Verwahrräumen. Justizvollzugsbeamte wurden offiziell Strafvollzugsangehörige genannt. Im Knastjargon gab's für die blau uniformierten Herren mit Polizeidienstgrad allerdings andere Titel: Bullen, Schließer, Blaue oder Trainer. Während die grau uniformierten Angehörigen des Ministeriums für Staatssicherheit stets namenlos geblieben waren, wußten wir über die Identität der blauen Bullen im Knast Bescheid. Sie gehörten amtlich zur

Deutschen Volkspolizei, und ihre Arbeit hier diente tatsächlich auch dem Schutz der Bevölkerung vor wirklichen Verbrechern.

Unser Zuchthaus war aufgebaut wie eine Kleinstadt. Die äußeren, über vier Meter hohen Mauern waren wie der Schutzwall einer mittelalterlichen Burg. Hinter ihnen verbargen sich vier große eigenständige Gefängniskomplexe. Zu jedem dieser Komplexe gehörte ein eigener Freihof, auf dem die Gefangenen jeden Tag für eine Stunde unter freiem Himmel ihre kleine Runde drehen konnten. Außerdem gab es ein größeres Verwaltungsgebäude mit Bibliothek, Versammlungssaal und Großküche, verschiedene Fabrikgebäude sowie ein Haftkrankenhaus.

Durchs Zentrum dieser Knaststadt führte eine lange Lagerstraße, die die einzelnen Zuchthauskomplexe verband. Es hieß, daß schon die Nazis diese riesige Freifläche für ihre Gefangenen-Appelle genutzt hatten.

Die wichtigsten Betriebe, die Außenstellen im Zuchthaus hatten, waren das Elektromotorenwerk Wernigerode, kurz Elmo, das Kontaktbauelementewerk Luckenwalde, das Reichsbahnausbesserungswerk Brandenburg und ein IFA-Zulieferwerk für die DDR-LKW-Produktion. Hier arbeiteten die Strafgefangenen unter Anleitung von Zivilmeistern. In der knasteigenen Fleischerei, Bäckerei, Schneiderei und Tischlerei wurde von frischer Wurst und hauseigenen Brötchen über Armeeuniformen und Küchenmöbel für den Westexport bis hin zu Särgen (in der offiziellen DDR-Bezeichnung »Erdmöbel«) alles hergestellt.

Hüten sollte man sich vor der »Esse«, wie man im Zuchthaus den Arrest nannte, denn der befand sich im Heizhaus. Hier drei Wochen unbeschadet zu überstehen sei so gut wie unmöglich, warnte mich der alte Knastgenosse. Es gebe zwei Gänge mit etwa zwanzig Einzelzellen darin. Diese Arrestlöcher seien zweieinhalb Meter lang und höchstens zwei Meter breit. Im vorderen Bereich stehe lediglich ein Kübel für die Notdurft, dazu eine Waschschüssel sowie ein kleines Regal fürs Eßgeschirr und zwei alte Filzdecken. Eine zweite Gittertür teile diesen Bereich von der Schlafecke ab. Das Bett bestehe aus einer steinharten, etwa dreißig Zentimeter hohen Betonaufschüttung. Nur für Leute mit milder Arreststrafe gebe es »angenehmere« Zellen, ausgestattet mit einer hölzernen Wandpritsche, die nachts zum Schlafen runtergeklappt werden könne. Hier müsse der Strafgefangene tagsüber herumhocken, natürlich ohne Decken.

Die gebe es nur in der Nacht, morgens würden sie wieder für den Knasti unerreichbar ins Regal gelegt. Manchmal gelinge es einem Häftling, eine der Filzdecken aus dem Regal durchs Gitter zu hangeln. Wer jedoch dabei erwischt werde, für den gebe es gleich noch eine zusätzliche Strafe: Die nächsten drei Nächte müsse er auf dem rohen Beton ganz ohne Decken schlafen. Auf die Toilette könne man nur, wenn dreimal am Tag die Tür kurz zum Essen aufgesperrt werde. Ansonsten müsse man sich eben mit der Zellenecke behelfen. Ab und zu komme es auch vor, daß jemand durchdrehe. Dann, so erzählte mir der alte Knasti weiter, würden den Gesetzeshütern noch härtere realsozialistische Methoden zur Verfügung stehen, zum Beispiel tagelanges Anketten an Fuß- und Handgelenken, während der Strafgefangene auf einer Stahlbetonfläche liege. Bis in die siebziger Jahre habe man sich auch noch solcher Mittel wie Dunkelhaft, Barfußstehen im Wasser bei geöffneter Fensterklappe, Nahrungsentzug oder Prügelstrafe bedient.

Als ich das alles hörte, wurde mir fast schwindlig. Ich hätte schreien können, denn was in aller Welt hatte ich hier zu suchen? Das Erzählte klang in meinen Ohren wie westliche Propaganda. Sollten die freigekauften Häftlinge, die Moderator Löwenthal in seinem ZDF-Magazin öfter vorführte, tatsächlich recht gehabt haben, wenn sie ihre schrecklichen Hafterlebnisse schilderten? Freilich hatten die Gedanken der Art wie »Na, ganz so schlimm wird's schon nicht sein« seit der Stasi-U-Haft schon stark nachgelassen. Mit Grausen erinnerte ich mich an eine sogenannte Stehzelle im Rostocker Stasi-Knast, in die ich zweimal zwecks Abholung für eine halbe Stunde gesteckt worden war. Ich hatte damals wirklich alle Sinne zusammennehmen müssen, um in der nur etwa vierzig Zentimeter tiefen Zelle keinen Tobsuchtsanfall zu bekommen. Es war ein Gefühl wie im Sarg. Klaustrophobie, die Angst, in einem kleinen Raum zu ersticken, ist wirklich etwas Schreckliches, vor allem, wenn man sich weder drehen noch setzen kann. Erinnerungen an Szenen aus DEFA-Filmen über die Nazizeit wie »Nackt unter Wölfen« und »Die Verlobte« standen mir vor Augen; Fiktion und Realität waren fast identisch.

Meine schlimmen Gedanken wurden jäh unterbrochen. Ein Wärter blies zum Einsammeln der Neuzugänge für die Eingangsuntersuchung im Haftkrankenhaus. Im Gänsemarsch führte er uns durch Gitter, Türen und Tore. In der Wartezelle befanden sich bereits etliche Strafgefangene. Bis unsere Truppe zur Untersuchung aufgerufen wurde, dauerte es noch über eine Stunde. Dann ging alles ganz schnell: »Mitkommen! Sachen ablegen! Rauf auf die Waage! Gewicht?! Körpergröße?! Mund auf! Welche Kinderkrankheiten wann gehabt?! Los, los, hier unterschreiben!«

Im »Behandlungszimmer« saßen an drei Tischen jeweils zwei weißbekittelte Strafgefangene. Vermutlich waren hier Ärzte oder Krankenpfleger eingesetzt. Alexander konnte ich leider nicht unter ihnen entdecken.

Die Untersuchungen liefen auf dem Niveau der Onkel-Doktor-Besuche im Kindergarten ab. Das Frage-Antwort-Spiel für die Krankenblätter vollzog sich in rasendem Tempo und endete kurz mit den Worten: »Der Nächste!« Wer seine letzten Impfdaten nicht wußte, bekam an Ort und Stelle vor aller Augen ein paar Spritzen in den Hintern verpaßt.

Anschließend ging es in einen Nebenraum, in dem ein etwa fünfzigjähriger Mann am Schreibtisch saß. Das war kein Häftling. An den großen Schulterstücken auf dem Arztkittel erkannte ich den Hauptmann. Die kunstvoll über die hohe Stirnglatze geklebten Silberlöckchen erinnerten mich an das Bildnis des römischen Imperators Cäsar. Er nahm das Stethoskop, das er wie eine Trophäe um den Hals trug, und begann, meinen Rücken und Brustraum abzuhorchen. Danach ging er tiefer, und ich wunderte mich. Am Bauchnabel konnte er doch höchstens Darmgeräusche und Magenknurren hören. Vielleicht handelte es sich ja auch um eine neue ausgeklügelte Diagnostik? Ich war auf dem Gebiet der Inneren Medizin während des Studiums nicht gerade eine Leuchte gewesen und fragte mich nicht weiter nach dem Sinn der Untersuchung.

»So, Sie sind also Zahnarzt?« meinte er, während er auf meinem von der Stasi mitgeschickten Krankenschein las. Auf mein leises »Ja« donnerte er mich an: »Antworten Sie gefälligst ordentlich!«

»Jawohl, Herr Hauptmann!«

»Na also, klingt doch gleich viel besser! Sie sind ein 213er? Richtig, SG Garve?«

»Jawohl, Herr Hauptmann! Paragraph 213, Vorbereitung zur ...«

»Weiter will ich es gar nicht wissen«, unterbrach er mich und sagte in fast väterlichem Ton: »Wenn Sie Ihren Antrag zurückziehen, dann können Sie im Haftkrankenhaus in Ihrem Beruf arbeiten. Denken Sie mal darüber nach. In den Westen lassen wir Leute wie Sie doch sowieso nicht.«

Du Idiot, durchfuhr es mich. Ausgerechnet du willst mitbestimmen können, ob ich in den Westen verkauft werde oder nicht, vielleicht auch noch mein Kopfgeld festlegen? Ich verschluckte mich fast am »Jawohl, Herr Hauptmann!«.

Soeben hatte ich meine erste Begegnung mit Hauptmann Burmeister, genannt Bubi, gehabt. Daß er gar kein Arzt, sondern nur Medizinischer Assistent war, erfuhr ich erst später.

Ein langnasiger weißhaariger Brillenträger, wieder ein Gefangener, geleitete uns zur Blutabnahme. Er machte einen mürrischen Eindruck und keinerlei Anstalten, sich mit uns zu unterhalten. Der Verantwortliche fürs Blutabzapfen, ein dunkelhaariger Endzwanziger mit mecklenburger Dialekt, war dagegen eher freundlich. Er schien sehr erfahren zu sein. Den Einstich der Kanüle bemerkte ich kaum. Ich ging davon aus, einen sogenannten Ausweiser-Arzt vor mir zu haben, und fragte ihn, wann er mit seinem Freikauf rechne. Aber an seinem Blick merkte ich, daß ihm diese Frage unangenehm war. Vermutlich hatte er doch noch etliche Jahre abzusitzen. Also wechselte ich das Thema und fragte ihn, wie denn das Essen im Haftkrankenhaus sei. Sichtlich erleichtert, antwortete er, er habe keinen Grund zum Klagen.

Wenige Minuten später saßen wir schon wieder in unserer Zugangszelle.

Jungnazis und Omamörder

In den folgenden drei Tagen herrschte eine ziemlich hohe Fluktuation im Zugangskomplex. Leute wurden abgeholt und verlegt, neue kamen hinzu. Und mit den Neuen gab's auch neuen Gesprächsstoff, vor allem mit denjenigen, die wie ich beim Fluchtversuch auf der Ostsee, an der Berliner Mauer, in Ungarn, Rumänien, Bulgarien, der ČSSR oder sogar in Polen geschnappt worden waren.

Einer, den alle ausquetschten wie eine Zitrone, hatte die Flucht sogar geschafft und bereits ein Jahr im Westen gelebt. Aber seine in der DDR zurückgebliebene Freundin wollte oder konnte keinen Ausreiseantrag stellen. Heimweh und Sehnsucht nach der Geliebten wurden so stark, daß er sich schließlich in den Zug setzte. Die Freundin hatte per Brief signalisiert, daß ihm nichts passieren würde, wenn er reumütig zurückkommen würde. Doch er wurde umgehend verhaftet. Offensichtlich vermutete die Stasi in ihm einen engagierten und bewußt in die DDR geschickten Westagenten. Man legte ihm Fotos von Sachbearbeitern und Beamten aus dem Auffanglager Gießen vor und nahm ihn ziemlich in die Mangel. Die Auszeichnung, wieder in der DDR leben zu dürfen, sollte er sich erst durch monatelange Verhöre verdienen. Die Befragung des Bundesnachrichtendienstes und der Amerikaner im Lager Gießen über seine SED-Verwandten und eventuelle Stasi-Kontakte sei dagegen harmlos gewesen, meinte er. Es fiel der Stasi nicht schwer, nun auch noch die Freundin wegen angeblicher Mitwisserschaft für seine damalige Flucht zu überführen. Ergebnis der ganzen Geschichte: drei Jahre Brandenburg für den Verräter und eineinhalb Jahre Frauenknast Hoheneck für seine mutmaßliche Komplizin. Das uneheliche dreijährige Kind landete bei den Großeltern.

Seltsamerweise hatte die Stasi beide dazu gedrängt, einen Übersiedlungsantrag in die BRD zu stellen. Merkwürdig. Das war mir neu. Es schien wirklich, als ob man sie loswerden und meistbietend an den Westen verkaufen wollte. Warum hatte die Stasi mir genau das Gegenteil in Aussicht gestellt? Einer der letzten Sätze meines Vernehmers war gewesen, daß die DDR mich niemals ausreisen lassen würde. Ich hätte schließlich in der DDR studiert und sei damit quasi sowas wie Volkseigentum, über das der Staat beliebig verfügen könne. Welche Regeln galten hier? War es reine Willkür, oder hatte dieses undurchschaubare Spiel System? Ging es um viel Geld oder um Ideologie?

Auch René hatte versucht, die Republik zu verlassen. Der einundzwanzigjährige Student aus Magdeburg schilderte mir in allen Einzelheiten seinen mißglückten Fluchtversuch von Ungarn nach Österreich. Sein Vater, ein Betriebsleiter und hoher SED-Funktionär, hatte daraufhin seinen Posten verloren und wollte nichts mehr von ihm wissen, obwohl René seinen Ausreisewunsch inzwischen aufgegeben hatte. Vierzehn Monate lagen noch vor ihm. Er hoffte auf vorzeitige Entlassung wegen guter Führung. Mit der Fortsetzung seines Hochschulstudiums hatte es sich jedoch erledigt. Bestenfalls konnte er nach der Bewährungszeit eine Berufsausbildung in der Produktion in Aussicht nehmen. Trotzdem steckte in diesem schmalen, blonden Jungen, der durch die kurzgeschorenen Haare wesentlich jünger und unreifer wirkte, eine ungeheure Portion Lebensmut.

Nach den Monaten der Isolation war es eine Wohltat, mal wieder gleichgesinnte Gesprächspartner zu haben und einen offenen Gedankenaustausch führen zu können. Es war wie eine innere Befreiung. Hier wurde mit einer Inbrunst gegen Stasi, Mauer und DDR gewettert, wie ich es draußen in der Öffentlichkeit noch nie erlebt hatte. Und das Beste: Es konnte niemand mehr dafür bestraft werden. Das gab mir Kraft.

War es nun Zufall oder Bestimmung? Wer weiß, jedenfalls wurden René und ich am nächsten Tag mit Sack und Pack von einem Schließer zusammen zur Verlegung abgeholt. Natürlich steckte in uns beiden mehr Angst als Neugier vor dem, was uns erwartete. Im Stillen hoffte ich, daß man uns doch nicht mit einer Horde Schwerkrimineller zusammenstecken würde. Wem sollte so eine Schikane schon nützen? Das beste wäre doch, die Ausweiser alle zusammen in eine Zelle zu sperren, so wie es im Gefängnis Cottbus war. Kaum jemand würde dort auf die Idee kommen auszubrechen, denn war man erst einmal wegen Flucht oder Staatshetze eingeknastet, galt es als sehr wahrscheinlich, auf die Transferliste von Anwalt Vogel zu kommen und noch während der Haft vom Westen freigekauft zu werden.

Es ging durch ein Labyrinth von Gittern und Türen. Gekonnt hantierte der Bulle mit seinem riesigen Schlüsselbund an den zahlreichen Schlössern, bis wir endlich am vorläufigen Ziel waren: einer Zelle, in der wiederum sechs Doppelstockbetten dicht aneinandergereiht standen. Noch waren nicht alle Betten belegt. Der Bulle klärte uns darüber auf, daß wir bis zur endgültigen Verlegung ins Arbeitskommando hier in der Arbeitsreserve bleiben würden.

Ich wuchtete mein Bündel auf die obere freie Etage eines an der Wand stehenden Bettes. Bevor ich das Bettzeug ausbreitete, hielt ich es für sinnvoll, die bisherigen Insassen zu begrüßen. Man konnte ja nie wissen. Also stellte ich mich bei jedem einzelnen mit Handschlag vor. Aller Blicke waren ohnehin neugierig auf uns gerichtet.

Bislang waren mit uns erst acht Häftlinge in der Zelle. Das sollte sich aber im Laufe des kommenden Tages ändern.

»Ach nee, Kindchen, wieder hier? War wohl bloß 'n Gastaufenthalt draußen, was?«

»Genau, Herr Meister«, grinste mein Bettnachbar dem Uniformierten zu.

»Wieder der gleiche Paragraph?«

»Hm«, nickte Kindchen kurz und sichtlich peinlich berührt.

»Und wieviel ham Se diesmal mitgebracht?«

»Sechs Jahre, so 'ne Scheiße!«

»Wolln Se wieder Ihren alten Posten haben? Kann ja mal nachfragen.«

»Danke, Herr Meister! Wäre nicht schlecht.«

Noch ein Blick in die Runde der Neuzugänge, dann das Krachen der Türschlösser, Stiefelschritte, und weg war der Bulle.

»Eh, sag mal, Kindchen, was hast'n eigentlich verbrochen?«

Auf diese Frage war er vorbereitet. »Meine Sache, kümmert euch um euren eignen Scheiß«, sagte er in einem Tonfall von väterlichem Besorgtsein, hinter dem die Drohung spürbar war. »Ich kenn' hier die ganzen alten Hasen. Wenn ihr hier zurechtkommen wollt, stellt nicht zu viele Fragen. Laßt mich besser zufrieden!«

Also irgend etwas stimmte mit diesem seltsamen Vogel nicht.

Unauffällig, klein von Wuchs, sehr drahtig, markantes, faltendurchzogenes Gesicht, graublondes, nach hinten gekämmtes Haar. Fünfundfünfzig Jahre alt, mindestens zweimal vorbestraft, teesüchtig. Bei den allabendlichen Gesprächen ließ er öfter seine sexuelle Vorliebe für kleine Mädchen durchblicken. Als Rentner würde er gerne nach Thailand fliegen und mit Kinderprostituierten rumvögeln, meinte er immer. Seine Phantasie kannte in dieser Hinsicht keine Grenzen. Die Ganoven fanden in Kindchen einen guten Geschichtenerzähler, um sich aufzugeilen.

Bald war das Rätselraten um ihn vorbei. Bei einem Hofgang erzählte mir ein Frauenmörder, der schon einmal mit ihm in einer Zelle gesessen hatte, die Geschichte. Kindchen galt als unverbesserlicher »Kinderficker«. Nomen est omen, fiel mir dabei nur ein. Er suchte sich stets Witwen oder alleinerziehende Frauen mit Töchtern im pubertären Alter. Hatte er einmal das Vertrauen erschlichen und das Familienregime in der Hand, ging's zur Sache, wenn die Mutter mal nicht zu Hause war. Ich kann mir durchaus vorstellen, daß er's auf die väterliche und erpresserische Tour erreicht hat. Das letzte Mal hatte er viereinhalb Jahre abgebrummt.

Es war nicht ratsam, sich mit ihm anzulegen. Sein scheinbarer Kameradschaftsgeist konnte, wenn er sich gereizt fühlte – und das kam öfter vor –, augenblicklich in Aggressivität umkippen. Dann krümmte er wie eine Katze den Buckel, zog den Hals ein und spreizte Arme und Beine. Meist griff er dann einen Hocker oder ein Messer und stierte zähnefletschend und mit wildem Blick sein Gegenüber an. Von Kindchen sollte ich lernen, wie man einen potentiellen Gegner verbal so weit reizt, daß er entweder zuerst losschlägt oder kuscht. »Klapp an, los, klapp an, du Killerschwein!« brüllte man zuerst. In Körperhaltung, Mimik und Sprache mußte die totale Entschlossenheit zur Attacke zum Ausdruck kommen. Es war wichtig, keinen Zweifel an der Ernsthaftigkeit der Situation aufkommen zu lassen. Erst wenn das gelang, wurde man in der Hackordnung der Zellengemeinschaft akzeptiert. Wer klein beigab, hatte kaum Freunde und wurde schnell zur sogenannten Stubenvotze, zu jemandem, der nur noch wischte, anderen die Schuhe putzen mußte und dem man am Monatsende die sauer verdienten Kröten abnahm.

Kindchen zeigte uns, wie man aus zwei Rasierklingen, zwei

Streichhölzern und etwas Isolierdraht einen Tauchsieder baut. Offiziell durften Strafgefangene keinen besitzen, aber wie oft gab es den Getreideersatzkaffee oder Tee nur lauwarm, und Not macht erfinderisch.

Wie andere Langzeitstrafer war er durch jahrelanges Training zu einem Kreuzworträtsel-Meister geworden. Offenbar wiederholten sich die Fragen und damit auch die Lösungen zyklisch. Für die anderen war er ein wertvoller Informant.

Irgendwann gingen auch ihm die alltäglichen Ausweiserdispute auf den Geist, und er bat um Ruhe, erntete aber nur ein: »Halt die Fresse, du Kinderficker!« Sofort war Kindchen auf hundertachtzig und griff seinen Widersacher an. Aber ehe er es sich versah, traf ihn eine Faust mitten ins Gesicht. Seine Nase fing an zu bluten, doch niemand machte Anstalten, ihm zu helfen.

»Is jut, is jut, Mann, war nich so gemeint!« wollte er beschwichtigen, aber die Worte kamen nur undeutlich heraus: Er hatte seine Zahnprothese verloren. Irgend jemand schoß sie mit einem Fußtritt unters Bett. Kindchens Gesicht war jetzt greisenhaft eingefallen. Wie ein kleiner Junge, der mit seiner Eisenbahn spielt, kroch er auf dem Boden herum. Er bat uns, ihm zu helfen, das doppelstöckige Bett abzurücken. Alle grinsten nur. Keiner rührte einen Finger. Mit dem Schrubber gelang es ihm schließlich, sein gutes Stück wiederzubekommen. Warum hat bloß niemand das Ding zertreten, frage ich mich boshaft. Weil er nicht richtig hätte sprechen können, wäre Kindchen für lange Zeit als abendlicher Geschichtenerzähler ausgefallen.

Übrigens wurde Kindchen von den Bullen zum »Verwahrraum-Ältesten« bestimmt. Offensichtlich besaß er dafür gute Voraussetzungen. Seine Aufgabe war es, bei der Zählung eine Meldung abzugeben: »Verwahrraum sechsundfünfzig mit zwölf Strafgefangenen zur Zählung angetreten. Keine Vorkommnisse. Es meldet Strafgefangener Kindchen!«

Eddi war ein Gemütsmensch, oder besser, ein gemütlicher Mensch. Gut beleibt und etwas behäbig, war er mit seinen Ende Vierzig nicht gerade der schnellste, weder beim Essen oder Sprechen noch beim Arbeiten. Zwei Lieblingsbeschäftigungen hatte er: essen und jammern. Er galt quasi als der Müllschlucker der Zelle. Bevor jemand seine Margarine oder die Sülzwurst Bello, dem Zellenklo, übergab, empfahl es sich, Eddi zu fragen. Erst wenn der die Reste nicht mehr verwerten wollte, dann weg damit. Jammern tat er meistens deshalb, weil er meinte, daß ihm durch die lange Haftstrafe von zwölf Jahren Unrecht geschah. Außerdem hatte sich sein geliebtes Mariechen von ihm scheiden lassen, was er überhaupt nicht verstehen konnte. Schließlich hatte sie doch versprochen, auf ihn zu warten und zu ihm zu halten, obwohl er ihren Sohn auf dem Gewissen hatte. Niemand, wirklich niemand hätte Eddi diesen Mord zugetraut. Zwar war Eddi schon mal wegen irgend so einer Hühnerdieberei im Knast gewesen. Aber jetzt hatte er doch nur mit seinem Mariechen glücklich und gemütlich in Leipzig-Schönefeld leben wollen. Ihre größte Erfüllung war der kleine gemeinsame Schrebergarten gewesen. Im vollkommenen Glück hatte eigentlich nur einer gestört: Maries Sohn, gerade mit der Lehre fertig und ständig gegen Eddi aufsässig, obwohl der es eigentlich immer gut mit ihm gemeint hatte – sagte Eddi.

Und so geschah es denn eines lieben Tages während des Abendessens. Man hatte es sich so richtig schön gemütlich gemacht. Eddi zerteilte die Mettwurst, Mariechen schmierte Schnittchen für Eddi und Sohn. Dazu lief der Fernseher, eine lustige Komödie im Ostprogramm. Dem Sohn wurde es zu bunt. Im Westen gab's gerade eine Fußballübertragung. Ohne seinen Stiefvater zu fragen, schaltete er um. Das konnte Eddi nicht auf sich sitzen lassen. Er schaltete zurück. Es ging darum, wer hier der Herr im Hause war. Als das Stiefsöhnchen erneut umschaltete, packte Eddi unerhörte Wut. Er ging mit dem Wurstmesser in der Hand blindlings auf Mariechens Sohn los und stach mehrfach zu. Direkt in die Herzgegend. Beiden war das Fernsehen jetzt völlig vergangen. Der eine lag blutüberströmt, mit dem Tode ringend, auf dem Teppich der guten Stube, der andere stand mit dem blutigen Messer in der Hand wie zu Stein erstarrt da. Nun tat es ihm ungeheuer leid, aber er konnte nichts mehr ändern. Ein Telefon, um einen Rettungswagen zu rufen, gab's nicht. Während Mariechen um ihren Sohn weinte und erst Minuten später auf die Idee kam, Hilfe zu holen, machte sich Eddi aus dem Staub. Die Kripo nahm ihn wenige Stunden später fest. Er hatte sich in der gemeinsamen Schrebergartenlaube versteckt.

Eddi erzählte mir die Geschichte selbst. Irgendwie tat er mir sogar leid. Dem Gericht war es wahrscheinlich ebenso ergangen, zumal Eddi immerhin ganz heroisch das DDR-Fernsehprogramm gegen die westliche Dekadenz verteidigt hatte. Zwölf Jahre für Mord war nach DDR-Recht die unterste Grenze. Lebenslänglich galt als normal.

Einmal wurde ich Zeuge, wie blitzschnell sich Eddis Gemütsverfassung ändern konnte. Ein Ganove stahl ihm, mehr im Scherz, ein Wurststückchen von der frischgeschmierten Stulle. Im Handumdrehn schwang Eddi sein Brotmesser vor dessen Gesicht. Der Gesichtsausdruck verriet deutlich, daß die Situation ernst zu nehmen war. Ich glaube, Eddi war nicht ganz richtig im Kopf.

Der Raum war so klein, daß wir, als wir vollzählig waren, nur mit Mühe und Not nebeneinander Aufstellung nehmen konnten. Also mußten wir die meiste Zeit des Tages in unseren Betten verbringen.

In der ersten Woche hatten wir noch genügend Interesse, uns alle gegenseitig kennenzulernen. Es stellte sich heraus, daß insgesamt acht Leute aus der Zelle wegen Republikflucht, Behördenbelästigung oder ähnlichen Delikten verknackt worden waren. Einer hatte über zwanzig Ausreiseanträge hintereinander geschrieben, der nächste im volltrunkenen Zustand eine DDR-Fahne verbrannt. Die anderen waren entweder bei der Vorbereitung zur Flucht oder irgendwo an der Grenze geschnappt worden.

Im Gegensatz zu den vier Kriminellen kamen alle aus Untersuchungsgefängnissen der Stasi. Die bisherigen Hafterlebnisse waren also bei allen fast identisch. Im Alter bewegten wir uns so zwischen achtzehn und achtundzwanzig. Alle waren berufstätig gewesen. Dagegen waren die Kriminellen älter, so ab fünfunddreißig Jahren aufwärts. Eine abgeschlossene Berufsausbildung oder wenigstens einen Schulabschluß hatte keiner von ihnen.

Es gab gleich von Anfang an eine tiefe Kluft zwischen beiden Gruppierungen. Mit dem Knastleben und seiner Hierarchie bestens vertraut, waren den Kriminellen, abgesehen von den unterschiedlichen Bildungshorizonten, politische oder ideologische Gesprächsthemen völlig schnuppe. Wir nervten sie damit. Ganz pragmatisch ging es ihnen in erster Linie darum, mit dem Arsch an die Wand zu kommen, wie sich Kindchen treffend ausdrückte. Das bedeutete neben totalem Egoismus und Duckmäusertum das Ergattern eines angenehmen, ruhigen Postens und die Herstellung von guten Beziehungen zu Verbrechern mit Macht, zu Zivilangestellten, Bullen und Küchenkräften zwecks Verbesserung und Sicherung des erreichten Lebensstandards.

Um genügend Punkte für die angestrebte Begnadigung oder Aussetzung der Reststrafe auf Bewährung zu erreichen, durfte man auf keinen Fall den Staatsorganen negativ auffallen. Was wir damals noch nicht wußten: Unter Kriminellen galt es als eine besondere Ehre, irgendwann von der Stasi auserkoren zu werden, um andere Gefangene zu bespitzeln. Für manch einen war Denunziation schlechthin die einzige Chance, sich zu bewähren, um eine lebenslange Freiheitsstrafe in zwölf oder fünfzehn Jahre umwandeln zu können.

Während sich die einen also gegenseitig damit aufputschten, daß sie sich ihre rosige Zukunft im Westen ausmalten, befaßte sich die andere Fraktion neben »Mensch ärgere dich nicht« ausschließlich mit dem Organisieren von für sie nützlichen Dingen. Im übrigen dürfte auch ein gewisser Neid auf unsere vergleichsweise kurzen Strafen und darauf, daß wir draußen sozial höher gestanden hatten als sie, eine Rolle gespielt haben. Unser Vorteil war allerdings, daß wir zu diesem Zeitpunkt noch in der Überzahl waren. Wenn es gegen die Krimis ging, konnten wir, trotz der Meinungsverschiedenheiten untereinander, eine gemeinsame Front bilden.

Zunächst waren René und ich froh, der Mehrheit anzugehören. Aber mit der Zeit gab es auch unter den Ausweisern fast täglich Auseinandersetzungen. Der übliche Gesprächsstoff über die Stasi und die elende DDR war ausgelaugt. Die Worte wurden härter. Andreas, gerade achtzehn Jahre alt und mit seinem Lehrabschluß bei Wismut Aue in der Tasche, war eigentlich ein sympathischer Junge. Auch sein Bettkollege, der zwanzigjährige Klaus aus Leipzig, war nett, genauso wie Jan, ein gleichaltriger Kellner aus Berlin. Aber alle waren verbittert, weil ihnen die Flucht nicht gelungen war, und mit der Zeit steigerten sie sich immer mehr in ihren Haß und putschten sich gegenseitig auf. Jeder, der nur geringfügig von ihrer Sicht auf die Dinge abwich oder Kritik äußerte, wurde zum Feind erklärt und mit bösartigen Schimpftiraden niedergemacht. Wer nicht offen mit Franz Josef Strauß, dem bayrischen Ministerpräsidenten und CSU-Vorsitzenden, sympathisierte, wurde verdächtigt, vielleicht ja doch Sozialist zu sein oder gar als Spitzel für die Stasi zu arbeiten – ein Verräter, der es nicht wert war, ausgewiesen zu werden.

Es schien, als bastele jeder von ihnen an einem neuen festen Klassenstandpunkt. Hauptsache, er war zu dem, der uns von Kindesbeinen an eingepaukt worden war, völlig konträr. Strauß und die CSU waren da schon ganz in Ordnung, aber letztendlich doch nicht radikal genug. NPD – das wäre genau die richtige Partei, denn die würde nicht lange fackeln, wenn sie an der Macht wäre: alle Asylanten und Türken raus, alle Sozis und Kommunisten einsperren, keinerlei Kredite mehr an den Osten, den Ostblock totrüsten, aushungern oder befreien. Solche Meinungen hörte ich oft um mich herum, und manchmal blieb mir fast die Luft weg. Es wurde nicht mehr differenziert, alle Gemäßigten waren nur Kommunistenfreunde und Feiglinge.

»Wehner sowieso. Der ist doch zusammen mit Ulbricht in Moskau gewesen. Ein lupenreiner Stalinist und KGB-Mann«, mischte sich eine ruhige, sachlich klingende Stimme in die Wortgefechte der Hitzköpfe ein und erntete Beifall. Eigentlich war Franz, ein dünner, unscheinbarer Mathematiker, vom Typ her eher ein Einzelgänger. Er stammte aus einer sächsischen Textilfabrikantenfamilie und hatte draußen Frau und zwei Kinder. Der elterliche Betrieb war erst in den siebziger Jahren enteignet worden. Franz sah daraufhin für sich und seine Familie keine Zukunft mehr in der DDR und versuchte gemeinsam mit einem Freund, über Polen in den Westen abzuhauen, obwohl sein zweites Studium an der TU Dresden als Bauingenieur kurz vor dem Abschluß stand.

Das politische Klima und das Chaos machten Polen zu diesem Zeitpunkt besonders geeignet für eine Flucht mit einem Passagierschiff von Danzig aus. Der Freund schaffte es auch, nur Franz wurde als blinder Passagier in einem Schrank entdeckt und kurz vor Ablegen des Schiffes von Bord geholt.

Wir hatten uns dadurch näher kennengelernt, daß er mich um einen medizinischen Ratschlag bat. Seit einiger Zeit war sein Körper mit unschönen Leberflecken übersät. Er wollte wissen, ob die chirurgisch gut zu entfernen seien. Ich verwies ihn an die Hautärzte im Westen, die er nach seiner Entlassung aufsuchen sollte. Aber das befriedigte ihn nicht. Er begann damit, sich die leicht erreichbaren Leberflecken mit einer über der Feuerzeugflamme sterilisierten Nagelschere selbst herauszuschneiden.

Bei der Freistunde auf dem Gefängnishof war er mir zunächst ein guter Gesprächspartner. Marxistisch-leninistische Thesen waren ihm genauso geläufig wie Hitlers »Mein Kampf«. Wenn er sprach, klang alles sachlich überzeugend und wissenschaftlich fundiert. Mit der Zeit ließ er jedoch immer mehr Sympathie für den »Führer« durchblicken. Schließlich habe Hitler nie ein Hehl draus gemacht, welches Ziel er verfolgte. Das stehe ja schwarz auf weiß in seinem Buch.

Dann änderte sich auch bei ihm die Terminologie. Aus Sozialismus wurde »sogenannter Sozialismus« und schließlich Bolschewismus. Die Krönung war, als er mir in einem Schulatlas, den er vom Bücherkalfaktor erhalten hatte, die Weltkarte erklärte. Zunächst trauerte er um die verlorenen Kolonien Deutschlands. Dann umriß er mit dem Zeigefinger das »mickrige Westeuropa«, wie er sich ausdrückte, das wie von einer Krake – gemeint waren die Ostblock-Länder – umschlossen sei.

Ich konnte nicht begreifen, daß in diesem netten, überdurchschnittlich intelligenten Kerl ein Nazi stecken sollte. Oder tat er nur so? War es Selbstschutz? Bislang war ich immer der Meinung gewesen, daß nur Dummheit, gepaart mit Antikommunismus, der Nährboden für braunes Gedankengut sei.

Im Gegensatz zu den drei Zellenschreihälsen zweifelte er die Judenvergasung von Auschwitz nicht an. Er meinte, das sei Hitlers Kardinalfehler gewesen. Man müßte sich in die damalige Situation Deutschlands zurückversetzen, um das nachvollziehen zu können. Aber das gehe eben nicht, da wir in einer völlig anderen Gesellschaft lebten. Juden seien für uns immer nur Opfer. Aber ich möge mir doch einmal Israel anschauen oder auf die Namen eines amerikanischen Filmabspannes achten, dann wüßte ich, wo es auf der Welt langgehe. In großer Runde äußerte er seine Gedanken nur selten, dann aber gezielt, und gab damit den anderen neuen Nährstoff für ihre selbstgebastelte Knastideologie. Ich fragte mich, woher die Faszination für solche Gesinnung herrührte. War es nur die Enttäuschung über die eine Diktatur, die es leicht machte, eine andere zu verherrlichen? Oder steckten einfach niedere Motive dahinter?

Es war schlimm mitzuerleben, wie junge Leute, die noch vor wenigen Monaten ihr FDJ-Hemd in die Jeans gesteckt hatten, die Tante Uschi aus Kassel geschickt hatte, hier im Knast erst zu überzeugten Christen und dann zu gewaltbereiten Neonazis mutierten, nur um dazuzugehören und durchzuhalten. Freilich war uns die Notwendigkeit, Teil einer Gemeinschaft zu sein, von klein auf beigebracht worden. Woher sollten plötzlich Demokratieverständnis und geistige Unabhängigkeit kommen.

René machte den Fehler und ging immer wieder auf Diskussionen mit den anderen Ausweisern ein. Sie nahmen es ihm übel, daß er nicht mehr in den Westen wollte, und schon die Bezeichnung DDR war ein Stein des Anstoßes. Es würde »Zone« oder »sogenannte DDR« heißen, fiel man ihm ins Wort. Auch wenn ihm im Gespräch versehentlich ein DDR-typisches Wort herausrutschte, hackten die anderen sofort auf ihm herum. Kellner Jan nannte René nur noch Rotes Schwein oder Kommunistenbaby. Als es mir reichte und ich ihn in Schutz nahm, wurde ich genauso beschimpft. Es hatten sich richtige Fronten gebildet. Also beteiligten wir uns von nun an nicht mehr an diesen Gesprächen. Schließlich hielt sich auch Franz zurück. Vielleicht war es ihm ja unangenehm geworden, als Nazi zu gelten. Kann sein, daß sein früheres Verhalten nur Spinnerei oder Wichtigtuerei gewesen war, wer weiß. Bis zu seiner Abschiebung blieb er mir ein Rätsel. Unterhielt man sich mit ihm über Kunst, Natur oder aktuelle Politik, so konnte er wie ein wandelndes Lexikon Auskunft geben. Aber die Zweifel an seiner Gesinnung blieben.

Ich hatte immer gemeint, daß extrem rechtes Gedankengut nur noch in den Köpfen einiger weniger unverbesserlicher Typen herumgeisterte und eine Randerscheinung in der westlichen Demokratie sei. Aber dann fielen mir Äußerungen von Vorgesetzten während meiner NVA-Zeit ein. Damals war ich geschockt gewesen, als ein erst dreiundzwanzigjähriger Sportoffizier mir vorwarf, ein Kerl wie eine deutsche Eiche sein zu wollen, aber nicht richtig marschieren zu können. Wäre ich dabeigewesen, als die siegreiche Legion Condor 1938 durchs Brandenburger Tor marschierte, hätte ich noch etwas lernen können. – Ich hatte es wohl einfach nicht wahrhaben wollen, daß auch im Osten einige Leute insgeheim ihr braunes Süppchen kochten.

Merkwürdigerweise störte sich kein einziger Bulle an den oft sehr lautstark geführten Wortgefechten. Aber den Kriminellen ging das Gequatsche auf den Geist. Wie wir sehnten auch sie sich einfach nur nach einer Verlegung.

Von den Kriminellen in unserer Zelle blieb mir vor allem Hansi in Erinnerung, weil er jeden Abend, kurz bevor das Licht ausging, mit dem Kopf hin- und herwackelte, so daß das ganze Bett mitschaukelte. Mir wurde manchmal fast schwindlig dabei, denn ich lag direkt über ihm. Hansi erklärte mir, daß sich dieses Kopfwackeln schon während seiner Zeit im Kinderheim als gutes Beruhigungs- und Schlafmittel erwiesen hatte. Er schüttelte sich geradezu in Trance. Das war wie eine Droge. Nach etwa einer halben Stunde hatte er sich in regelrechte Glückszustände versetzt. Deshalb grinste der Kerl auch so, während er sich schüttelte. Seine Umwelt schien er dann nicht mehr wahrzunehmen. Ich mußte dabei immer an afrikanische Naturvölker denken, die stundenlang zu monotonen Trommelklängen ihr Haupt hin- und herschwenken und dabei in Ekstase geraten.

Hansi erzählte auch als erster Krimineller, weshalb er hier einsitzen mußte. Er hatte sich auf Wohnungseinbrüche spezialisiert. Zunächst inspizierte er bestimmte Wohnblöcke in den Neubauvierteln von Berlin, klingelte hier und da, um festzustellen, welche Wohnungen tagsüber verlassen waren. Dann ging er gezielt ans Werk, knackte die Türschlösser und begann, die Räume nach Geld und Wertsachen abzusuchen. Das war aber nicht alles. Da er ein Genießer war, legte er Pausen ein, benutzte die Badewanne, räumte den Kühlschrank leer, machte es sich auf der Couch bequem und schaute sich das Vormittagsprogramm im Fernsehen an. Waren seine Klamotten schmutzig, oder fand er in den fremden Kleiderschränken welche, die ihm besser gefielen, nahm er auch die noch mit. Er ließ es sich also richtig gutgehen. Sein dickster Brocken sei einmal ein Sparbuch mit fünfzehntausend Mark gewesen, das er noch am selben Tag abgeräumt und in feinen Hotelbars und mit Exquisit-Klamotten verjubelt habe, erzählte er träumerisch.

Eines Tages, als er gerade mal wieder in einer fremden Badewanne hockte, kam die Wohnungsinhaberin, eine alleinstehende Rentnerin, früher als gedacht nach Hause. Als sie ihn entdeckte, begann sie, aus Leibeskräften um Hilfe zu schreien. Hansi sprang sofort aus dem Wasser, griff zum Feuerhaken und schlug blindlings auf die alte Dame ein. Im Wohnzimmer fiel sie blutüberströmt zu Boden. Dann zerschmetterte er ihr mit dem Bügeleisen den Schädel.

Als endlich wieder Ruhe in der Wohnung war, beruhigte sich auch Hansis Gemüt. Offenbar waren die meisten Hausbewohner zur Zeit auf Arbeit. Niemand schien etwas gehört zu haben. Hansi duschte sich die Blutspritzer vom Körper und zog sich wieder an. Aber bevor er ging, wollte er erst noch einen zur Brust nehmen. Im Kühlschrank fand er eine offene Flasche Stonsdorfer, mit der er es sich auf dem Sofa gemütlich machte. Dabei bemerkte er, daß die Frau auf dem Teppich wieder zu röcheln anfing. Er holte aus der Küche ein Brotmesser und schnitt seinem Opfer auch noch die Kehle durch. Angetrunken und wieder mit Blut bespritzt, machte er sich schließlich mit einer Tasche voll geklauter Silberlöffel, ein paar Mark aus dem Portemonnaie der alten Frau, Westseife und Parfüm aus dem Staub. Ein ABV brachte ihn schließlich zur Strecke, als er sein Diebesgut an einen stadtbekannten Hehler verscherbeln wollte.

Hansi machte eigentlich nicht gerade den Eindruck eines eiskalten Mörders auf mich. Sein furchtbares Lispeln ließ ihn eher kindisch erscheinen. Seine Vorderzähne waren bis zum Zahnfleischsaum abgefault, was ihn aber nicht hinderte, damit noch an den Resten seiner Fingernägel zu kauen.

Vielleicht hatte er sich die Geschichte ja auch nur ausgedacht? Es war für mich immer noch unvorstellbar, daß so etwas in der biederen, durchkontrollierten DDR passieren konnte. Hansi merkte wohl, daß ich sie ihm nicht so richtig abkaufen wollte. Da begann er, die Geschehnisse so richtig blumig auszumalen. »Wat meenste, wie die Olle jequiekt hat, als ick ihr det Büjeleisen in de Fresse jehaun habe?« meinte er grinsend. Von Reue keine Spur. Schließlich gab er mir seine Anklageschrift zum Lesen, da stand es schwarz auf weiß. Ich war völlig schockiert, und Hansi genoß es, daß er so viel Aufmerksamkeit erregt hatte.

Nach einem Freigang zog er einmal etwas Seltsames aus der Hosentasche. Es war eine kleine schwarze Schuhcremedose, aus der zwei Kabel herausragten. An Stelle des Deckels befand sich eine Lochplatte aus Pappe. Ich wurde neugierig. Hansi befestigte eines der Kabel an der gußeisernen Heizung. Dann hielt er sich die Dose ans Ohr, schmunzelte und begann, eine Melodie zu summen. Das war doch nicht etwa ein Radio?! Ich dachte, er wollte mich veräppeln. Aber aus der Schuhcremedose konnte man wirklich leise Musik hören – und das ohne Batterien. Die Heizung diente als Antenne. Für dieses Wunder fehlte mir jegliches technisches Verständnis. Ich war baff. Nur zehn Mark hatte der Detektor auf dem knastinternen Schwarzmarkt gekostet. Ohne Gegenleistungen borgte Hansi mir noch am selben Abend sein Dosenradio. Ich klemmte es mir mit einem Unterhosengummi am Kopf fest und legte mich aufs Ohr. Jetzt störte mich das Schaukeln unter mir nicht mehr so sehr. Leider konnte ich nur einen einzigen Sender empfangen: Radio DDR I. Aber das war mir egal. Wenn man sechs Monate keine Musik gehört hatte, hüpfte einem sogar dabei das Herz höher.

Auch eine andere Erfindung präsentierte Hansi uns. Als einmal die Streichhölzer in der Zelle knapp wurden, zeigte er uns, wie man Feuer aus der Steckdose holen konnte, ohne einen Kurzschluß zu erzeugen. Er malte mit einem Bleistift einen breiten Streifen auf Zeitungspapier. Danach steckte er jeweils ein kleines zusammengerolltes Stück Stanniolpapier in die Löcher der Steckdose, einzeln, versteht sich. Nun hielt er das Papier mit dem Graphitstreifen unter die Silberpapierrollen und bewegte es langsam hin und her. Plötzlich entzündete sich das Papier, und wir hatten Feuer zum Rauchen.

Es vergingen zwei Wochen, bis die ersten beiden zum Arbeitskommando abgeholt wurden. Zwar wurden die Betten noch am gleichen Tag neu belegt, aber trotzdem trat etwas mehr Ruhe in der Zelle ein, denn mit Andreas und Klaus waren die größten Hitzköpfe verschwunden.

Einer der Neuen kam ganz frisch aus der Stasi-U-Haft in Rostock. Bolle war einundzwanzig, von Beruf Schiffsschlosser und stammte aus Wismar. Seine gesamte Familie hatte einen Ausreiseantrag gestellt. Dann bat Bolle brieflich die Bundesregierung um Hilfe. Bei ihren ständigen Briefkontrollen fand die Stasi die Zeilen, und das allein reichte für eine Haftstrafe von drei Jahren bei Bolle, der wegen Rowdytum als Jugendlicher schon einmal eingesessen hatte.

Zelle 112

Das Nichtstun wurde unerträglich. Es passierte einfach nichts, Gesprächsthemen wiederholten sich ständig, die Zeit schien stillzustehen. Die Leute wurden zunehmend gereizt. Inzwischen waren Belanglosigkeiten Auslöser für Reibereien. Einziger Lichtblick blieb die Freistunde, zumal wir uns in der kleinen Zelle nicht alle gleichzeitig bewegen konnten.

Anfang Februar 1982 war es endlich soweit. Nach der Zählung teilte uns der diensthabende Bulle mit, daß die Arbeitsreserve ab sofort aufgelöst würde und wir unser Bündel zwecks Verlegung aufs Arbeitskommando packen sollten. Endlich raus aus diesem engen Loch, war mein einziger Gedanke. Schlimmer würde es schon nicht werden.

Eddi, Kindchen, Bolle, René und ich wurden als erste abgeholt. Jemand im verspäteten Stimmbruchalter krächzte uns zum Abschied hinterher: »Und sehen wir uns nicht in dieser Welt, dann treffen wir uns in Bielefeld. Sieg Heil!« Der Bulle reagierte nicht darauf. Unsere sackbepackte Fünferkolonne marschierte durch endlos verwinkelte Gänge, vorbei an zahllosen numerierten Zellen und bunttätowierten Berufsverbrechern, die uns anpöbelten oder dem Frischfleisch geil hinterherpfiffen.

An der Zelle mit der Nummer 112 stoppte der Schließer. Er schob den Riegel beiseite und ließ das Türschloß krachen. Bloß nicht abergläubisch sein, durchfuhr es mich: 112 war im DDR-Strafrecht der Mordparagraph.

»So, meine Herren, das ist ab heute Ihr neuer Verwahrraum. Sie sind ab morgen für die A-Schicht im Elektromotorenwerk eingeteilt. Vertragen Sie sich bitte mit den anderen Strafgefangenen!«

Da sich die Zelle im zweiten Stock befand, kam mehr Tageslicht durch die beiden Gitterfenster als im Kellerloch der Arbeitsreserve. Vier mit Sträflingen belegte Dreistockbetten standen verschachtelt im Raum und füllten etwa die Hälfte der knapp zwanzig Quadratmeter aus. Zwei der obersten Betten waren nicht belegt. Ich fragte: »Entschuldigung, Herr Meister, aber wir sind fünf. Wo sollen die anderen hin? Sie können doch nicht auf der Erde schlafen.«

»Warum denn nicht?« meinte er und schaute mich entrüstet an. »In Nummer 113 gibt's auch ein U-Boot. Weiß gar nicht, was Sie wollen.« U-Boote waren Matratzenteile, die bei Überbelegung der Zellen unter den Dreistockbetten lagen und nachts zum Schlafen herausgezogen wurden. Alle starrten ziemlich bedeppert auf das bißchen Freifläche des rotbraun gebohnerten Fußbodens. Hier konnten unmöglich drei Leute nebeneinander schlafen. Einer hätte unter dem Tisch liegen und der andere fast die Kloschüssel umarmen müssen.

»Na gut, will mal nicht so sein«, schnauzte der Schließer. »Drei Mann mitkommen. Die Sachen bleiben hier.«

Als die anderen verschwunden waren, schwenkte ich meinen Blick kurz von einem zum anderen der künftigen Zellengenossen. Düstere Gestalten, mißtrauische Blicke. So als ob sie sagen wollten: Na ihr habt uns gerade noch gefehlt. Um mich vorzustellen, klopfte ich wie in der Kneipe mit spitzer Faust vorsichtig auf die Tischkante und ließ mit verunsicherter Stimme mein »Tag, ich bin Roland« hören. Aber das schien hier niemanden zu interessieren.

»Und, haste Tee mitgebracht?« herrschte mich eine sächsische Stimme aus dem zweiten Stock des mittleren Bettes an.

»Leider nicht, aber kannst 'ne Karo haben.«

Ich reichte ihm die Schachtel. Er nahm sich gleich drei Zigaretten heraus: »Für später, alles klar?« Dann warf er die Schachtel seinem Bettnachbarn zu und sprang klatschend auf den Fußboden. »Ich bin Hannes. Kannst aber auch Reiser zu mir sagen«, meinte er und reichte mir die Hand. Er war etwa Mitte Zwanzig, mittelgroß, hatte dunkles, fast nackenlanges Haar, braune Augen und eine rundliche, eher weibliche Figur.

Inzwischen war die Schachtel wieder bei mir. Eine Zigarette hatten sie mir noch gelassen. Das war anständig. Also rauchten wir jetzt gemeinsam die symbolische Friedenspfeife. Reiser zeigte mir mein Hochbett, das sich genau fünfzig Zentimeter unter der Zellendecke befand. Ich begann damit, das Bettzeug hinaufzuschaffen. Die rostigen Eisengerüste der Hochbetten stammten noch aus dem Dritten Reich. Vermutlich hatten die Nazis während des Krieges Hochkonjunktur in Brandenburg-

Görden und mußten die Betten aufstocken lassen. Und jetzt standen ihre »Nachfolger« vor dem gleichen Problem. Wohin nur mit den Halunken und Staatsverbrechern? Leitern wie an einem Kinder-Doppelstockbett gab's hier nicht. Ich mußte also lernen, wie ein Affe die Höhe zu erklimmen, ohne die unteren Betten zu beschmutzen oder auf jemanden zu treten. Außerdem war es wichtig, beim Aufwachen richtig wach zu sein, um nicht die Deckenhöhe mit der über dem gewohnten Bett daheim zu verwechseln.

Das andere Hochbett wurde von Kindchen, dem Kinderficker, okkupiert. Er war die ganze Zeit über mucksmäuschenstill, als würde er sich seinem Schicksal ergeben. In Wirklichkeit aber beobachtete er seine Umgebung ganz genau. Anfängliche Zurückhaltung war immer die beste Methode herauszufinden, wer in der Zellenhierarchie Wolf, Schaf oder Fuchs war. Denn wer neu war, der war noch nicht klassifiziert. Wer das Maul gleich zu weit aufmachte, kriegte schnell eins drauf. Aber man hatte auch Aufstiegschancen. Einem alten Knaster wie Kindchen war das bewußt. Er konnte bei passender Gelegenheit seine Beziehungen und Erfahrungen einbringen.

Die Zellentür wurde wieder aufgeschlossen, Bettgestelle wurden hereingetragen. Aber wo, in Gottes Namen, sollte hier noch ein dreistöckiges Bett stehen? Nach etwa einer Stunde Hin- und Herschieben, Verkeilen und gegenseitigem Anbrüllen war das Problem erledigt. Niemand mußte als U-Boot enden. Zwar stritten sich Bolle und Eddi noch um den Bettenplatz, konnten sich aber endlich einigen, nachdem ich Bolle vom Vorteil der Höhenlage überzeugt hatte: »Bolle, stell dir mal vor, das rostige Bettgestell bricht mit dem Dicken zusammen. Vielleicht reicht es, wenn er sich nur einmal umdreht, und du bist breit wie 'ne Briefmarke.« – Später machte mir Bolle Vorwürfe wegen Eddis Ausdünstungen, denn flüchtige Gase haben nun mal die Eigenschaft, nach oben zu steigen. Und Eddi ließ ständig einen fahren. Außerdem schwitzte er und schnarchte wie ein Bär.

So, nun waren wir einen Schritt weiter. Unglaublich, daß fünfzehn erwachsene Männer, fünfzehn Betten, vier Hocker, ein Spind, ein Tisch, zwei Waschbecken und ein Klo in diese kleine Zelle hineinpaßten und miteinander auszukommen hatten. Im einzigen Holzspind teilten sich jeweils zwei Gefangene ein kleines Fach. In einigen Regalen standen Kinderfotos. Mit dem Schließen des Schrankes wurde auch das kleine bißchen Privatatmosphäre zugeklappt.

René und ich lagen jetzt in gleicher Höhe fast Kopf an Kopf im Bett. Das hatte den Vorteil, daß wir gut miteinander quatschen konnten, ohne belauscht zu werden. Außerdem führten wir von nun ab auch das Spindfach gemeinsam.

Das gegenseitige Beschnuppern mit den anderen Zelleninsassen begann. Mir war es ganz recht, nicht als einziger in diese Zelle verlegt worden zu sein. Bislang hatte ich nur Reiser kennengelernt. Die anderen hielten ihre Neugier und das Bedürfnis, sich uns Neulingen vorzustellen, in Grenzen. Es sollte auch noch einige Zeit vergehen, bis wir Näheres voneinander wußten. Die unteren Etagen der vier Hochbetten hatten die Altgedienten, Leute, die schon einige Jahre abgebrummt hatten, erkämpft.

Einer hieß Maaß, Vorname unbekannt. Fünfzehn Jahre hatte er wegen Brandstiftung und Mordversuch bekommen. Ein Mensch, der beim Sprechen weder Mund noch Augen richtig aufbekam. Er sprach bördischen Slang und nuschelte furchtbar dabei. Vom stoppeligen kalkfarbenen Gesicht mit den tiefen Stirnfurchen und den vorstehenden Backenknochen ausgehend, hätte ich ihn auf Mitte Vierzig geschätzt. Doch der Mann hatte bereits zehn Jahre Knast hinter sich und war erst Anfang Dreißig. Eine allein schon vom Äußeren her unsympathische Kreatur. Er konnte Leute mit kurzen Strafen nicht riechen. Er war immer am Meckern und dazu noch unhöflich. Ein verbiesterter Griesgram, aber ungefährlich.

Seine Lieblingsspeise war Harzer Käse. Er sammelte die Reste der anderen ein, verschloß sie in einem Marmeladenglas und ließ das stinkende Zeug unter seinem Bett, direkt neben der Heizung, wochenlang stehen, bis sich der Käse verflüssigt hatte. Dann war er seiner Meinung nach reif zum Verzehr, und er öffnete das Glas. Nicht nur der Aggregatzustand, auch der Geruch hatte sich verändert. An diesem Tag roch es in der Zelle wie Katzendreck im Männerklo, und Maaß aß seine schimmelnde Ammoniakbrühe genußvoll mit dem Löffel.

Seine schwieligen Handinnenflächen leuchteten rötlich gelb, ähnlich wie bei einem starken Raucher zwischen Mittel- und Zeigefinger. Maaß war zwar ein starker Salem-Raucher, aber die Verfärbungen hatten eine andere Ursache. Der jahrelange

Hautkontakt mit Kupfer war schuld daran. Die Hauteinlagerungen ließen sich nicht mehr abwaschen. Viele Motorenwickler im Elmo-Werk hatten ähnliche Hautveränderungen, auch der drahtige Hinrichs, der das zweite Unterbett bewohnte und eine dreizehnjährige Haftstrafe wegen Mordes verbüßte. Obwohl erst sechsundzwanzig, war er schon dreimal vorbestraft wegen Einbruchsdiebstahl. Er hatte eine »Karierte-Bettwäsche-Karriere« hinter sich, angefangen vom Kinderheim über den Jugendwerkhof bis in den Jugendknast. Und nun saß er im Zuchthaus. Den Mord hatte er als Siebzehnjähriger begangen. Wahrscheinlich war es ein Sexualmord. Die Erziehungsmethoden nach Makarenko hatten ihn nur zum frustrierten Menschenhasser gemacht, der nie richtige Freunde hatte. Alles, was für ihn im Knast angenehm war, mußte er sich irgendwie erarbeiten, kaufen, klauen, erkämpfen, eintauschen, erpressen, erlügen. Nichts gab's umsonst. Selbst die Liebe nicht. Auch die kostete Geld, ein Päckchen Tee, Rasierwasser, Zigaretten oder sonst eine Gefälligkeit. Deshalb umgarnte er René gleich nach unserer Ankunft mit Zigarettengeschenken. Er wollte ihn alsbald als Gegenleistung ins Bett bekommen.

Ein anderes der unteren Betten gehörte Berger, einem dicken Hundertdreißig-Kilo-Fleischbrocken. Nach Feierabend oder am Wochenende lag er die meiste Zeit nur auf seinem Bett und beobachtete mit grimmigem Blick das Treiben in der Zelle. Allein zur Zählung oder wenn's ums Essen ging, bewegte er seinen massigen Körper in die Hausschuhe. Er kam aus Berlin und mußte fünf Jahre wegen Autoschieberei und Hehlerei abbrummen. Berger hatte sich eine steuerfreie Mark nebenbei verdient, indem er geklaute Wartburgs und Trabants fachgerecht zerlegt und die gefragten Einzelteile auf Bestellung verhökert hatte. Studierte Leute und Nicht-Berliner konnte er absolut nicht leiden. Deshalb sprach er anfangs kein Wort mit mir. Die ersten Wochen war ich Luft für ihn.

Sein einziger Freund, Kindersatz und enger Arbeitskollege war Müller. Der hatte sein Bett praktischerweise direkt über Berger. Müller war ein kleines blondes, unscheinbares Männlein, etwa Mitte Zwanzig. Wenngleich er schon auf stolze fünf Jahre zurückblicken konnte, so lagen doch noch ein paar Tage länger als beim Dicken vor ihm. Er hatte lebenslänglich. Das traute man dem Kleinen mit dem treudoofen Kinderblick gar nicht zu. Man erzählte sich, er habe seinen eigenen Bruder aus Eifersucht mit einem Hammer erschlagen. Um einen Fenstersturz vorzutäuschen, soll er die Leiche des Jungen aus dem fünften Stock seiner Marzahner Neubauwohnung geworfen haben, und dabei hatte ihn jemand beobachtet.

Berger und Müller waren ein unzertrennliches Paar, führten quasi eine Art Ehe. Berger verwaltete die gemeinsamen Finanzen und teilte mit Müller die Pakete. Müller hatte zwar auch ein Anrecht auf den zweimonatigen Paketschein, aber seine Familie wollte nichts mehr mit ihm zu tun haben. Um den wertvollen Paketschein nicht verfallen zu lassen, ließ er sich von Bergers Frau, die draußen mit den Kindern wartete, beschicken.

Müller schmierte dem Dicken die Stullen, erwärmte seinen Tee, rührte ihm Milchpulver in den Muckefuck und machte zuweilen auch mal sein Bett. Wenn einer von beiden mit der Zellenreinigung dran war, fegten und schrubbten sie immer gemeinsam. Hatte der Dicke Rückenprobleme, wurde er liebevoll vom Kleinen massiert. Berger war für Müller so etwas wie ein Schutzpatron oder Übervater. Er himmelte ihn an. Allerdings mehr mit Blicken als mit Worten, denn sein Wortschatz war nicht sehr reichhaltig, und er stotterte ständig. Da er sich dessen schämte, sprach er auch mit anderen so wenig wie möglich. Anfangs dachte ich sogar, er sei taubstumm.

Reiser wurde mit der Zeit kontaktfreudiger. Auch er sei ja, wenn man's genau nimmt, politisch inhaftiert, ließ er mich wissen. Aber bei der langen Zeit von noch fast sieben Jahren lohne es sich für ihn nicht, einen Ausreiseantrag zu stellen. Er hoffe auf vorzeitige Entlassung wegen guter Führung. Auf meine Frage, warum er denn ausgerechnet im DDR-Schwerverbrechergefängnis gelandet sei, leuchteten seine Augen voller Stolz.

Bevor er anfing, im Leipziger Unterweltston seine schillernde Story zu erzählen, holte er noch einmal tief Luft und überzeugte sich davon, daß auch alle zuhörten. Angeblich hätten drei algerische Gastarbeiter seine Schwester überfallen, um sie zu vergewaltigen. Da er zufällig zu dieser Zeit im gleichen Arbeiterwohnheim die Wände tapezierte, habe er ihre Schreie gehört und sei zu Hilfe geeilt. Die drei »Kanaken«, wie er sich ausdrückte, hätten sofort ihr Klappmesser gezogen, mit dem, wie allgemein bekannt, alle diese Typen ausgestattet seien. Reisers Tapeziermesser sei in den ersten Ali wie in ein Weißbrot gerutscht. Die anderen beiden seien dann abgehauen und hätten die Bullen geholt. Tja, und weil Reiser schon einmal wegen schwerer Körperverletzung vorbestraft war und die »Kanaken« als Kommunistenfreunde sowieso immer recht bekämen, hätten die Bullen dann aus der Notwehr einen Mordversuch auf ausländische Mitbürger gemacht. »Scheiß Kanaken! Scheiß DDR!« waren Reisers abschließende Worte.

Die Zellenganoven schauten zu ihm wie zu einem Helden auf. Ein Unschuldiger in unseren Reihen – wie konnte das passieren?! Welch eine Ungerechtigkeit! Wie mutig, daß es jemanden gab, der das Leben seiner guten deutschen Schwester vor geilen dunkelhäutigen Kameltreibern retten wollte. Einen, dem die Ehre seiner Familie heiliger war als die staatlich verordnete Völkerfreundschaft!

Erst Monate später, als ich im Haftkrankenhaus Einblick in die Krankenunterlagen der Gefangenen hatte, sollte sich diese Geschichte als Räuberpistole entpuppen. Das heißt, die Story mit dem Tapeziermesser und das »rein wie in ein Weißbrot« stimmten schon. Es ging auch um eine Vergewaltigung, eine sehr brutale sogar mit blutigem Ausgang. Allerdings war Reiser nicht der Retter, sondern der Täter. Die Betroffene war eine junge alleinerziehende Frau aus Leipzig, die ein Kind von einem ausländischen Studenten hatte.

Der anfangs Unscheinbarste der Zelle war Schön. Ein dürrer bunttätowierter Hecht aus Neustrelitz und geborener Intrigant. Zu mir war er zwar stets freundlich, allerdings lästerte er ständig über alle anderen. Er saß wegen schweren Bankraubes. Mit einer Wasserpistole hatte er eine kleine Dorfpostfiliale um ihre paar hundert Mark Tageseinnahme erleichtert. Die Polizei legte den verschreckten Postangestellten einige Fotos ihrer Kundenkartei vor. Und schon war der vorbestrafte Schön ermittelt und konnte das Bett wieder mit karierter Bettwäsche beziehen. Er hatte draußen eine ebenfalls vorbestrafte junge Ehefrau und zwei kleine Kinder. Die Frau war Schöns größtes Grundkapital, um die nächsten Jahre im Knast gut klarzukommen.

Mit einem schicken Foto seiner Liebsten schlich er während der Arbeitszeit zu einem jungen Zivilmeister. Schön behauptete, er würde sich Sorgen um seine junge Frau machen wegen fremder Männer und so. Ob denn der Zivilmeister am Wochenende nicht mal bei ihr nach dem Rechten sehen könne? Nur einmal, versteht sich. Der Mann lehnte zunächst ab, denn persönlicher Kontakt zu den Gefangenen und ihren Angehörigen draußen war sowohl den Bullen als auch den Zivilangestellten streng verboten. Ein gutbezahlter Job sowie die Parteizugehörigkeit standen auf dem Spiel. Schön ließ einfach das Foto mitsamt der Adresse und zehn Mark West auf dem Schreibtisch liegen.

Ich fragte ihn, warum er denn diesen Aufwand betreibe und sogar noch Westgeld, das ihm seine Frau reingeschmuggelt hatte, dafür opfere. Schön lächelte nur, denn er war alles andere als eifersüchtig auf seine Frau. »Wartet nur ab«, meinte er grinsend.

Der Zivilmeister biß tatsächlich an und besuchte die Frau. Und die erfüllte ihren Auftrag: Sie nahm sich den Herrn im Bett vor. Dafür sollte er die nächsten Jahre bluten oder besser gesagt, für Schöns Unterhalt sorgen. Anfangs waren die Bestellungen noch unbedeutend. Schön wollte bloß Tee und Zigaretten. Aber da alles so gut klappte, ging er weiter. Nun mußte der Zivilmeister Kaffee, Rasierwasser, Transistoren, Tätowierfarben und edlen Schnaps besorgen. Alles, was sich eben im Knast gut verscherbeln ließ. Doch eines Tages war Schluß damit. Der Zivilmeister verschwand vom Arbeitsplatz, und Schön erhielt seine Familienpost aus dem Frauenknast. Irgend jemand aus unserer Zelle hatte wohl der Stasi einen Wink gegeben.

Eine Person fiel durch ihre knarrende Berliner Kodderschnauze auf: Siebenschläfer. Mit dem gelben, faltigen Rauchergesicht und der tätowierten Knastträne wirkte er wesentlich älter als Anfang Dreißig. Niemand wußte genau, wie oft er eigentlich vorbestraft war. Eigenen Angaben zufolge war er ein politischer Gefangener und saß völlig unschuldig im Zuchthaus. Etliche westliche Medien und sogar Amnesty International würden für seine Freilassung kämpfen, erzählte er. Es schien, als glaube er selbst an die Geschichte eines angeblich von der Stasi verfolgten Künstlers, der seine Flucht in den Westen mit geklautem Geld finanzieren wollte. Es gab Leute, die ihm die Story abkauften. Und wieder war ein Körnchen Wahrheit darin. Das mit dem Klauen stimmte tatsächlich. Meistens waren es ältere, alleinstehende Damen, die Siebenschläfer um ihr Erspartes gebracht hatte. Sein letztes Opfer erlitt dabei einen Schädelbruch und lag fast eine Woche im Koma. Er stammte aus Berlin-

Weißensee – was lag da näher als zu behaupten, er habe an der dortigen Staatlichen Kunsthochschule drei Jahre Malerei und Grafik studiert. Die häßliche Nixe und das primitive pfeildurchbohrte Herz mit den Initialen K. M. auf seinen Unterarmen waren lediglich unschöne Jugendsünden aus der frühen Schaffensphase des Maestros. Jetzt, als professioneller Kunstmaler ohne Pinsel, ließ er sich auch schon mal zu Tätowiervorlagen herab, um seinen Salär etwas aufbessern zu können. Tattoo-Entwürfe wurden im Knast gut bezahlt. Schließlich waren selbst die »vollgehacktesten Litfaßsäulen«, wie man die Ganzkörpertätowierten nannte, scharf auf neue Motive. Vorausgesetzt, es gab noch freie Stellen auf ihrer Haut.

Ansonsten war Siebenschläfer ein typischer Arschkriecher. In der Werkhalle arbeitete er als Kupferdrahtschweißer. Auffällig war neben der großen Klappe sein Hang, immer mit den Wölfen zu heulen. Nach dem Motto: Nur wer Macht hat, hat recht. Er war dumm-gefährlich, aber leicht zu manipulieren und gelegentlich auch als Sprachrohr für Anti-DDR-Propaganda zu benutzen.

Die letzten beiden in den Mittelbetten waren wirklich politisch Verurteilte. Der eine, Weber, lag direkt unter mir. Er saß zum wiederholten Mal wegen staatsfeindlicher Hetze, Paragraph 106, und hatte insgesamt schon sieben Jahre abgebrummt. Obwohl er in den Westen wollte, war er 1979 bei der letzten Scheinamnestie wieder in die DDR entlassen worden. Wenige Wochen später wurde er wieder abgeholt und eingeknastet. Die Stasi hatte die Briefe, in denen er Franz Josef Strauß um Hilfe bat, abgefangen. Bei einer Hausdurchsuchung fand man ein dickes Heft, in dem er seine mehrjährigen Erlebnisse während der Stasihaft und im Zuchthaus Bautzen aufgeschrieben hatte. Er gab auch unumwunden zu, diese Notizen im Westen als Buch veröffentlichen zu wollen. Und schon brummte man ihm eine Strafe von fünf Jahren wegen landesverräterischer Agententätigkeit, Verbindungsaufnahme und Staatsverleumdung auf. Aber diesmal landete er gleich in Brandenburg bei den Schwerverbrechern. Um die Stasi zu provozieren, nutzte er jede freie Minute nach Feierabend, seine Anti-DDR-Gedanken aufs Papier zu bringen und für ein neues Buch zu sammeln. Jeder in seiner Umgebung konnte und sollte auch lesen, was er da schrieb. Aber selbst wenn man über sämtliche Fehler in Rechtschreibung und Grammatik hinwegschaute – auch der Inhalt seiner Pamphlete war nichts weiter als naive Schwarzweißmalerei mit maßlosen Übertreibungen, zerfahrenen Geschichten, primitiven Beleidigungen, Selbstmitleid und Selbstüberschätzung. Niemand konnte seine Notizen richtig ernst nehmen – nur das MfS tat es. Die Stasi-Abteilung im Zuchthaus unter Leitung eines gewissen Major Körner holte Weber mehrmals zum Verhör. Zusätzlich bestraft wurde er seiner notorischen Schreibwut wegen nicht mehr, nur noch mündlich verwarnt. Eigentlich war er eine einsame bedauernswerte Kreatur, ein Don Quichote ohne Sancho Pansa und Windmühlen, jemand, der seine verbliebene Lebenszeit hier sinnlos vergeudete.

Die Stasi war sich wohl bewußt, daß sie für seine Knast-Macke verantwortlich war. Jedesmal nach dem Verhör berichtete er uns stolz, wie er es dem Stasi-Offizier gegeben habe. Ach ja, Filterzigaretten und ein Kännchen echten Bohnenkaffee habe die Stasi sogar freiwillig rausgerückt. Ein bedauernswerter Kerl.

Der ruhigste und friedlichste Vertreter unserer Zelle war ein ganz grauhaariger kleiner Greis. Trotz seiner achtundfünfzig Jahre saß Opa Lehmann ebenfalls wegen landesverräterischer Agententätigkeit in Brandenburg ein. Auch er wollte eigentlich nur die Seiten wechseln, noch ein paar Jährchen in seinem Beruf als Gärtner arbeiten und dann von der stattlichen Westrente leben und die Welt kennenlernen.

Er betrieb eine kleine, gutgehende Elbhanggärtnerei in der Nähe von Dresden. Da er das Privileg besaß, in der DDR ein privates Geschäft zu führen, fehlte es ihm an nichts, jedenfalls in materieller Hinsicht. Er hatte sich sogar auf die Zucht amerikanischer Blaubeeren spezialisiert – ein Renner zu DDR-Zeiten. Dann kam die Scheidung, die ihn und seine ganze Lebensplanung durcheinanderbrachte. Einen Neuanfang konnte er sich nur noch im Westen vorstellen, also stellte er einen Ausreiseantrag. Ein Jahr verging. Es passierte nichts. Er hatte Angst, noch mehr Zeit zu verlieren. Also suchte er Kontakt zu Gleichgesinnten, die sich regelmäßig im Rahmen kirchlicher Veranstaltungen trafen. Außerdem schickte er Abschriften seines Ausreiseantrages an das Bundesministerium für Innerdeutsche Angelegenheiten in Bonn. Jetzt wurde die Stasi aktiv und verknackte Opa Lehmann als Landesverräter zu drei Jahren Zuchthaus ohne Bewährung. Ich fragte mich oft, wie jemandem zumute sein muß, wenn er merkt, daß ihm die Zeit wegrennt. Woher nahm ein Mensch wie Opa Lehmann seinen Optimismus und Durchhaltewillen? Vor jedem Essen, und sei es während der Drecksarbeit auf einem abgerissenen Stück Pappkarton, betete er und bedankte sich für den Fraß auch noch. Es gab nichts, was ihn aus der Ruhe bringen konnte. Ihn störte nicht, bei der Verteilung immer als letzter den kleinsten Wurstzipfel zu bekommen oder in der Zelle ständig belächelt zu werden. Er blieb stets sachlich und beteiligte sich kaum an unseren täglichen Zellenstreitigkeiten. Nur an den Wochenenden, wenn die Zeit stillzustehen schien, kam er etwas aus sich heraus und war mir ein interessanter und wertvoller Gesprächspartner, und wir unterhielten uns über seinen Gott und unsere Welt.

Erziehungsmaßnahmen in der Elmo-Hölle

Mein erster Arbeitstag begann sehr früh. Bereits um 3.30 Uhr morgens wurden wir geweckt und anschließend gezählt. Dann erhielten wir unser Frühstück. Eine Dreiviertelstunde später drängelte sich unsere Zellenbesatzung in eine riesige, die Stahltreppen hinuntereilende Kolonne von müden Hängegesichtern. Das Poltern der Arbeitsschuhe auf dem federnden Metall verursachte einen Lärm, als wären Tausende Menschen unterwegs. Obwohl nur ein einziger Bulle zum Gitteraufschließen anwesend war, ging der Marsch geordnet vonstatten. Die Meute wurde durch ein paar mit Armbinden gekennzeichnete Strafgefangene wie eine Schafherde durchs Scheunentor geleitet und gelenkt. Nach einem Labyrinth aus Gitterstäben erreichten wir schließlich einen düsteren Kellerraum. Hier erhielten wir unsere ebenfalls mit gelben Streifen versehenen Arbeitsklamotten. Und dann war es soweit. Wir betraten zum ersten Mal die Elmo-Halle. Während die anderen sofort an ihre Arbeitsplätze verschwanden und loslegten, stellten wir Neuzugänge uns beim Schichtleiter für die Arbeitseinteilung vor.

Auch er war ein Häftling, doch er thronte hinter seinem Schreibtisch wie ein Stasi-Offizier. Genüßlich zog er, wähend er zu uns aufschaute, an einer extralangen Filterzigarette. Vor ihm dampfte aus einer Porzellantasse frisch aufgebrühter Tee. Er erhob sich und gab jedem zur Begrüßung kurz die Hand. Dann setzte er sich wieder und rührte weiter seinen Tee um, während er uns, wie er sich ausdrückte, die Spielregeln »seines Betriebes« erklärte. Er war redegewandt und wechselte ab und zu vom Parteichinesisch in einen kumpelhaften Jargon. Draußen sei er auch schon Betriebsdirektor gewesen, betonte er, deshalb könnten wir uns auf ihn verlassen. Am Monatsende würde der Lohn immer stimmen, und auch seine Fürspracheunterschrift für unseren Paketschein würden wir erhalten. Zwar duzten wir uns, aber ich merkte, daß es diesem rotblonden Mittvierziger namens Schießer unangenehm war.

Dann verteilte er die Arbeitsplätze. Eddi und René sollten zu Elektromotorenwicklern angelernt werden. Nach drei Tagen seien sie perfekt darin, meinte Schießer. Kindchen erhielt seinen alten Arbeitsplatz als Kabellöter zurück, und Bolle kam in die Spulerei. Aus mir machte der Schichtleiter im Handumdrehen einen Transportarbeiter und schickte mich ins Spulenlager. Nach unseren erlernten Berufen fragte er nicht.

Die Halle war etwa achtzig Meter lang, zwanzig Meter breit und über zwölf Meter hoch. Das gläserne Dach war schmutzig. An den Seiten war die Halle völlig fensterlos und hatte auch keine Lüftungsklappen. Der Vergleich mit einem gläsernen Sarg war durchaus angebracht. Weit über zweihundert Strafgefangene wirbelten, bewaffnet mit Gummihämmern, Schweißgeräten, Kupferrollen und Einzelteilen von Maschinen, wie in einem Ameisenhaufen umher. Ich wunderte mich, daß niemand einen Schutzhelm trug, obwohl schwere Motoren per Kranschiene über den Köpfen der Leute hinweggehangelt wurden. Beäugt von den bereits schwitzenden Malochern, schlenderte ich zum Spulenlager und meldete mich beim Verantwortlichen.

Mein Vorgesetzter hieß Möller, nur für ganz intime Ganovenfreunde war er der liebe Johnny. Das erste, was ich von Gleichgesinnten, die schon etwas länger in der Elmo-Hölle schuften mußten, gesteckt bekam, war, daß ich vorsichtig mit meiner Wortwahl sein solle, denn bei ihm handele es sich um ein besonders dummgefährliches Exemplar eines Stasi-Läufers, der alles daran setze, Punkte für seine vorzeitige Entlassung zu sammeln, und dem auch keine noch so schmierige Art zu billig sei.

Er war ein kleiner dunkler Patron. Mit seinen speckigen schwarzen Haaren, die er ständig mit der Hand von einem Ohransatz zum anderen beförderte, der fingerlangen Narbe auf dem rechten Jochbogen, den Augen unter buschigen Augenbrauen und langen Wimpern und dem bis zum Schlüsselbeinansatz reichenden starken Bartwuchs sah er aus wie ein kleiner Ganove aus einem italienischen Mafiafilm. Fehlten nur noch ein schmal gestreifter Anzug mit Blume, Lackschuhe und Gamaschen, ein breitkrempiger Hut auf dem Schädel und eine schwarze Zigarre in der Schnauze.

Sein Gesicht hing halbseitig etwas herunter. Besonders wenn er es zu einem Lächeln verzog, wurde es sichtlich schief. Er war mit seinen Anfang Dreißig schon dreimal vorbestraft und hatte es diesmal zu fünfeinhalb Jahren gebracht, die er selbstverständlich nicht abzusitzen gedachte, denn er wußte ja, wie man's macht. Als er endlich die passende Gelegenheit gefunden hatte, erzählte er mir mit stolzen Augen seine letzte Story.

Immerhin sei er ja kein Mörder wie die anderen, und irgendwann hätte auch mal R-Flucht in seinem Strafregister gestanden. Das mußte unbedingt erwähnt werden, vielleicht schnappte der andere den Köder, zählte auf, wen er alles kannte, was er alles wußte ... Ich reagierte nicht.

Also erzählte er mir, wie er einer Kassiererin, die abends die Tageseinnahmen in einen Tresor schließen wollte, eine Flasche über den Kopf gezogen hatte. Er hatte sich um ein Alibi gekümmert, die erbeuteten fünfzehntausend Mark nach Polen geschmuggelt und dort seine Handels- und Betruggeschäfte getrieben. Erst nach neun Monaten war er durch die Anzeige seines Schwagers aufgeflogen. Sonst sei das Ding astrein gewesen, meinte er.

Er sprach in ungeordneter Weise, stotterte in piepsigen sächsischen Tönen. Eigentlich hörte es sich an wie ein Schnattern. Er war es nicht gewohnt, große Reden zu schwingen. Klebriger Speichel hing in seinen Mundwinkeln. Er konnte mir beim Sprechen auch nicht in die Augen blicken. Vom rechten Augenwinkel zum Mund ging ein leichtes Zucken – wer weiß, vielleicht ein Tick, eine Parafunktion oder der Ausdruck irgendeiner Psychose.

Ich lernte von ihm, wie man gespulte Kupferkabelkommissionen aus dem Lager holte, abwog, in bestimmte Fächer einsortierte, abzählte, wieder austeilte – wie man den ganzen Fließbandkreislauf auf Hochtouren hielt. Das war eine Knochenarbeit, denn die Kupferkommissionen wogen bis zu sechzig Kilogramm. Außerdem war es ein völlig geistloser Job, bei dem man sich nicht mehr als nur ein paar Zahlen zu merken brauchte. Aber es war ein sogenannter »Posten« hier im Knast, eine Lebensstellung, bei der man angeblich in Ruhe alt werden konnte und um die mich die meisten Killer beneideten, obwohl das monatliche Einkommen unter fünfzig Mark lag. Man war eben im Lager, etwas abseits von den anderen; hier gab es schöne dunkle Ecken, wo man mal ungesehen abtauchen konnte, um Geschäfte abzuwickeln, abzuruhen oder andere verbotene Sachen zu machen.

Als Möller mich ein paar Wochen lang eingearbeitet hatte, verschwand er mehr und mehr von der Bildfläche und ließ mich seine Arbeit mitmachen. Er hatte instinktiv eine mir bis dahin noch nicht bewußte Schwäche erfaßt. Als mir klar wurde, daß er mich ausnutzte, hatte sich die Karre schon gut eingefahren. Irgendwie mußte ich mich wehren, aber alles stehen- und liegenlassen ging nicht, denn etwas Geld zum Leben brauchte ich natürlich, und auch die Besuchserlaubnis wollte ich nicht riskieren. Aber ich verlangsamte mein Arbeitstempo. An der Materialausgabe bildeten sich Schlangen, und die Leute, die am liebsten ihre Norm noch höher geschraubt hätten in dem Irrglauben, dadurch vielleicht eher auf irgendeiner Begnadigungsliste zu stehen, fingen an zu schimpfen und zu drohen. Schließlich trieben sie den verlorengegangenen Möller auf, damit er wieder Ordnung in das Chaos brachte. Das war natürlich nicht so ganz nach Möllers Geschmack, und er veranlaßte beim Leiter des Lagers, daß ich für den ersten Arbeitsmonat bereits Geldabzug erhielt. Genauer gesagt, der Leiter legte für mich eine LKZ, eine Leistungskennziffer, fest, die so hoch lag, daß ich sie gar nicht erfüllen konnte.

Dieser nächste Vorgesetzte schien keinen richtigen Namen zu haben oder hatte Angst davor, ihn zu hören. Ich konnte nie erfahren warum, aber der Typ ließ sich von allen nur Banane nennen. An ihm war nichts dran, was an diese Südfrucht erinnern konnte; vielleicht war es nur wichtig, daß eine Banane etwas sehr Harmloses und doch im Osten Seltenes, Besonderes war. Banane hatte rein äußerlich gar nichts Besonderes mit seinem Dutzendgesicht und seinem eher kleinen Wuchs. Aber er war ein Mörder und hatte LL. Über seine Tat sprach er nicht. Von den anderen erfuhr ich, daß auch er ein Sexualverbrechen an einem minderjährigen Mädchen begangen und es umgebracht hatte.

Hier im Zuchthaus hatte er einen Posten, auf dem er kaum körperlich arbeiten mußte, einen Schreibtisch und Verantwortung für das Lager und ein Fünkchen Mitbestimmungsrecht, zum Beispiel darüber, wer welche Arbeit erhielt und wer nicht – eben ein bißchen Macht. Seiner gehobenen Stellung trug Banane auch äußerlich Rechnung. Stets ging er in maßgeschneidertem khakifarbenen, jeansähnlichen Anzug mit Schlaghosen und V-förmiger Hüfthemdjacke. Dazu trug er ein paar schwarze, zu Sandalen umgenähte Halbschuhe, die vor Sauberkeit strahlten. Die Klamotten hatte er sich illegal in der knasteigenen Schneiderei anfertigen lassen, und die Bullen sahen darüber hinweg. Sein Auftreten in diesem knastmodischen Aufzug war ungewöhnlich selbstsicher und herrisch. Ein Mann oder besser Männchen, das einfach austeilen und anscheißen mußte, um seinen Vorzugsposten mit all den ergatterten Annehmlichkeiten und Vorzügen gegen andere zu halten und zu verteidigen.

Eine andere makabre Gestalt in diesem Lager, die mir erst Wochen nach meinem Arbeitsbeginn auffiel und auch so einen nicht genau definierbaren, aber mir übergeordneten Job hatte, war ein gewisser Jörg Walter. Zwar sah man ihn kaum ernsthaft arbeiten. Meist sortierte er nur irgendwelche Papierstreifen. Aber seine knarrige laute Stimme in breitem vorpommerschen Dialekt mit dem obszön-zotigen Vokabular war kaum zu überhören. Auch er war ein Wicht von Gestalt, mit einem unproportional großen Kopf auf einem schmächtigen Körper. Seine meist weit aufgerissenen grau-grünen Augen in der sonst hängenden Physiognomie und der offene Mund gaben ihm einen hilflosen, naiv-blöden Gesichtsausdruck. Von seinem äußeren Erscheinungsbild auf die Ursache seines Hierseins schließend, hätte ich alles mögliche, nur nicht Mord, noch dazu feigen Kindermord, angenommen. Auch er kleidete sich wie sein Vorbild und Schutzpatron Banane, trug meist eine enge, olivgrüne Schlaghose mit Bügelfalten, wie sie Anfang der siebziger Jahre draußen modern gewesen war, schwarze, blankgewichste Halbschuhe und ein auf Taille geschnittenes Oberhemd. Zwar war immer alles ein wenig schmuddelig, aber es gab ihm zumindest den Anschein, etwas Besseres als wir anderen zu sein. In der Tat, der Mensch fühlte sich hier wohl.

Draußen in Pasewalk, wo er aufgewachsen war und auch den Mord begangen hatte, war er mit seinen sechs Klassen und den asozialen Verhältnissen, aus denen er stammte, ein Nichts im Vergleich zu seiner jetzigen Position gewesen. Das Gefängnis empfand er keineswegs als unangenehm. Einmal meinte er zu mir, daß er sich in seinem Leben noch nie so wohl gefühlt habe. Hier hatte er Aufgaben und auch mal was zu sagen und fand Bestätigung. Es fiel auf, daß er, was seine Verbrechen anbelangte, überhaupt nicht verschlossen war, sondern geradezu stolz darauf. Ich versuchte, etwas in seine Psyche einzudringen. Das war nicht schwer. Hatte Walter erst einmal einen verständnisvollen Gesprächspartner gefunden, nahm er sich auch die Zeit, sein Verbrechen nebst allen Umständen ausführlich zu schildern. Er wollte kein Mitleid oder ähnliche Gefühle wecken, nein, er tat es aus reinem Selbstbestätigungsbedürfnis, das irgendwie gekoppelt war mit perversen Erinnerungsfreuden.

Man mußte schon sehr cool bleiben, um bei der Schilderung, die Walter mit freudigem Lächeln abgab, nicht auszurasten und zuzuschlagen. Noch heute steckte ein großes Stück Infantilität in ihm, und man konnte sich gut vorstellen, daß er als Kind oft gehänselt, verprügelt und total vernachlässigt worden war. Eben so ein Kind, das ungewaschen, ohne Frühstücksbrot und Lust zur Schule mußte, weder Freunde noch Spielsachen besaß, in irgendeinem Hinterhof neben Aschtonnen spielte, anstelle von Zärtlichkeiten lediglich Ohrfeigen erntete, schließlich nur eine geringe Schulbildung, dafür aber chronische Minderwertigkeitskomplexe und eine völlig unberechenbare Art hatte. Walter war homosexuell, und mich interessierte sein einstiges Verhältnis zu Mädchen oder Frauen. Ich konnte nicht glauben, daß er's nicht zumindest einmal mit einem weiblichen Wesen versucht hätte.

»Klar, ick hab' och ma mit 'ner Ollen gefickt.«

»Wie alt warst du da?«

»Weeß nich, glaub' zwanzig, aber die Olle war schon anne Vierzig ...«

»Na und, wie war's?«

»Ach Scheiße, die olle Zicke hat mich ausgelacht, weil's bei mir nich richtig geklappt hat, verstehste? Der hätte ich am liebsten inne Fresse gehaun.«

»Und wie haste es sonst so gemacht?«

»Na, mit'm Kerl. Hat mir viel mehr Spaß gemacht, die hab' ich immer beim Saufen kennengelernt. Eener hat mich denn bei de Bullen verpfiffen, wußte doch sonst keener.«

»Weißt du, wer das war?«

»Na, der Kneiper, mit dem ich öfters gebumst hab. Mann, sag' ich dir, der hatte hinter der Kneipe 'n duftes Ehebett, die geile Sau.«

»Ach, und der wußte von dem Mord?«

»Ach Quatsch, der is zu de Bullen gegangen und hat die gesagt, daß Walter, dat bin ick, anders veranlagt is. Das Schwein, wenn ick dat vorher jewußt hätte, daß der mir anscheißt, dann wär' ick wegen Doppelmord einjefahren, hihihi ...«

Bei dieser »witzigen« Bemerkung grinste er selbstherrlich. Nun war er wer, man hörte ihm gespannt zu, und Publikum zu haben und einmal im Mittelpunkt zu sein ist etwas Herrliches. Jetzt bloß nicht mit der Story aufhören, sonst kam noch einer, der noch 'ne härtere erzählen konnte. Es gelang ihm wirklich, mich auf die Folter zu spannen. Was hatte dieser Mensch nun verbrochen? Auf alle Fälle schien es sich auch um einen sexuell motivierten Mord zu handeln. Ich tat so, als ob ich seine Erzählung anzweifelte. Das half. Er mußte die Geschichte loswerden, wie ein kleines Kind, das unbedingt einen Spielkameraden verpetzen will. Nur mit dem Unterschied, daß es sich dabei um die eigene Person handelte.

Im November 1980 hatte er einen dreizehnjährigen Jungen, der mit seinem Fahrrad zum Unterricht unterwegs war, abgepaßt und überredet, mit ihm angeln zu gehen. Er kannte den Jungen schon länger, weil der mit seinem Bruder zusammen zur Schule ging. Gemeinsam fuhren sie zur Peene. Dort versuchte er, den Jungen rumzukriegen.

Was dann passierte, kam sehr widersprüchlich heraus. Wahrscheinlich aus Furcht vor einer Anzeige hatte er den Jungen in den für diese Jahreszeit recht kühlen Fluß gestoßen und eiskalt zugesehen, wie das Kind sich in seinem Todeskampf wand, bis der leblose Körper mit der Strömung verschwand. Erst nach Monaten erfolgloser Suche nach dem Jungen fand man die Leiche beziehungsweise das, was davon noch übrig war.

Als man ihn dann schnappte, war er nicht nur gleichgültig, was das begangene Verbrechen betraf: Er freute sich auf den Strafvollzug. Den Kopf würde man ihm schon nicht abreißen. Hier in dieser abgeschlossenen Welt der Maskulinität war er voll integriert, fühlte sich beachtet, hatte seinen geregelten Tagesablauf, eine Beschäftigung, brauchte seinen Grips nicht für solche Dinge wie Ernährung, Kleidung und so weiter anzustrengen. Morgens bekam er täglich seine zwei Brötchen und Butter, einmal im Monat war Kino, und über Mangel an Erotik konnte er sich auch nicht beklagen. Wo gab es das denn schon draußen für ihn?

Gegenüber vom Spulenlager wurden die kleinen Motoren gewickelt. Reich werden konnte dabei keiner, weil die Norm vom Schichtleiter entsprechend hochgeschraubt war. Leistungsorientierte Knastis rissen sich nicht um diesen Job. Große Maschinen brachten mehr Punkte beziehungsweise Minuten, die sich weiterverschachern ließen.

Hier wurde René von einem klapprigen alten Mann angelernt. Der Alte, Manfred mit Vornamen, war zwar nicht mehr der Schnellste, aber dennoch froh, beschäftigt zu sein. Mit seinen kurzen struppigen Haaren sah er einem Igel ähnlich. Da er weder richtig hören noch sehen konnte, trug er ein Hörgerät und eine dicke Hornbrille, die die stets blutunterlaufenen Augen doppelt so groß erscheinen ließ. Auch sein Sächsisch konnte man nur schwer verstehen. Eigentlich war Manfred ein Fall fürs Altersheim. Doch er hatte eine lebenslängliche Haftstrafe abzusitzen.

Um herauszubekommen, weshalb Manfred bereits seit über zehn Jahren einsaß, provozierten ihn andere Ganoven öfter mit peinlichen Fragen. Heraus kam dabei folgende Geschichte: Manfred hatte früher in einem kleinen Betrieb als Heizer gearbeitet. Als die vierjährige Tochter eines Angestellten plötzlich spurlos verschwunden war, dachte keiner daran, daß Manfred dahinterstecken könnte. Monatelang verlief die Suche der Polizei nach dem Kind erfolglos, bis jemand zufällig im Heizungskeller einen roten Kinderschuh fand und bei der Polizei abgab. Es stellte sich heraus, daß er dem vermißten Mädchen gehörte. Die Polizei schloß also Kindesentführung aus und ermittelte wegen eines Sexualmordes. Als Täter kamen die Heizer in Frage. Möglicherweise war die Leiche im Ofen rückstandslos verbrannt worden. Es wurde erzählt, daß sich die Polizisten eine List erlaubten, um den Mörder zu überführen: Sie zogen eine kindsgroße Schaufensterpuppe mit den gleichen Kleidungsstücken und Schuhen an, die das Mädchen am Tage des Verschwindens getragen hatte. Mit Zöpfchen-Perücke und Mütze muß sie dem Kind wirklich sehr ähnlich gesehen haben. Dann setzten sie sie rücklings an ein Heizungsrohr und warteten versteckt auf Manfred und seine Reaktion. Er soll bei dieser plötzlichen Konfrontation einem Nervenzusammenbruch nahe und sofort geständig gewesen sein.

Ein anderer Rentner, der noch einige Jahre älter, aber viel

rüstiger als Manfred war, leistete ihm oft Gesellschaft. Erich war als Ausfeger beschäftigt und gehörte der sogenannten Normalschicht an, deren Leute nur tagsüber zu arbeiten brauchten. Stets schritt er mit erhobenem Haupt und aufrechtem Gang durch die Gegend, so als ob er seinen Feger verschluckt hätte. Auch an seiner preußisch zackigen Redensart und dem Hackenzusammenknallen vor den Bullen war der ehemalige Soldat leicht erkennbar. Erich saß wegen Kriegsverbrechen eine zwölfjährige Haftstrafe ab. Es hieß, er sei bei der berüchtigten Feldgendarmerie gewesen und habe kurz vor Kriegsende an Standgerichten gegen Fahnenflüchtlinge mitgewirkt. Direkte Fälle von Hinrichtungen konnte man ihm wohl nicht nachweisen, dafür aber Beihilfe zum Mord.

In meiner Schicht arbeitete auch ein ehemaliger NVA-Offizier. Es wurde gemunkelt, daß er sogar Politoffizier gewesen sei. Ihm hatte die Stasi zum Fluchtparagraphen noch »versuchte Spionage« angehängt. Zehn Jahre sollte er abbrummen. Einmal im Jahr besuchte ihn seine Ehefrau. Trotz der langen Zeit hielt die Ehe. Aber mit den Jahren war er zum Einzelgänger und Sonderling geworden. Er arbeitete fleißig, erfüllte stets seine Normen, sonderte sich jedoch immer mehr von den anderen Mitgefangenen ab. Seine Leidenschaft gehörte der Philosophie. Vielleicht wollte er tatsächlich die große Theorie des »wissenschaftlichen« Marxismus/Leninismus widerlegen, wie seine Zellenkollegen behaupteten.

Eine ganze Reihe von hochgebildeten Langstrafakademikern saß im Haus I ein, unter ihnen sogar ein Nationalpreisträger aus Dresden. Auf ihn als international bekannten Wissenschaftler und Autor hatte die Stasi einen besonderen Rochus, als er samt Ehefrau beim Fluchtversuch geschnappt worden war. Die Genossen von der Sicherheit hängten ihm »versuchte Industrie- und Wissenschaftsspionage« an und zerstörten seine Ehe. Von den acht Jahren mußte er über sechs absitzen. Es nützte auch nichts, daß er während der Haft einen Brief an Honecker verfaßte, um den Nationalpreis zurückzugeben. Der Brief landete ohnehin nur bei der Stasi.

Einem anderen Häftling, der bis zu seiner Inhaftierung in einem Kabarett gearbeitet und Satiren zum Beispiel für den »Eulenspiegel« geschrieben hatte, war es gelungen, im Westen ein DDR-kritisches Buch zu veröffentlichen. Für »staatsfeindliche Hetze« hatte er sechs Jahre Freiheitsentzug und bei uns im Knast den Spitznamen Solschenizyn erhalten. Auch er war ein Außenseiter und Sonderling und paßte überhaupt nicht in diese rauhe Knastwelt.

Selbst einen Flugzeugentführer lernte ich kennen. Weil er trotz seiner Mitte Dreißig kaum noch Haare auf dem Kopf hatte, nannten wir ihn Locke. Während des Fluges einer Interflugmaschine von Berlin-Schönefeld nach Bulgarien hatte Locke »rein zufällig« im Netz der Rückenlehne einen an den Piloten gerichteten Brief »entdeckt« und in aller Bescheidenheit einer Stewardess überreicht. Darin stand sinngemäß, daß es sich um eine Flugzeugentführung handele. Eine Bombe befinde sich an Bord. Sollte der Pilot eine Höhe von dreihundert Metern über dem Meeresspiegel unterfliegen, beispielsweise durch erneute Landung in der DDR, werde automatisch der Zündmechanismus in Gang gesetzt und die Bombe hochgehen. Rettung sei nur möglich, wenn die Maschine auf einem höhergelegenen Flugplatz, wie zum Beispiel in der Schweiz, lande.

Der Pilot ging tatsächlich auf einem höhergelegenen Flughafen herunter, allerdings nicht in den Alpen, sondern nur in der ČSSR.

Zwei Stunden später, nachdem das Flugzeug ergebnislos durchsucht worden war, wurde der Flug fortgesetzt. Locke war zwar traurig, ließ sich aber nichts anmerken. Er verbrachte in Bulgarien seine zwei Wochen Urlaub und flog wieder brav nach Hause. Dort aber holte ihn nicht die Freundin ab, sondern die Stasi, die ihn mit Hilfe von Schriftproben überführt hatte, und er kassierte acht Jahre Freiheitsentzug.

Zu den Leuten, die der Stasi ein Dorn im Auge waren, gehörte auch Volker. Er bediente bei Elmo eine Art Punktschweißgerät zum Löten von Kupferdrähten und atmete tagtäglich die giftigen Dämpfe ein. Auch bei ihm hatte sich die Gesichtsfarbe aschfahl verfärbt. Volker war etwa Mitte Vierzig, stammte aus Dresden und war von Beruf Elektroingenieur. Als überzeugter Christ fühlte er sich in und wegen der Ausübung seiner Religion zunehmend vom Staat eingeschränkt und unfrei. Deshalb hatte er 1975 einen Ausreiseantrag gestellt. Darin bezog er sich auf die kurz zuvor verabschiedete, auch von der DDR unterzeichnete Schlußakte von Helsinki, die es quasi jedem Bürger ermöglichte, seinen Wohnsitz selbst zu wählen. Ein Antrag folgte dem anderen, aber die Behörden blieben stur.

Nach zwei Jahren Wartezeit reichte es Volker. Er verfaßte eine Schrift über die Zustände in der DDR aus der Sicht eines Christen und schickte sie in den Westen. Dort wurde sie tatsächlich veröffentlicht. Doch die Stasi hatte durch ihre Helfershelfer bereits Wind davon bekommen und Volker verhaftet. Er wurde vom Dresdner Bezirksgericht zu insgesamt fünfeinhalb Jahren Zuchthaus verurteilt wegen »staatsfeindlicher Hetze« und »Übermittlung von Nachrichten, die nicht der Geheimhaltung unterliegen«.

Obwohl sich im Westen sowohl kirchliche und staatliche Stellen als auch bekannte Hilfsorganisationen für seine Freilassung einsetzten, ließ man Volker nicht hinaus. Wahrscheinlich konnte die DDR anläßlich ihres dreißigjährigen Bestehens kein Negativimage beim Klassenfeind vertragen.

Dann erließ die DDR-Führung einen Abschiebestopp. Nur zwei prominente politische Gefangene, deren Fälle zuvor ständig im Westfernsehen präsent gewesen waren, wurden zu diesem Zeitpunkt noch in den Westen abgeschoben. Es hieß, es habe eine Art Gefangenenaustausch mit der Bundesrepublik stattgefunden. Angeblich sei diesmal kein Geld geflossen. Es handelte sich um einen Wehrdienstverweigerer, der sich auf den militärfreien Status von Berlin berief, und den Regimekritiker Rudolf Bahro. Die Stasi ließ das allgemeine Abschiebegeschäft einige Wochen ruhen, bis das Thema aus den westlichen Medien verschwunden war.

Bei einer anschließenden Scheinamnestie wurden Reststrafen nicht erlassen, sondern nur auf Bewährung ausgesetzt, und Volker kam in den Osten frei. Er mußte sich umgehend in der Brotfabrik in Dresden zur Arbeit melden und wurde dort als Hilfsarbeiter eingesetzt. Das Telefongespräch, in dem er jemandem im Westen mitteilte, daß er weit unter seiner Qualifikation als Ingenieur beschäftigt werde und ausschließlich körperlich schwere Arbeit verrichten müsse, wurde von der Stasi abgehört und Volker postwendend wieder verhaftet. Nur drei Monate hatte sein freier DDR-Aufenthalt, der im Knast-Jargon »Zonenstich« genannt wurde, gedauert. Derselbe Richter verknackte ihn nochmals zu dreieinhalb Jahren Freiheitsentzug. Insgesamt hatte er also neun Jahre abzusitzen, von denen er erst zwei abgebrummt hatte. An Volker schien die Stasi mit aller Macht ihre Kräfte messen zu wollen. Zwar erließ man ihm zwei Jahre, als sein Anwalt in Berufung ging, aber es blieben immer noch fünf übrig. Dem persönlichen Einsatz von Strauß bei einem Treffen mit Honecker anläßlich der Vermittlung eines Milliardenkredites für die marode DDR war es schließlich zu verdanken, daß Volker 1983 endlich richtig freikam. – Nach der Wende mußte sich sein Richter wegen Rechtsbeugung und anderer Terrorurteile vor Gericht verantworten. Er erhielt zwei Jahre auf Bewährung.

Am Arbeitsplatz von Volker war noch ein anderer Diplomingenieur mit dem Löten von Kupferdraht beschäftigt. Er war höchstens zwei Jahre älter als ich, hatte an der TU in Dresden studiert und wollte ebenfalls in den Westen. Joachim stammte aus einer linientreuen Parteifamilie. Sein Großonkel war ein in der DDR hochverehrter antifaschistischer Widerstandskämpfer, der von den Nazis hingerichtet worden war. Jedem DDR-Bürger vom Jungpionier bis zum Rentner war der Name dieses Helden und seiner Widerstandsgruppe ein Begriff. Joachim hatte nun zum Leidwesen der Familie nicht nur die Staatslinie verlassen, sondern wollte auch noch einem der besten Spieler aus der DDR-Fußball-Nationalmannschaft zur Flucht verhelfen.

Der Westen hatte eine Menge Geld für den talentierten Sportler aus Mielkes Lieblingssportverein »Dynamo«, der den »Schutz- und Sicherheitsorganen der DDR« unterstand, geboten und auch eine Schleusung für Joachim, der als Vermittler auftrat, organisiert. Irgend jemand gab den Tip, und die Sache flog noch vor dem geplanten Auslandsspiel auf. Während Joachim schwer belastet wurde und für über fünf Jahre hinter Gitter wanderte, bereute der Fußballer im Stasigefängnis seinen geplanten Schritt sofort. Nach wenigen Wochen entließ ihn die Stasi mit einigen Auflagen und einer lächerlichen Bewährungsstrafe. Freilich war Fußballspielen für ihn von nun an tabu. Joachim dagegen sollte auf allerhöchste Anweisung hin fast die komplette Strafe absitzen. Er hatte es im Knast nicht leicht, hielt sich aber, so gut es ging, über Wasser. Ich schätzte an ihm seine Belesenheit. Wenn ich einen Tip für ein gutes, in der Knastbibliothek erhältliches Buch brauchte, gab er die besten Empfehlungen.

Das penetrante Rattern der Spulmaschinen ging mir auf den Geist. Da momentan etwas Leerlauf war, verließ ich das Lagergitter und schlenderte zu einem Bekannten, der einen Transportkran für die gewickelten Elektromotoren bediente. Thomas war eine Urberliner Pflanze mit Humor und dem Herz auf dem rechten Fleck und hatte immer für ein unauffälliges Schwätzchen Zeit. Auch er saß wegen versuchter Republikflucht ein. X-mal hatte ich mir die Schilderung seiner abenteuerlichen Flucht mit größtem Vergnügen angehört.

Thomas hatte mit einem kleinen Schlauchboot im Raum Grevesmühlen über die Ostsee paddeln wollen, war aber von einem Grenzboot der DDR aufgefischt worden. Das war gewissermaßen Glück im Unglück, denn es tobte Sturm auf hoher See, und er hatte völlig die Orientierung verloren. Bis hin zu den Bojen der Dreimeilenzone war alles gutgegangen. Als durchtrainierter Kraftsportler schaffte er das Paddeln mit Leichtigkeit, aber dann schlug das Wetter plötzlich um. Und die Ostsee mit ihren kurzen Wellen kann sehr tückisch sein. Nun hatte er für diese »Missetat« drei Jahre Zuchthaus bekommen, die ihm selbstverständlich viel zu lang erschienen, und deshalb war sein Kopf ständig voll von Flucht- und manchmal auch an Suizid grenzenden Gedanken. Andererseits wirkte Thomas sehr vital und konnte durch seine Kontaktfreudigkeit schnell Leute begeistern. Die ihm eigene Urwüchsigkeit und Ehrlichkeit imponierte mir und machte ihn mir sehr sympathisch.

Er hatte gerade drei Wochen Arrest hinter sich. Jemand hatte ihn bei der Stasi wegen einer Sache denunziert, die er nicht begangen hatte. Thomas war in diesen Wochen, die er unschuldig im Bau gesessen hatte, etwas durchgedreht, so daß ihn die Bullen einmal, angeblich um einen Selbstmord zu verhindern, für achtzehn Stunden zwecks »Beruhigung« auf einer Betonplatte an Händen und Füßen angekettet hatten. Inzwischen sah er alles Zurückliegende schon wieder mit Humor. Begeistern konnte man ihn mit Schwärmereien über unsere Zukunft im anderen Teil Deutschlands. Ein Gespräch über Kinder ließ man besser sein, denn er hinterließ in der DDR eine Freundin mit einem Kind, für die es ausgeschlossen war, irgendwann mal in den Westen hinterherzukommen, denn sie war mit Stasi-Leuten verwandt.

Wir verschwanden in einer Ecke und kochten in einem Konservenglas mit einem aus Rasierklingen gebauten Tauchsieder schwarz erhandelten Tee und schwatzten miteinander. Direkt vor uns an der Werkbank stand ein baumlanger Kerl, der sich mit dem Wickeln einer kleinen Elektromaschine befaßte. An der Kleidung konnte man erkennen, daß er noch ganz frisch in diesem Knastbetrieb war. Die Hosenbeine und die Jackenärmel seiner Streifenklamotten waren extrem zu kurz. Er war zirka zwei Meter groß, in den Schultern sehr schmal, in den Hüften aber extrem breit. Die Figur wirkte trotz der Größe sehr weiblich. Seine Plattfüße trugen riesige Schuhe. Ich schätzte sie auf Größe 52/53. Das runde Gesicht mit dem kleinen kahlgeschorenen Schädel war voller Pickel, die Augen schauten mit dümmlichem Kinderblick. Thomas wollte sich Gewissenheit verschaffen, stellte sich neben ihn und beobachtete ihn beim Arbeiten. Der Typ fühlte sich unsicher und tapste von einem Bein aufs andere. Thomas, noch mit lustigen Augen, fragte: »Wie lange bist'n schon hier?«

»Seit heute«, kam es wortkarg und ängstlich aus ihm heraus. Natürlich hakte Thomas, der etwa einen Kopf kleiner als dieses Elefantenbaby war, nach: »Und, lebenslänglich, oder wat?«

»Du auch?« nickte der Lange fragend.

»Ick, nö, ick bin hier bloß uff Urlaub. Hast eenen jekillt, wa?«

»Nee, nee, ich hab 'ne Alte umgelegt – aber gefickt hab' ich se noch«, beeilte er sich hinzuzufügen.

Als Thomas das hörte, sprang er dem Riesen sofort an den Hals. »Du Schwein, bist wohl noch stolz druff, wa?!« Er drückte ihn mit einem gewaltigen Ruck in eine Kistenecke. Das Elefantenbaby wurde leichenblaß und zitterte bei dem Kontakt mit dem kleinen, aber drahtigen Thomas. Thomas hatte sich aber schnell wieder in der Gewalt – mit einem Hinweis auf seine Faust: »Noch mal so 'ne Äußerung, du Killerschwein, dann schlag' ick dir die Neese breit!«

Der neunzehnjährige Fleischberg mit dem Grips eines zehnjährigen Kindes hatte einer im achten Monat schwangeren jungen Frau aufgelauert, sie brutal niedergeschlagen und vergewaltigt, anschließend sein blutüberströmtes Opfer liegengelassen. Da er Minuten später dachte, sie könne noch leben, ging er nochmals an den Tatort und bearbeitete sein Opfer mit Knüppelschlägen und Fußtritten, bis sie und das Baby endgültig tot waren. Die Polizei kam aufgrund der großen Fußabdrücke am Tatort und seines Vorstrafenregisters auf seine Spur und konnte ihn schnell dingfest machen. Den Namen Elefantenbaby hatte er bereits seit seinen Strafen im Jugendwerkhof und der Zeit im Kinderheim weg, aus der ihn 'ne Menge anderer Jungganoven kannte.

Seit Tagen hatte Reiser Zahnschmerzen. Jetzt war über Nacht auch noch die Wange angeschwollen. Alle gestrigen und heutigen Versuche, zum Zahnarzt gehen zu können, waren gescheitert. Kein Schwein ließ sich erweichen, ihn ins Krankenhaus zur nötigen Behandlung zu bringen. Ich stapelte gerade massige Kupferspulen in einem Regal auf, als er mit seiner dicken Backe und ratsuchendem Blick neben mir stand. Wie weggeblasen war in diesem Moment seine brutale Ganovenlässigkeit, hinter der er sonst alle möglichen Komplexe oder Gefühle verbarg.

»Diese Hunde wollen mich nicht ins Haftkrankenhaus lassen. Mensch, ich sehe doch schon aus wie'n Hamster. Soll mich morgen wieder anmelden. Da platzt mir doch die Birne ...«

»Zeig mal«, forderte ich ihn auf.

»Mensch, ich krieg' die Schnauze gar nich auf!«

»Muß ich mir genauer ansehen. Warte mal, ich wasch' mir nur die Finger!«

Ich ging kurz in den Keller und schrubbte mir mit Waschsand die Hände sauber, so gut es ging.

Die Schwellung kam von einem kranken Backenzahn im Oberkiefer. Die rechte Gesichtshälfte hatte sich schon in Richtung Auge verschoben. Intraoral konnte man an der Schwellung eine deutliche Fluktuation als Zeichen eines Abszesses tasten. Mir war klar, daß da gute Worte, Zigaretten oder rangeschacherte Schmerztabletten nicht helfen konnten.

»Warte, ich geh' zum Schichtleiter oder zum Bullen«, sagte ich und legte mir ein paar Worte zurecht, um möglichst überzeugend zu wirken: »Du, Schießer, der Reiser hat einen Abszeß am Oberkiefer. Die Bullen wollten ihn vorhin nicht zum Haftkrankenhaus rüberlassen. Der muß aber sofort behandelt werden. Und im HKH ist ein Zahnarzt ...«

»Erstens«, erwiderte der Schichtleiter schmierigfreundlich mit Pall Mall im Gesicht, »wer hat dir gestattet, ständig von deinem Arbeitsplatz wegzurennen?! Ich spreche nicht nur von jetzt. Du bist mir schon öfter aufgefallen. Zweitens, wenn dem Herrn heute abend einfällt, Zahnschmerzen zu haben, kann er auch gut und gerne bis morgen früh warten. Außerdem rate ich dir, dich um deinen eigenen Dreck zu kümmern. Drückeberger haben wir schon genug. Und es wäre nicht günstig für dich, wenn du mir noch mehr davon verschaffst ... Denk dran, du bist hier nicht als Zahnarzt eingesetzt und hast mir deshalb auch nichts zu sagen! Ich glaub', das wär's wohl ...!«

Ein »du Schwein« wollte aus mir heraus, aber es blieb stecken. Der Zivilmeister beteuerte sein Bedauern über diese Angelegenheit, veranlaßte aber genauso wenig mit der Bemerkung, daß es schon sehr spät am Abend sei und er nicht extra einen Zivilzahnarzt aus Brandenburg heranrufen könne. So dringlich sei die Sache ja wohl nun auch nicht. Meinen Hinweis auf den Knastzahnarzt im HKH ignorierte er einfach. Also den diensthabenden Bullen suchen, war mein nächster Gedanke. Der blieb jedoch unauffindbar. Nichts als verschlossene Türen und immer wieder Gitter an allen Ecken und Enden dieser düsteren Werkhalle. Und auch die stupide puckelnde Mördertruppe kümmerte sich einen feuchten Kehricht um das Zahnproblem eines ihrer Mitglieder. Hauptsache, man hatte selbst nichts.

»Und wat soll ick nu machen, he ...? Schießer, die rote Sau ... Lange hält der sich nicht mehr auf dem Posten, sag' ich dir, eh! Zieht der noch öfter sone Dinger ab, hat er schneller 'n Messer zwischen de Rippen, als er kieken kann.«

Reiser hatte selbst beim Qualmeinsaugen seiner Selbstgedrehten Schwierigkeiten.

»Ich könnte höchstens, wenn du das Maul hältst ...«

»Wat denn?«

»Ich könnte, wenn du keinem was davon sagst, den Abszeß selbst aufmachen. Der Eiter muß nämlich raus, sonst läuft er dir ganz in deine Rübe, und das wär' nicht so günstig.«

Er schnippte gekonnt die Kippe beiseite, griff in seine Hosentasche und hatte plötzlich ein doppelseitig geschliffenes Messer in seiner bunttätowierten Hand.

»Ist das scharf jenuch?!«

»Gib mal her«, raunte ich, ging schnell zu Volker und ließ ihn mit dem Brenner zwecks »Sterilisation« kurz über die Klinge fahren. Dann suchte ich mir ein Stückchen Elmoband, eine Art Mull, der beim Motorenwickeln benötigt wurde, und kochte es mit Hilfe eines dieser Tauchsieder aus Rasierklingen in einer Milchflasche aus. Nun brauchte ich noch ein Stück Holz.

»Beiß mal hier drauf!« Ich gab ihm das Holz.

Er grinste ein letztes Mal, bevor sich sein Gesicht vor Schmerz verzog und ihm ganz menschliche Tränen in die Augen traten. Ich zog seine Oberlippe etwas hoch und stach in den unteren Rand des Abszesses. Wie Vanillesoße quoll dicker grüngelber Eiter mit Druck heraus. Schweißperlen standen ihm auf der Stirn. Beachtenswert, wie er das ohne Lokalanästhesie über sich ergehen ließ. Ich drückte die Wange so lange ab, bis Blut nachfloß. Um die Incision offen zu halten, schob ich das Stück Elmoband als Drain in die Wunde.

»Tut's jetzt weh?«

»Brennt 'n bißchen«, murmelte er und spuckte den Mund voller Blut und Eiter in der nächsten Ecke aus, um eine klarere Aussprache und wieder Selbstbewußtsein zu bekommen.

»Scheißdreck, schmeckt ja wie Jauche, Mann!«

Schon hatte er wieder 'ne Selbstgedrehte zwischen den Zähnen.

»Du«, warnte ich ihn, »das geht nicht, du kannst noch 'ne größere Infektion bekommen, wenn du jetzt rauchst!«

»Ach, scheißegal, Räucherfleisch hält länger.«

»Morgen früh mußt du unbedingt zum Zahnarzt, Streifenwechsel, okay?!«

»Klar!« Und er verschwand, wie üblich in diesen Kreisen, ohne ein Wort des Dankes.

Noch einen anderen »Patienten« habe ich in der Elmo-Halle illegal behandelt. Es war für mich unbegreiflich, daß Conti erst achtunddreißig Jahre alt sein sollte. Sein ledernes, maskenhaftes Gesicht mit den tief herabhängenden dunklen Tränensäkken und den blassen grauen Fischaugen deuteten mehr auf ein Alter von Mitte Fünfzig hin. Conti schien stets guter Laune zu sein. Er war vielleicht 1,65 Meter und spindeldürr. Er ließ es sich gern gefallen, wenn ihn mal jemand kurzerhand aus Spaß in die Höhe hob, um ihn auf irgendein Regal oder eine Kiste zu setzen. Die leicht braungelbe Gesichtsfarbe und die hängende Physiognomie verrieten den Alkoholiker. Hier im Knast war er zwangsläufig trocken, aber man sah ihn stets mit einer Kippe im Mund. Er rauchte wohl so an die fünfzig Selbstgedrehte am Tag. Seine Arbeit bestand darin, Papierstreifen abzuzählen und in Fächer einzusortieren. Auch er war Banane untergeordnet und ständig in dessen Nähe zu finden.

Man erzählte sich, daß er seiner Frau die Strickjacke am Hals zu eng zugezogen habe. Er, Vater von mehreren Kindern, habe es nicht mehr ertragen, daß seine Frau ständig fremdging, während er die Wohnung hütete und Alkohol in sich hineingoß. So kam es, daß er sie im Affekt erwürgte.

Von staatlicher Seite aus war man nachsichtig mit ihm und gab ihm nur zwölf Jahre. Seine Kinder und auch die Eltern hielten den Kontakt zu ihm, und deshalb war Conti stets gut gelaunt und optimistisch. Eines Tages kam er zu mir mit einer Rohrzange in der Hand. Ihn störte ein wackliger unterer Schneidezahn. Er hatte Probleme beim Abbeißen, und ich sollte ihm den Zahn gleich rausnehmen, weil er keine Lust hatte, tagelang um einen Zahnarzttermin zu kämpfen.

Also tat ich ihm den Gefallen, und ruck-zuck – war der »Gummizahn« draußen und Conti wieder zufrieden.

Die Essenhalle wimmelte von schmutzigen, gestreiften Arbeitstieren. Es war Mittagszeit. Ein Teil der Leute nutzte die paar Minuten Pause, um am Verkaufsstand mitzudrängeln, in der Hoffnung, dort etwas einigermaßen Schmackhaftes zu erstehen, einen Zippel Wurst oder Tabak. Ich gab meinen Kampf in diesem ordnungslosen Haufen auf und ging zur Tischreihe meiner Zelle, um noch die reguläre Magenfüllung abzufassen. Drei von Keimen strotzende Pellkartoffeln lagen auf meinem Plasteteller, darüber etwas weiße Soße mit grünen, undefinierbaren Punkten. Aber das sollte nicht etwa alles sein. In der rechten Ecke des Tellers fand sich eine teelöffelgroße gelbe Anhäufung, sogenannte Nachspeise, wahrscheinlich so eine Art geschmackloser Wasserpudding. Eigentlich niedlich anzuschauen, dieses kleine Häufchen eßbaren Ersatzglücks. Automatisch schaute ich zu den schmatzenden und löffelnden Nachbarn, die mit ihren ungewaschenen Dreckfingern ihre Pellkartoffeln zerlegten. Mir fiel auf, daß der gelbe Nachtischanteil bei allen um ein Mehrfaches größer war. Also Absicht! Jemand wollte mich provozieren.

»Wer hat das Essen ausgeteilt?« fragte ich Weber, der rechts neben mir saß.

»Der Dicke«, entgegnete er mir vorsichtig schlürfend.

In mir stieg plötzlich ein Haßgefühl auf. Ich schaute auf den Platz von Berger und wollte meinen Augen kaum trauen. Neben seinem Teller stand eine ganze Schüssel voll von diesem Zeug.

»Dicker, reich mal die Schüssel rüber! Das soll hier wohl 'n Witz sein!« deutete ich auf meinen Teller. Alle am Tisch richteten sensationshungrig ihre Aufmerksamkeit auf den sich nun entwickelnden Konflikt.

»Du hast das gekriegt, was dir zusteht, du Arsch. Und das ist meins!« Sofort leuchteten die Augen seines stets neben ihm sitzenden kleinen Freundes in rührender Untertanenbegeisterung für den Papi.

»Paß mal auf, Dicker, wenn du so gefräßig bist, kannst du das auch noch haben«, sagte ich und schob ihm meinen Teller zu, daß er gegen seinen schepperte. Das speckige, aber markante Ganovengesicht verzog sich trotz aufsteigender Röte zu einer kühl entschlossenen Grimasse.

»Klapp an, eh, nach'm Essen unten im Keller kriegste 'n paar auf die Schnauze!«

»Dicker, du mußt nicht denken, daß ich Angst vor dir habe«, entgegnete ich, obwohl mir angesichts dieses Fleischkolosses das Herz bis zum Hals schlug. Natürlich war mir nicht ganz wohl, aber das mußte ich ja nicht zeigen. Schön, der mir direkt gegenüber saß und einer derjenigen war, die Berger am meisten haßten, ballte seine rechte Faust und grinste mir bestätigend mit leichtem Augenzwinkern zu.

»Also bis gleich!«

Ich stand auf und ging zum Ausgang. Plötzlich stand Schön hinter mir: »Du, geh doch gleich in'n Keller und stell dich hinter die Treppe!«

»Ach was, und dann?«

»Ich komme mit runter und bin Zeuge. Wenn der Dicke runterkommt, hauste ihm gleich einen vor'n Kopp. Am besten mit'm Fuß in die Fresse. Kannst du doch gut, nee? Ich werde danach sagen, daß er dich angegriffen hat. Außerdem hat er's doch groß verkündet, daß er dir 'n paar aufs Maul hauen will. Kneifen kannst du jetzt nicht mehr.«

Für ihn war die Sache noch mehr als nur eine Sensation. Er hatte Berger in Verdacht, daß der den Deal mit seiner Frau und dem Aufseher angezeigt hatte. Am liebsten hätte er selber mal so ein bißchen zugeschlagen – wenn er doch nur nicht so schmächtig gewesen wäre ... Dergleichen Gedanken schwirrten ihm momentan mit Sicherheit durch den Schädel.

Während des Abmarsches zur Werkhalle versuchte ich erst

einmal, meine Gedanken über diese unüberlegte Aktion zu ordnen und Herr meiner Sinne zu werden. Kneifen kam nicht in Frage. Ich war ziemlich gut durchtrainiert. Bei der wuchtigen Masse des Dicken, der seine einhundertdreißig Kilo auf die Waage bringen mochte, und der zu erwartenden Schlagkraft war mir allerdings klar, daß ich mit Judo oder Faustschlägen wenig ausrichten konnte. Also Distanz halten und sich beim Angriff des Dicken mittels Sprung und gezieltem Karatefußstoß ins Gesicht wehren. Ansonsten rechnete ich mir nicht viel Chancen aus, denn der Dicke war trotz seiner Masse und des Phlegmas recht gewandt. Ich ging ins Lager und zog die Hosen in den Hüften enger zusammen, um beweglicher zu sein. Plötzlich klappte die Lagertür. Das dicke Monster stand da. Scheiße, kein Zeuge, durchfunkte es mein Hirn. Ich glitt aus den Gummilatschen, schob sie beiseite, um nicht bei einem eventuellen Absprung behindert zu werden, und nahm eine flexible Grundhaltung wie beim Kokutsi-Dachi als geeignete Startposition ein.

Nun kannste kommen, Dicker, dachte ich. Viel Platz war ja hier nicht. Er wackelte auf mich zu, blieb aber in einigem Abstand vor mir stehen. Ich starrte ihm in die Augen. Unsicherheit war darin zu sehen, er wich meinem Blick aus. In unverhofft versöhnlichem Ton brummelte er etwas über Pudding, Essenszeiten, den Scheißknast und so weiter zusammen, meinte beiläufig noch einmal, daß er keine Angst vor mir habe, und reichte mir die Hand zwecks Bereinigung dieses Mißverständnisses. Schließlich, um von der peinlichen Sache abzulenken, schimpfte er noch über einen anderen Zellenganoven, der ohnehin schuld an allem habe und fällig sei. Dann tapste er mit angespannten Rückenmuskeln, so als hätte er Rasierklingen unter den Achseln, von dannen. Mir fiel ein Stein vom Herzen. Der Dicke hatte gekuscht. Nun wurde ich auch von ihm akzeptiert.

Kirchgang, Selbstverwaltung und Drogen

Laut DDR-Strafvollzugsordnung unterstanden die Gefängnisinsassen wie in einem Kinderheim einem Erzieher. Für unseren Zellentrakt war ein gewisser Leutnant Hering zuständig. Zu seinen Aufgaben gehörten unter anderem folgende pädagogische Maßnahmen: Briefkontrolle und Postausgabe, Politunterricht und Verhängung von Strafen. Jeder Brief, den wir an unsere Angehörigen schrieben, wurde selbstverständlich gelesen und zensiert. Die Entscheidung, ob der Brief auch tatsächlich abgeschickt wurde, hing von Länge und Inhalt ab. Die Weitergabe jeglicher Information über das Zuchthaus, und sei es nur über den Speiseplan, waren genauso untersagt wie Bemerkungen über die Delikte, deretwegen man hier einsaß. Antistaatliche oder politische Formulierungen, Hinweise auf die Absicht auszureisen oder Anfragen an den für den Freikauf zuständigen Anwalt landeten gleich auf dem Tisch der hauseigenen Staatssicherheit. Allein schon die Erwähnung des Namens oder des Wortes Vogel war ein rotes Tuch. Tauschte man es jedoch gegen das englische Wort *bird* aus, hatte der Brief schon eher Chancen durchzukommen.

Jeder Häftling durfte zwei DDR-Adressen, an die er schreiben wollte, angeben. Die wurden dann überprüft und bestenfalls genehmigt. Briefkontakte in den Westen waren generell verboten. Ausnahmen wurden nur bei Leuten gemacht, deren Ehepartner bereits dort lebten, die niemanden mehr im Osten hatten oder von denen sich die Stasi verwertbare Informationen versprach. Sowohl die Anzahl der abgeschickten als auch die der ankommenden Briefe war monatlich begrenzt. Es war immer nur ein einseitig beschriebenes A4-Blatt gestattet. Wenn dem Erzieher der Umfang des Textes trotzdem zu lang erschien oder ihm irgendeine Formulierung nicht paßte, durfte man ihn noch mal schreiben. Ich brauchte stets sehr lange, um die Seite zu füllen, denn es war wirklich sehr schwierig, über andere Dinge als Knast und Ausweisung zu schreiben. Etwas anderes aber schien es in meinem Kopf nicht mehr zu geben. Die Welt draußen, alles, was dort passierte, war weit, weit weg. Später, wenn mein Frust besonders groß war, ließ ich meinen Gedanken im Brief einfach freien Lauf. Ich konnte doch nicht einfach nur herumhocken und darauf warten, daß etwas passiert. Mir war klar, daß diese oft an Staatsverleumdung grenzenden Worte niemals ihr Ziel erreichten. Dafür waren sie auch nicht gedacht. Sie sollten meinen Aktenordner bei der Stasi füllen. Monatlich schrieb ich mindestens einen Brief nur »für die Akten«, wie Hering einmal abschätzig bemerkte. Andere machten es genauso. Seltsamerweise wurde kaum jemand im Zuchthaus für diese Art von Meinungsäußerung bestraft, sofern er damit nicht Einfluß auf andere Strafgefangene ausübte.

Gleich zu Beginn zitierte Hering uns Neuzugänge in sein Büro und klärte uns über unsere Rechte und Pflichten auf, wobei unsere Rechte immer von unseren Pflichten abhängig waren. Hielt man sich nicht daran, blieb nur ein jämmerlicher Rest von Rechten übrig, zum Beispiel das Recht auf Ernährung, Unterbringung und Bekleidung. Kurz gesagt: das Recht, am Leben zu bleiben.

Ansonsten, so erzählte uns der Erzieher, hätten wir auch noch ein paar andere Vergünstigungen: Fernsehen, Kinobesuch, Gottesdienst, Paketscheine, Sprecherlaubnis mit Angehörigen. Dabei lächelte er lakonisch aus seinem jugendlichen Gesicht. Er war kaum älter als dreißig Jahre. Während er uns wie Soldaten strammstehen ließ, durchwanderte er sein kleines Schreibtischreich und verbreitete dabei eine Wolke von teurem Exquisit-Parfüm. Er hielt einen Bleistift an beiden Enden fest und drehte ihn nervös zwischen den Fingern. Jedesmal wenn er die Stimme hob, wurde der Bleistift zum Taktstock. So bimste er uns ein, wie wir uns in Zukunft bei ihm und anderen Strafvollzugsangehörigen an- und abzumelden hätten. Würden wir dem nicht nachkommen, hätte er seine Methoden, uns dazu zu zwingen. Trotz seiner Sommersprossen und der Kinderlocken unter der viel zu großen Mütze glaubten wir ihm das aufs Wort. Der Mann hatte Komplexe und war arrogant. Uniform und Offizierssterne waren wichtige Requisiten für ihn, um sich als Mann zu fühlen.

Sollten wir uns nichts zuschulden kommen lassen, würden wir Kurzstrafer in zweimonatigem Abstand unsere einstündige Sprecherlaubnis mit Verwandten erhalten – vorausgesetzt, daß diese die Gelegenheit auch wahrnehmen wollten. Langstrafer durften nur in dreimonatigem Abstand Besuch erhalten. Zwei Besucher über achtzehn Jahre seien uns gestattet. Namen und Adressen müßten wir aber rechtzeitig einreichen. Einen Paketschein würden wir im gleichen Rhythmus bei guter Arbeitsleistung erhalten. Normalerweise sei das kein Problem. Ich erlaubte mir die Frage, was denn unter einem Paketschein genau zu verstehen sei.

»Konkret heißt das«, dozierte er mit verächtlichem Blick, »daß Sie dann von mir die Erlaubnis bekommen, einmal im Vierteljahr ein bis zu drei Kilo schweres Paket von Ihren Verwandten zu erhalten!« Wieder wurde aus dem Bleistift ein Taktstock, mit dem er imaginäre Kreise in die Luft malte.

»Der Inhalt der Pakete ist genau vorgeschrieben und wird kontrolliert. Sie erhalten, wenn es soweit ist, von mir einen Merkzettel, auf dem steht, was erlaubt ist. Nicht daß jemand auf die Idee kommt, er könne sich eine Eisensäge im Kuchen einschmuggeln lassen!« Er war der einzige, der darüber lachen konnte.

»Für Ihre Arbeit erhalten Sie einen Monatslohn. Damit Sie nicht gleich am Monatsanfang alles verjubeln, behalten wir einen Teil davon als Rücklage ein. Die wird Ihnen am Entlassungstag ausgezahlt. So stehen Sie später nicht mittellos da. Der Besitz von Mark der DDR und anderen Währungen ist in der StVE Brandenburg verboten! Unsere Wertgutscheine haben Sie vielleicht schon gesehen. Die erhalten Sie anstelle von Geld. Damit können Sie für Ihren persönlichen Bedarf im Küchenkiosk einkaufen und auch Ihren Tee bezahlen.« Er hielt einen kleinen blauen Spielgeldschein hoch. Darauf stand: »5 Pfennig«, zweimal das Wort »Wertgutschein« und am rechten Rand eine Registriernummer.

Zum Schluß legte er uns eine Liste für den Kirchgang vor. An jedem ersten Sonntag im Monat war Gottesdienst. Ich war zwar kein Christ, aber dankbar für jede Abwechslung. Auch hoffte ich, dort Gleichgesinnte zu finden. Zur Kirche zu gehen, schien mir schon Opposition zum Staat. Und vor allem: Alexander war überzeugter Christ. Wer, wenn nicht er, würde zum Gottesdienst kommen und die Möglichkeit nutzen, mich wiederzusehen. So trug auch ich mich auf der Liste ein.

Als es soweit war, wurden die Gefangenen über verschiedene

Flure und Eingänge zeitverschoben in den Kinosaal geführt. Für die einzelnen sogenannten Erziehungsbereiche der vier großen Zuchthauskomplexe und des Haftkrankenhauses waren gesonderte Bankreihen vorgesehen. Als Trennungslinien dienten der mittlere Gang und freie Sitzreihen.

Herzklopfen! Gespannt rutschte ich auf der Holzbank hin und her.

Dann endlich sah ich Alexander. Er saß weit hinter mir, etwa zwölf Meter entfernt auf der gegenüberliegenden Seite. Im ersten Moment stutzte ich, denn ich hatte ihn ganz anders in Erinnerung. Sein Vollbart, den er noch zur Gerichtsverhandlung getragen hatte, fehlte. Barttragen war im DDR-Strafvollzug nicht erlaubt. Er wirkte dadurch jünger, war auch etwas abgemagert, strahlte aber Optimismus aus. Das gab mir Kraft. Zurufe waren selbstverständlich verboten. So blieb es beim kurzen freundschaftlichen und mutmachenden Zuzwinkern.

Mehrere Offiziere beobachteten während des Gottesdienstes die Gefangenen und machten sich Notizen, sobald ihnen irgendwas auffällig erschien, zum Beispiel wenn ein Kassiber blitzschnell die Bankreihen wechselte und in irgendeiner Hosentasche verschwand. Störenfriede durften dem nächsten Kirchgang nicht mehr beiwohnen. Das Gros der »Glaubensgemeinschaft« bestand aus Ausweisern. Nur vorn, in den ersten Bankreihen, saßen einige reumütige Mörder, die auf Umwegen ihren Weg zu Gott gefunden hatten. Mit ihren naiv-unterwürfigen Blicken, der geduckten Sitzhaltung und den gefalteten Händen schienen sie mir eher den Pastor anzubeten, als ihren Herrgott um Vergebung zu bitten.

Auch ich als Nichtchrist fand die Gottesdienste ganz nett, denn es wurde Orgelmusik gespielt, und man hatte dabei Zeit, mal in sich zu gehen. Auch der knasteigene Kirchenkillerchor war durchaus zu ertragen. Aber alles andere war in meinen Augen nicht mehr als eine Mischung aus biblischem Hokuspokus und Theater, zumal der Geistliche gleichzeitig VP-Offizier im Range eines Majors war. Doch damit nicht genug.

Dieser Pfarrer führte zeitweilig als einziger Gefangenenseelsorger der DDR in allen Strafanstalten die Gottesdienste durch. Gern ließ er sich von politischen Gefangenen, die nicht an seiner christlichen Nächstenliebe und Verschwiegenheit zweifelten, um Hilfe bitten, Briefe und Nachrichten rauszuschmuggeln. Angehörige von politischen Gefangenen, die eine weite Anreise hatten, nahm er über Nacht sogar in seinem Pfarrhaus auf, ließ sie in ungezwungener Atmosphäre übernachten, heuchelte Staatsfeindlichkeit vor und entlockte ihnen zusammen mit seiner Frau alle für die Stasi wichtigen Informationen. Ein hoffnungsloses Unterfangen, diesen Mann als Freund zu betrachten.

Innerhalb der evangelischen Kirchenführung nahm man Decker kaum noch als Geistlichen ernst, sondern machte um ihn wegen des Verdachts der Denunziation einen großen Bogen. Der Himmelskomiker galt als allgemeingefährlicher Verräter und einer, der Kirchengeheimnisse ausplauderte. Über seine vermutete Stasi-Tätigkeit war 1979 sogar ein Artikel in der »Bild«-Zeitung erschienen. Auch eine Anzeige aus Salzgitter lag schon gegen ihn vor.

Später erfuhren wir, daß er tatsächlich viele mündliche und schriftliche Nachrichten an die Stasi weitergeleitet und damit viele ohnehin schon gedemütigte Menschen noch mehr belastet hatte. Nach der Wende wurde das Ausmaß seiner niederträchtigen Spitzeltätigkeit durch ein Buch und einen Film bekannt. Er stand auf der Gehaltsliste des MfS, führte seit 1959 den Decknamen »Roland«, wurde unter der Nummer 3471/60 als IM geführt, und 1981 hatte ihn der Geheimdienst für ausgezeichnete Spitzeldienste sogar zum Inoffiziellen Ermittler befördert.

Die Zuchthausverwaltung von Brandenburg-Görden hatte einen Teil ihrer Verantwortung in die Hände einer Art interner Gefangenenselbstverwaltung übergeben. Politische Häftlinge hatten dabei kein Mitspracherecht. Staatliche Ergebenheit, sogenanntes sozialistisches Bewußtsein, war Grundvoraussetzung, um einen Posten zu bekommen. Die unterste Kaste der »verdienten Mörder des Volkes« waren die Ordner – erkennbar an ihren Armbinden mit einem großen »O« drauf. Sie hatten offiziell die Aufgabe, für Ruhe und Ordnung unter den Gefangenen zu sorgen, zum Beispiel beim Marsch der Arbeitskolonne zum Elmo-Werk. Das sogenannte Schlüsselrecht stand ihnen zwar nicht zu, dafür wurden sie aber bei Prügeleien, Meutereien oder »Erziehungsmaßnahmen« schon gern mal als verlängerter Arm des Staates eingesetzt nach dem Motto: Sollen sie sich doch gegenseitig die Köpfe einhauen! Hauptsache Ruhe im Karton!

Es war für die Staatsmacht wohl eine besondere Freude, ihre

politischen Gegner wie Massenmörder und Sittenstrolche einzustufen und sie auch so zu behandeln und, indem sie sie von sämtlichen Verantwortungsposten in Produktion und Knasthierarchie ausschloß, sogar noch tiefer zu stellen. Spione, Hetzer und Ausweiser waren bei den Schwerkriminellen, die die Entscheidungen über Arbeit und Lohn, Paketscheine und so weiter fällten, höchst unbeliebt und erhielten generell die Drecksarbeit zugeteilt.

Sich ihrer Wichtigkeit durchaus bewußt, fielen Ordner dadurch auf, daß sie stets lauter als die Bullen brüllten. Ein besonders fieses Exemplar war Hähnel. Spindeldürr, blonde Lokken, knapp zwei Meter lang, ein Gebiß wie ein Nagetier, Ende Zwanzig. Ein Mann, der scheinbar leicht umzupusten war, uns jedoch genau vom Gegenteil überzeugte. Schon als Heimkind war er bekannt gewesen für seine außerordentliche Brutalität. Es hieß, er würde schnell in Rage kommen und dann mit allem, was er in die Hände bekomme, zuschlagen. Er saß ja auch als Totschläger ein: Auf offener Straße hatte er seinem Opfer mit einem Pflasterstein den Schädel zertrümmert.

Einmal sah ich, wie er einen anderen Gefangenen verprügelte. Zunächst starrte er sein Gegenüber mit entsetzlicher Grimasse und wütenden Augen an. Dabei hielt er den linken Arm gerade und mit geballter Faust auf dem Rücken, während er mit dem rechten wie zur Abwehr wild in der Luft herumfuchtelte. Mit klassischem Boxen hatte das wenig zu tun. Wie von einem Katapult abgeschossen, ließ er dann seine gerade Linke seitlich gegen den Kopf des anderen knallen. Als der das Gleichgewicht verlor, trat Hähnel wie von Sinnen mit seinen großen Arbeitsschuhen auf den am Boden Liegenden ein.

Hähnel galt außerdem noch als Anscheißer. Klar, daß Typen wie er bei den diensthabenden Bullen hoch im Kurs standen. Schließlich tat er nichts anderes, als die ihm gegebene Chance einer vorzeitigen Entlassung wegen guter Führung mit seinen Mitteln zu nutzen.

Und dann gab es eine Sorte Aufpasser, die sich noch wichtiger als die Ordner vorkam. Bei den Nazis waren sie Kapos oder Blockwarte genannt worden. Jetzt hießen sie Brigadiere – erkennbar am großen »B« auf der Armbinde. In der Regel waren es ehemalige SED-Genossen, die aufgrund ihrer Straftat aus der Partei geworfen worden waren. Aber auch einen Lebenslänglichen ließ die Partei, sofern der Delinquent nicht ideologisch abgewichen war, nicht im Stich. Denn jeder ehemalige Genosse, egal ob Dieb oder Mörder, hatte schließlich Führungseigenschaften und konnte somit zum politischen Kern des sozialistischen Ganovenkollektives werden. So oder ähnlich müssen es sich die Vertreter der staatlichen Organe gedacht haben, als sie ihre Ex-Genossen im Zuchthaus zu Brigadieren oder auch Schichtleitern beriefen. Letztere trugen das Kennzeichen »S« auf der Armbinde und standen ganz oben in der Hierarchie. Hier kamen nur zwei Kategorien in Frage: Mörder oder Brieftaschenkommunisten. Zur Erklärung: Ein Brieftaschenkommunist war ein hohes Parteimitglied, ein ehemaliger Kombinats- oder Werksdirektor, der eine knappe Stufe unterhalb der abgeschotteten, juristisch narrenfreien DDR-Nomenklatur stand und Volkseigentum in großem Umfang in Privatvermögen umgerubelt hatte oder sich mit Devisen einen schicken Bungalow im Speckgürtel von Berlin hatte bauen lassen und dabei erwischt worden war. Bei den zyklischen, zum Erziehungsprogramm gehörenden Polit-Schulungen aller Gefangenen eigneten sich Ex-Genossen immer als hingebungsvolle Vorleser des »Neuen Deutschland« und Anheizer für die weitere Steigerung der Arbeitsproduktivität im Betrieb.

Über die Verpflegung will ich nicht meckern. Zum Frühstück gab's eine Doppelsemmel, aus der sich mit einem kleinen Ruck bequem zwei Einzelbrötchen machen ließen. Das sah nach mehr aus. Dazu stand rote Einheitsmarmelade bereit und das ganz persönliche Zwanzig-Gramm-Butterstückchen. Wenn jemand von uns zum Beispiel vom Trainer mit Nahrungshalbierung bestraft wurde – und das kam häufiger vor –, machte dieser von besagtem Ruck Gebrauch, und zwei Leute mußten sich die Semmel teilen. Butter galt als Vergünstigung und fiel in diesem Fall komplett weg.

Zum Mittag war der sozialistische Gummiadler, im DDR-Volksmund auch Broiler genannt, ein besonderer Leckerbissen. Den gab's gleich dreimal im Jahr: Weihnachten, Ostern und am 7. Oktober, dem Tag der Republik. Rotpanierte Schnitzel aus richtigem Fleisch hatten eine ähnliche Verteilerquote. Damit verwöhnte man uns anläßlich der verbliebenen staatlichen und kirchlichen Feiertage: Neujahr, 1. Mai und Pfingsten.

Ansonsten gab's regelmäßig montags, mittwochs und freitags Suppe. Favoriten unter den zerkochten Einlagen waren Kartoffeln, Erbsen und Brühnudeln aus dem VEB Eierteigwaren Riesa. Der Küchenmeister verfeinerte den Geschmack seiner Süppchen mit Unmengen von ausgelassenem tierischen Fett oder Pflanzenöl. Die sogenannte Fleischeinlage bestand fast ausschließlich aus Innereien wie Niere, Lunge, Herz und gekochten Blutgefäßen. Für einen Mediziner jedesmal ein anatomisches Rätselspiel, Tierart und topographische Herkunft der Ingredenzien auf dem Alulöffel zu bestimmen.

Zuweilen wurde uns aber auch stark mit Wasser gestreckte, vermodert stinkende Hühnerknochenbrühe vorgesetzt, in die mehr Augen hinein- als herausschauten. Dann hatten die Köche vergessen, die obligatorischen Liter Öl zum Sud hinzuzukippen. Zum Glück bekamen wir noch ein Stückchen Brot zur Suppe gereicht, die sogenannte Sättigungsbeilage, oft das einzige, was so mancher der Knastis zu sich nahm, denn wer Suppenkasper war, dem blieb sonst nichts anderes übrig, als sich in der hohen Kunst des Verzichts zu üben und sich auf die suppenfreien Tage zu freuen. Dann gab's abwechselnd Pellkartoffeln oder Nudelpampe mit rotbrauner Soße (genannt Paprikagulasch) oder gebratene Jagdwurst (genannt Jägerschnitzel). Für besonders Anspruchslose, und das wurde mit der Zeit fast jeder, kredenzte der Küchenchef gedünstetes Schweinehirn mit Zwiebeln, gekochte Grützwurst (genannt Tote Oma) oder als beliebtes Brechmittel süß-säuerliches Lungenhaschee. Milchreis oder Griesbrei waren kulinarische Ausnahmen.

Einmal, als es Leber gab, kam Ralf, ein ehemaliger Medizinstudent, ganz aufgeregt mit seinem Teller zu mir. Er hatte in seinem gebratenem Leberstück etwas Merkwürdiges entdeckt und wollte es mir zeigen. »Was meinst du, ob das wohl eine Metastase oder sogar ein Karzinom ist?« fragte er mich.

»Zieh doch mal die Gabel raus, sonst kann ich ja gar nichts sehen«, antwortete ich und schaute mir das durchgeschnittene Stück genauer an. Im braunen Lebergewebe war ein gut abgegrenzter, kirschkerngroßer gelber Fleck zu erkennen. Es sah aus wie ein zerteiltes Eigelb. »Vielleicht ist es aber auch nur ein Lymphknoten, eine Zyste oder ein Hundebandwurm?«

Doch er war sich sicher: »Nö, nö, das sieht aus wie Leberkrebs. Die Farbe stimmt zwar nicht ganz, aber das ist doch richtiges

Gewebe und kein Zysteninhalt. Ich hab' fast 'n Jahr in der Pathologie gearbeitet und schon oft so was gesehn.«

Mit Messer und Gabel ließ sich die gelbe Halbkugel leicht herauspräparieren. Wir staunten über unsere Entdeckung und grinsten uns an. Wenigstens war die Leber gut durchgebraten.

»Eddi, Ralf mag seine Leber nicht mehr! Möchtest du noch?«

Kaum war die Frage ausgesprochen, steckte Eddis Gabelspitze in dem Stück Leber und katapultierte sie in seinen Mund.

Mit Genuß hatte unsere mittägliche Abfütterung nichts zu tun, bestenfalls mit schnellstmöglicher Sättigung und damit, dem Körper genügend Kalorien zuzuführen, um bei der schweren Arbeit nicht durchzuhängen. Schließlich standen die Knastbetriebe im sozialistischen Wettbewerb und hatten Normen zu erfüllen. So richtig dicke Typen waren – mit Ausnahme von Eddi und Berger – nur unter den Schließern und Zivilmeistern zu finden. Die hatten ihre eigene Kantine und genug zu essen.

Es empfahl sich, aus Zeitgründen und um dem täglichen Vitamin-C-Bedürfnis Rechnung zu tragen, die Kartoffeln mit Pelle zu kauen. Was zusätzliches Essen anbetraf, waren die Knaster erfinderisch. Anfangs wunderte ich mich, daß einige Leute während der kurzen Mittagspause in aller Eile Mengen von liegengelassenen Pellkartoffeln einsammelten und unter der Arbeitskombi versteckten. Blieben wenig Kartoffeln übrig, stritten sie sich sogar darum oder durchwühlten die Abfalltonne nach Resten. Wozu, fragte ich mich, wurden gekochte Kartoffeln im Knast gebraucht? Wein oder Schnaps ließ sich daraus doch wohl nicht herstellen.

Während der Arbeitszeit, wenn kein Bulle mehr zu sehen war, tauchten die Kartoffeln wieder auf. Waren säuberlich die Keimlinge entfernt und die Pellen abgezogen, wurden sie ordentlich in Scheiben geschnitten und mit Margarineresten auf einer erhitzten Müllschaufel gebraten. Die Azetylenschweißer hielten einfach ihr Gerät mit kleiner Flamme unters Kehrblech. Andere zogen sich in eine Nische zwischen den Bergen von Kupferspulen zurück und benutzten zum Erhitzen mehrere Kerzen. Diese wiederum wurden aus Spulenwachs und Paketschnur hergestellt. Als Form dienten defekte Leuchtstoffröhren oder Milchflaschen, die man nach dem Erkalten des Wachses einfach zertrümmerte. Diese Wärmequellen blökerten und stanken beim Verbrennen fürchterlich. Die Bratkartoffeln aber schmeckten richtig gut. Ganz pfiffig waren auch manche Konstruktionen von Elektrokochern. Die in Gips eingebetteten Kupferspiralen gaben eine gleichmäßige Hitze an die »Bratpfanne« ab. Not macht eben erfinderisch. Allerdings wurden diese Kocher, genau wie die aus Rasierklingen und Klosettdeckelschrauben gebauten Tauchsieder, bei Filzungen gern von den Bullen beschlagnahmt.

Das einzige Manko war Salz. Nur wer gute Beziehungen zur Küche hatte, konnte welches auftreiben. Ansonsten mußte man die Kartoffeln ein kleines bißchen anbrennen lassen, um etwas würzigen Geschmack zu bekommen. Eine Portion, also eine Müllschippe voll heißer Bratkartoffeln, kostete fünfzig Pfennig. Manchmal, wenn mittags viele Pellis übrigblieben, standen die Leute schon mal Schlange vor unserer privaten Kartoffelveredlungsanlage.

Zum Abendessen bekamen wir fünf Scheiben Brot. Obwohl das Brot in der Zuchthausbäckerei täglich frisch gebacken wurde, mußte es immer erst mindestens einen Tag ablagern. Befehl von oben! Man hatte von den Ostfronterfahrungen der Wehrmacht gelernt. Altes Brot sättigt schneller. Frisches Brot dagegen schmeckt einfach besser, und es würde natürlich zu viel davon gegessen werden, so daß für den nächsten Tag nichts mehr übrigblieb oder wir uns vielleicht sogar den Magen verdarben. Die Gefängnisleitung wollte den durch uns verursachten volkswirtschaftlichen Schadensfraß in Grenzen halten. Zum Aufstreichen gab's ein Dreißig-Gramm-Stückchen Marina, eine Margarine, die die gute DDR-Hausfrau eigentlich nur zum Backen benutzte.

Aber damit sollte der arbeitsame Strafgefangene, kurz SG genannt, noch nicht zufriedengestellt sein. Das abendliche Nonplusultra war die Protein/Fett-Auflage fürs beschmierte Brot, genannt Wurst. Eine einzige etwa acht bis zwölf Millimeter dicke Scheibe pro Tag war den zuständigen staatlichen Organen nicht zu viel für uns Verbrecher. Blut- und Sülzwurst (sogenannte Sautittenwurst) rangierten an erster Stelle. Aber es gab auch mal ein Stück Leberwurst, Harzer Kümmelkäse oder einfach nur eine Scheibe Speck. Wenn jemand so richtig Appetit hatte, war es gar nicht so einfach für ihn, das Stückchen auf die fünf Scheiben Brot zu verteilen.

Sonntags war allerdings richtiger Schlemmertag. Denn dann gab's für fast jeden ein Stückchen Mohnkuchen zum Frühstück. Für Nichtraucher auch schon mal ein zweites, wenn sie dafür mit Zigaretten bezahlen konnten. Das Getränk der Wahl war Muckefuck, ein übles Getreide-Kaffee-Ersatzgesöff, das mich an Pionierferienlager und Armeezeit erinnerte. Ich schwor, später nie wieder im Leben diese eklige Plörre zu trinken.

Da schwarzer Tee als Aufputschmittel und je nach Dosierung als leichte, aber süchtig machende Ersatzdroge für Alkohol galt, wurde er nur rationiert verkauft. Jedem Knaster stand pro Tag ein halber Liter gebrühter Tee zu, den er allerdings bezahlen mußte. Fünfundzwanzig Pfennig pro Tag bei einem Monatslohn von fünfzig Mark. Das allgemein bekannte grüne DDR-Teepäckchen kostete draußen vielleicht 1,25 Mark. Im Knast war der Kauf dieser sogenannten grünen Frösche verboten. Aus einer Packung konnte man gut und gern zwanzig Liter Tee aufbrühen. Das bedeutet eine Einnahme von zehn Mark pro 1,25-Mark-Päckchen für das Zuchthauspersonal. Wenn man davon ausgeht, daß nahezu alle Knaster pro Tag ihre fünfundzwanzig Pfennig für ihre Portion Tee zusammenkratzten, läßt sich leicht errechnen, warum die staatlichen Organe den Teehandel nicht aus der Hand gaben. Es war nicht die Angst ums Leben der Gefangenen, die dem Teerausch verfallen würden, sondern um die zu ergaunernde Gewinnspanne, die eine Freigabe unmöglich machte. Auch war es ein probates Druckmittel, eine Teesperre zu verhängen, wenn jemand seine Norm nicht schaffte oder auf den Staat schimpfte. Im Gegenzug erhielt ein fleißiger Adolf-Hennecke-Verschnitt schon mal als Auszeichnung die doppelte Teeration. Das kostete ihn dann allerdings auch fünfzig Pfennig.

Kaffee war gänzlich verboten. Ausgenommen war lediglich das Krankenhauspersonal. Der einfache Häftling durfte sich nur während des Sprechtermins von seinen Besuchern eine Tasse kaufen lassen. Angeblich hatten irgendwelche Gefangenen schon einmal versucht, sich mit dem Trinken von über zehn Liter Kaffee das Leben zu nehmen, waren nur durch das besonnene Verhalten von Mitgefangenen gerettet worden und fast mit Herzstillstand im Haftkrankenhaus gelandet: Diese Legende wußte jeder Erzieher seinen Schützlingen zu berichten, die um ein Täschen Kaffee bettelten. Immerhin sei da Koffein drin, und das sei nicht nur ungesund, sondern so was wie eine Droge, ähnlich wie Kokain. Das wisse man doch aus der Schule. Und außerdem klinge es ja auch so ähnlich. Der Offizier, der mir das erklärte, trank nur Früchtetee. Ost-Kaffee war ihm zu teuer, und Westverwandte hatte er keine.

Einmal pro Woche, am Samstag, fanden das Gemeinschaftsduschen und der Wäschetausch statt. Eine nackte Horde meist bunttätowierter Leiber drängelte sich dann unter zwei verrosteten Wasserrohren, die an der Decke angebracht waren. Aus etwa zehn seitlichen Löchern sprudelte ununterbrochen heißes Wasser mit großem Druck auf die Gefangenen. Einst hatten sich Duschköpfe an den Öffnungen befunden. Die waren aber wohl schon gegen Ende des Krieges verlorengegangen.

Nach dem Duschen liefen wir eilig mit unseren Bündeln von Unterwäsche, Socken und Handtüchern durch ein Labyrinth von riesigen, nach vergorenem Männerschweiß und Exkrementen stinkenden Wäschebergen. Luft anhalten und bloß schnell dran vorbei, war jedesmal mein einziger Gedanke, obwohl ich durch das Sezieren von Leichen beim Studium und meine Arbeit auf Krankenstationen einigermaßen abgehärtet war. Eklige Dinge zu sehen konnte ich ertragen. Nur so riechen, wie sie aussahen, das durften sie nicht. Der Geruchssinn ließ sich leider nicht trainieren. Ich mußte mir ein paar Tricks einfallen lassen. Wenn zum Beispiel jemand in der Zelle Durchfall hatte, war es am besten, sich abzuwenden und mit einer Karo-Wolke zu umgeben. Zigarettenrauch war der beste Geruchsneutralisator. Gelegentlich aber überkam mich einfach das Würgen. War die Grenze überschritten, half kein Hecheln mehr. Dann mußte es eben sein. Würfelhusten wurde das im Jargon genannt.

Um dem realsozialistischen Knastalltag und der ständig spürbaren Menschenverachtung zumindest für kurze Momente zu entfliehen, gab es neben der Gefängnisbibliothek mit ihren abgegriffenen DDR-Schinken und dem Belobigungsfernsehen »Aktuelle Kamera« nur noch die Möglichkeit, ein kleines Rauschmittel zu schlucken. Das Spektrum auf dem Schwarzen Markt reichte von selbstgebrautem Brotwein, eingeschmuggeltem Schnaps, leichten Schmerz- und Beruhigungsmitteln, Analeptika, Antidepressiva, Appetitzüglern und Anabolika über Neurolyptika, stärkere Aufputsch- und Schlafmittel bis hin zu lebensgefährlichen Herzglykosiden. Wem der Sinn nach einem Tröpfchen Wein stand, der nutzte das geringe Risiko der Weinherstellung. Für die Vergärung brauchte man Zucker oder Marmelade. Früchte gab's nicht. Also kratzten die Ganoven während des Frühstücks die Marmeladenreste von den Tellern und sammelten sie in einer Plastetüte. Auch Brot eignete sich gut für die wilde Gärung. Gelang es nicht, Bäckerhefe aus der Bäckerei zu klauen, nutzten die »Weinbauern« wie die Amazonasindianer ihren Speichel, um die Fermentierung in Gang zu setzen. Brot wurde gut zerkaut und eingespeichelt. In eine mit Zuckerwasser gefüllte Plastetüte gespuckt, wurde in der Masse zumindest eine schwache Gärung ausgelöst. Im warmen Sommer wurden die Tüten unter der Bausand-Oberfläche vom Reichsbahnausbesserungswerk verbuddelt. Die Sonnenstrahlen taten ihr übriges. Dieser »Federweiße« mußte schon nach wenigen Tagen, bevor er in Essig umkippte, getrunken werden. Allerdings war es ratsam, ihn zuvor noch einmal durch einen Strumpf zu gießen, um den Schimmel an der Oberfläche loszuwerden. Im Knastjargon sprach man vom »RAW-Nordhang«.

Die Wintervariante schmeckte ausgereifter. Der Alkoholgehalt war wesentlich höher. Die Plastetüten wurden wochenlang hinter Heizungsrohren versteckt. Schon nach dem Genuß von etwa zwei Litern war man völlig zugedröhnt. Die Nachwirkungen am darauffolgenden Tag waren immer die gleichen: Durchfall und schwere Kopfschmerzen. Versuche zum Destillieren schlugen meist fehl, weil sie zu auffällig waren und oft frühzeitig verraten wurden.

Aber es gab auch im Zuchthaus Möglichkeiten, an richtigen Schnaps heranzukommen, und zwar mit Westgeld oder einhundert Mark Ostkröten pro Flasche. Dafür mußte man aber jemanden kennen, der wiederum jemanden gut kannte, bis hin zu einem bestechlichen Zivilmeister. Obwohl es für Zivilangestellte streng verboten war und sie damit ihren Job riskierten, gab's immer wieder Typen, denen der schnöde Mammon wichtiger war. Hatten sie erst einmal Schnaps geschmuggelt, waren sie erpreßbar geworden und kamen aus dem Kreislauf nicht mehr raus.

Um an Pillen ranzukommen, brauchte man genügend Kohle, »Vitamin B«, also Beziehungen zum Krankenhaus, und einen

Spezi, der vor der Einnahme »fachmännisch« beurteilen konnte, ob die Mittelchen auch sauber waren und richtig dröhnten.

Bevor sie beim eigentlichen süchtigen Konsumenten im Kommando ankamen, wechselten die kleinen nichtettikettierten braunen Pillentöpfchen aus Glas mehrfach ihren Besitzer. In der Regel kosteten zehn bis zwanzig Pillen mit wirkungsvoller Dröhnung etwa ein Pfund, das heißt zwanzig Knastmark. Unterschieden wurden sie lediglich durch Farbe und Größe. Das medizinische Fachchinesisch verstand in dieser Branche ohnehin niemand. Mit »Dröhnen« bezeichnete man neben dem richtigen Rauschzustand alle möglichen Gleichgewichtsstörungen, Schweißausbrüche, Pupillenerweiterungen oder -verengungen und so weiter. Die normalerweise auf Beipackzetteln angegebenen Nebenwirkungen bei Überdosierungen und Kontraindikationen nahm man gern in Kauf. Oder besser, genau darauf waren die Ganoven scharf.

»Eh Alter, du bist doch irgend sowas mit Medizin oder so, he?« raunte mich das picklige Narbengesicht eines Killers im Elmo-Keller an.

»Hmmh«, bestätigte ich. Endlich mal jemand, der mich nicht nur als hirnlosen Kabelschlepper ansieht, schoß es mir durch den Kopf. In seiner Jackentasche klimperte er wichtigtuerisch mit einem Pillentöpfchen.

»Sach mal, dröhnen die? Hab' grad 'n Pfund rüberwachsen lassen.« Rund und grau wie Glasperlen sahen die Dinger aus. Es gab sicherlich hunderte Pillensorten gleicher Größe und Farbe, allerdings natürlich mit unterschiedlichen Inhaltstoffen und Wirkungen.

»Woher soll ich das denn wissen, sehen aus wie Abführpillen«, grinste ich ihn an.

»Wieso, wat is dat?« fragte er erstaunt zurück.

»Na, um Dünnschiß zu kriegen, du Blödmann. Probier doch mal aus! Ich würde das Zeug jedenfalls nicht nehmen«, sagte ich.

Verunsichert, mit einem »Ach, halt doch die Schnauze«, verzog sich der LLer, um einem anderen die Pillen anzudrehen.

Obwohl die Zeiten von Kokain und Heroin für das Zuchthaus Brandenburg noch in ferner Zukunft lagen, gab es trotzdem Suchtkranke, deren Leiden behandelt werden mußten. Besonders arme Hardliner versuchten es zum Beispiel mit dem Schnüffeln von zugänglichen Lösungsmitteln und Klebstoffen, oder sie soffen Rasierwasser. In der Elmo-Halle arbeitete ein kleiner schwarzhaariger Debiler, der die eigene Mutter umgebracht hatte. Seine rechte Gesichtshälfte war infolge solch einer Intoxikation komplett gelähmt und hing schlaff herunter. Ständig lief Eiter aus seinem rechten Ohr. Er war taub auf dieser Seite geworden, das Auge ließ sich nicht mehr schließen. Außerdem litt er an massiven Sprachstörungen. Die rechte Seite seines speckigen Uniformkragens war schichtweise von der heruntertriefenden Spucke des offenen, schiefen Mundes und dem Dauertränenfluß durchtränkt. Ein ekelerregender Anblick.

Eines Tages bekam dieses bedauernswerte Geschöpf einen Tobsuchtsanfall und schlug mit dem Gummihammer auf den glatzköpfigen und kabelwickelnden Nachbarkiller ein. Das Ergebnis war nur, daß keiner schuld hatte und die Ärzte ein paar Platzwunden nähen mußten.

Der illegale Handel und Umgang mit Pillen, Tabletten, Pülverchen und Tropfen mit verschiedensten Wirkungen, Dosierungen und unterschiedlichsten Farben führte zuweilen zu grotesken Reaktionen bei den süchtigen Knastern. Im unerschütterlichen Glauben an die absolute Dröhnung der erworbenen vermeintlichen Spaßmacher besetzte so mancher anschließend für Stunden das Zellenklo oder mußte mit Herz-Rhythmus-Störungen ins Haftkrankenhaus eingeliefert werden. Trotz meist lebenslanger Haftstrafe, aussichtsloser Zukunft und schwer belastetem Gewissen wegen eines begangenen Mordes riskierte jedoch niemand einen Selbstmordversuch mit Tabletten. Demonstratives Pulsaderaufschneiden kam schon mal vor – gefolgt von Rettung und Bestrafung, aber an eine geplante Selbstvergiftung kann ich mich nicht erinnern.

Eddi, unser dicker Stiefsohnmörder, litt zeitweilig unter extremen Schlafstörungen. Irgendwie hatte er es geschafft, ins Haftkrankenhaus zu kommen und dem Polizeiarzt sein Problem plausibel zu verklickern. Dieser verordnete ihm ein stark wirksames Schlafmittel: Chloralhydrat. Am Abend, kurz vor dem Lichtausschalten, erschien der Knastsanitäter, ebenfalls ein Mörder, und reichte ein kleines Gläschen mit dem wäßrigen Zeug durch die Luke. Eddi kippte sich die Flüssigkeit auf seinen Löffel, mischte etwas Zucker rein und verzog grimmig das Gesicht bei der Einnahme. Etwa zehn Minuten später schnarchte er schon selig auf seiner Pritsche. Es war für uns dann sehr schwierig, sein nächtliches Gegrunze zu ertragen und ihn morgens zur Arbeit zu wecken.

Der Arzt hatte die Dosierung der Tropfen genau für Eddis massigen Körper berechnet. In den ersten Tagen kontrollierte der Sani noch die sofortige Einnahme, dann war es ihm egal. Einer der Zellenganoven schaffte es schließlich, Eddi den Schlaftrunk abzuluchsen, indem er dessen Dummheit und Vorliebe fürs Kartenspielen ausnutzte. Als Trostpreis erhielt Eddi etwas Tabak. Hinrichs, Prototyp eines gewissenlosen Verbrechers, war etwa nur halb so schwer wie Eddi. Er goß sich das Chloralhydrat genüßlich bis zum letzten Tropfen auf seinen Löffel. Ohne Zuckerzusatz kippte er das bittere Zeug mit verzogener Miene in sich hinein. Trotz eines »bähh!« ließ er es sich nicht nehmen, den Löffel noch einmal abzulecken. Hinterher ein kräftiger Schluck Tee und ein versöhnliches Klopfen auf den trottelig dreinschauenden Eddi.

Die Karten am Tisch werden gemischt. Hinrichs dreht sich eine Zigarette.

»Na, wie isses?« will jemand von ihm wissen. »Dröhnt's schon?«

Noch grinst Hinrichs, obwohl seine Augenlider schon merkwürdig herunterhängen. Gerade als er sich lässig die Zigarette zwischen seine vergilbten Zahnstumpen stecken will, kippt sein Kopf plötzlich mit voller Wucht auf die Tischplatte.

Die Wirkung des viel zu starken Schlafmittels hatte bei Hinrichs in weniger als zwei Minuten eingesetzt. Sein Körper war völlig erschlafft. Mittlerweile war auch sein Hocker umgekippt, und er lag hilflos am Boden. Das löste große Heiterkeit und Gelächter in der Zelle aus. Mir kamen Bedenken, als ich Hinrichs so leblos daliegen sah, und ich fühlte sicherheitshalber seinen Puls am Hals. Aber der war normal. Auch die Atmung funktionierte noch. An allen vieren wurde er in seine Koje gehievt. Besonders peinlich war, daß er sich dabei in die Hose machte. Anschließend ließen die anderen Verbrecher ihrer brutalen Phantasie freien Lauf.

»Mensch, wenn man das Zeug draußen 'ner Ollen ins Bier kippen würde ... Wahnsinn!!! Damit kriegste ja jede rum! Die weeß danach nich mehr, mit wem se jevögelt hat. He, he!«

Die prompte Wirkung des Mittels sprach sich derart schnell herum, daß Eddi schon am nächsten Tag nichts mehr erhielt.

Weil Zucker nicht immer erhältlich war, hatte ich mir im letzten Paket »Zückli«, ein kleines Töpfchen mit Süßstoffpillen, schicken lassen. Nur eine Pille brauchte man zum Süßen einer Plastetasse Tee. Irgendwann sah Marquardt, ein rothaariger, pothäßlicher Sittenstrolch, was ich mit den Pillen machte.

»Und, eh, dröhnen die?« fragte er sofort.

Ich schmunzelte. »Na klar.« Ich tat geheimnisvoll. »Aber nur, wenn man zehn Stück auf einmal nimmt und gut zerkaut. Ohne Wasser, nur Mundspeichelresorption, verstehst du?«

Marquardt war hellauf begeistert. Ich sollte ihm gleich zwanzig davon geben. Geld zum Tauschen habe er keines mehr – alles verspielt. Dafür dürfe ich aber seine Anklageschrift lesen: »Echt geil, sag ich dir, 'ne Wahnsinnsstory.«

Ich gab ihm zehn Zückli-Pillen und erhielt seine zerfledderte Anklageschrift. Haarsträubend, der Inhalt! Marquardt, ein typischer verhaltensgestörter Wiederholungstäter, hatte in Thüringen mit der Masche, er sei amerikanischer Geheimagent, ein zwölfjähriges Mädchen hinter ein Gebüsch gelockt, es zum Entkleiden und zum Oralverkehr gezwungen. Anhand der Täterbeschreibung und einer Spermaanalyse konnte Marquardt schon innerhalb weniger Tage dingfest gemacht werden. Er war erst wenige Tage wieder auf freiem Fuß gewesen und erhielt die Höchststrafe von sechs Jahren.

Abends probierte er die »Zücklidröhnung« aus und fluchte anschließend in seiner Zelle auf mich, ließ sich aber später nichts mehr anmerken. Ansonsten verpaßte Marquardt kaum eine Möglichkeit, sich mit anderen anzulegen, vorausgesetzt, sie schienen ihm körperlich unterlegen. Als er seiner großen Klappe wegen schließlich alle Frontzähne eingebüßt hatte, verlegten ihn die Bullen aus Sicherheitsgründen in eine Absonderungszelle. Er bedankte sich dafür auf seine Art, indem er einmal seine Matratze anzündete, ein andermal stundenlang in den Gefängnishof grölte.

Neun Jahre später, gleich nach der Wende, sah ich einen Fernsehbericht über das berüchtigte Zuchthaus Waldheim. Die angeblich letzten politischen Gefangenen der DDR streikten für ihre Entlassung. Ein medienwirksamer zahnloser Schreihals hinter dem Gitterfenster fiel mir sofort auf: Marquardt!

Andi und die Stasi

Andi lernte ich während des Hofgangs kennen. Seiner Frau war gemeinsam mit dem vierjährigen Sohn die Flucht in den Westen gelungen. Die zweite Schleusung mit Andi und dem sechsjährigen Jungen ging schief. Als der Kofferraum in einer Halle am Grenzübergang geöffnet wurde, blickten beide in die Mündungen von Maschinenpistolen. Wegen seiner lange zurückliegenden Dienstzeit als NVA-Offizier wurde auch er zusätzlich wegen »versuchter Spionage« verurteilt, und er bekam insgesamt acht Jahre aufgebrummt. Natürlich war das mit der angeblichen Spionage völlig aus der Luft gegriffen. Doch in besonderen Fällen konstruierte sich die Staatsmacht gerne die für die Verhängung von Langzeitstrafen nötigen Straftatbestände. Hier ging es darum, einen ehemaligen Genossen und politischen Abweichler zu brechen und gleichzeitig ein Exempel zu statuieren. Zwar fand das Verfahren unter Ausschluß der Öffentlichkeit statt, aber für die Genossen der Sicherheit war es doch so eine Art Schauprozeß.

Knapp sechs Jahre war das nun schon her. Das Kind, mit dem sie ihn erwischt hatten, war kurze Zeit im Heim untergebracht gewesen und lebte nun bei Pflegeeltern in Riesa. Er hatte es seither nicht sehen dürfen. Seine Frau hatte sich inzwischen scheiden lassen, doch sie setzte sich weiterhin bei der Bundesregierung für seinen Freikauf ein, schickte ihm Briefe und vierteljährlich ein Paket. Da Andi außer zur Pflegefamilie des Sohnes kaum noch Beziehungen innerhalb der DDR pflegte, hatte man ihm den Westkontakt gestattet.

Mit dem gelegentlichen Verkauf von Westkosmetika oder -zigaretten konnte er sich finanziell einigermaßen über Wasser halten. Ich besaß noch kein Knastgeld, und er steckte mir zehn Mark zu, obwohl wir uns erst seit kurzem kannten. Das war hochanständig. Von ihm erfuhr ich endlich Konkreteres über die Handhabung der Abschiebepraktiken während der Haft. Eine Garantie gab's nicht, dennoch waren die Chancen bei Leuten mit Stasi-Paragraphen relativ hoch. Als Regelfall für den Zeitpunkt der Abschiebung galt die Hälfte beziehungsweise zwei Drittel der zu verbüßenden Strafzeit. Den verbleibenden Rest ließ sich die DDR, um das Gesicht zu wahren und nicht des Menschenhandels bezichtigt zu werden, dann als eine Art Kaution vom Westen bezahlen.

Eines Tages, es war an einem Samstag, strömten die Gefangenenkolonnen nach dem Mittagessen über die Flure ihres Erziehungsbereiches. Plötzlich wurden wir von zwei Bullen gestoppt und sollten uns zur Filzung an der Wand aufstellen. Die Bullen durchsuchten gezielt die Tragebeutel, Jacken- und Hosentaschen nach verbotenen Dingen. Schon beim zweiten, der sich in Fliegerstellung an der Wand abstützte, wurden sie fündig. Sein Transi fiel zu Boden. Doch noch bevor einer der Bullen zugreifen konnte, gab der Besitzer dem Miniradio einen Tritt. Es schoß wie ein Eishockeypuck durch unsere Füße hindurch und landete direkt vor Andi. Der bückte sich, griff zu und schleuderte den Transi noch einmal weit weg den Gang entlang. Blitzschnell warf jemand das Ding über das Geländer. Eine Etage tiefer fing ein anderer es auf und verschwand damit in der anonymen gestreiften Menschenmenge.

Die Bullen waren perplex. Genau in diesem Moment wurde zur Freistunde gerufen. Die zum Gefängnishof hinströmenden Menschenhorden waren nicht mehr aufzuhalten, und so ließen sie den Gefilzten ungestraft laufen.

Man konnte es den beiden Bullen unschwer ansehen, sie waren wegen der unerwarteten dreisten Reaktion stinksauer. Aber warum konzentrierten sich ihre Blicke allein auf Andi?

Als wir nach dem Ende der Freistunde wieder einrückten, wurde Andi am Eingang aus der Menschenmenge herausgefiltert. Inzwischen hatten sich die Bullen noch zwei Mann Verstärkung dazugeholt. Jeder von ihnen trug einen Gummiknüppel. Als der Gang schließlich geräumt war, nahmen sie Andi in ihre Mitte und forderten ihn auf mitzukommen. Plötzlich stoppte der kleine untersetzte Obermeister, der vor Andi ging, und ließ ihn regelrecht auflaufen. Dann brüllte er: »Der greift mich an!« Mit einer Schleuderbewegung zerrte er das Opfer zu Boden und schlug ohne Vorwarnung mit dem Knüppel auf ihn ein. Das war der Startschuß für die Kollegen, es ihm gleichzutun. Andi hatte keine Chance zu entkommen und machte keine Anstalten, sich zu wehren. Mit angewinkeltem Arm über dem Kopf und dem anderen auf dem Rücken versuchte er, Kopf und Nieren vor den Schlägen zu schützen. Es half nichts. Offensichtlich hatten die Kerle nur darauf gewartet, endlich einmal »gezielte« Erziehungsmaßnahmen an ihm praktizieren zu können. Blondi, ein schlaksiger Bulle mit Milchbubigesicht, zielte mit dem Knüppel direkt auf die Ohren und betäubte Andi. Als er nach ein paar Minuten wieder zu sich kam, wühlte der »Aufsichtsführende« des Schlägerkommandos bereits in seinem Tragenetz und Portemonnaie. Dort fand er Briefe und mehr als die erlaubten drei Privatfotos. Der Bulle forderte den Geschundenen auf, sie sofort zu zerreißen. Die zweihundert Mark Knastgeld beschlagnahmte er, da er der Meinung war, so viel Geld könne sich kein Gefangener allein durch die Elmo-Arbeit gespart haben.

Dann brachten sie ihn in seine Zelle. Andi hatte Kopf- und Gliederschmerzen, ihm war schwindlig, und er hatte ein merkwürdiges Pfeifen im Ohr. Das linke Ohrläppchen war eingerissen. Er litt an Gleichgewichtsstörungen und bekam Angst, innerliche Verletzungen davongetragen zu haben.

Unwillig und erst Stunden später kam man seinem Ersuchen, einem Arzt vorgestellt zu werden, nach und führte ihn ins Haftkrankenhaus.

Am Wochenende tauchte Oberstleutnant Bader oder irgendein Zivilmediziner dort so gut wie nie auf. Die Behandlung der Patienten lag in den Händen der Gefangenenärzte und gegebenenfalls des diensthabenden Polizeifeldschers. Für Andi war es jetzt wichtig, einem ebenfalls politisch inhaftierten Arzt vorgestellt zu werden, um eine zeitweilige Einweisung ins Haftkrankenhaus zu erwirken und weiteren Strafmaßnahmen seines Erziehers zu entgehen. Deshalb war er froh, als er Alexander traf und ihm die Angelegenheit schildern konnte. Alexander informierte den diensthabenden Arzt, der auch wegen Republikflucht einsaß. Aber dann kam telefonisch die Anweisung, für die Untersuchung einen anderen Arzt, der wegen Medikamentenschieberei und Verkauf von Krankschreibungen saß, heranzuziehen. Der nutzte jede sich bietende Chance, um Punkte für seine vorzeitige Entlassung in die DDR zu sammeln. So stellte er nichts fest, was hätte behandelt werden müssen, speiste Andi mit ein paar Aspirin ab und schickte ihn wieder ins Arbeitskommando.

Zwei Tage später erhielt Andi zusätzlich zur Prügelstrafe noch drei Wochen Arrest. Gewissermaßen als kleines Dankeschön dafür, daß er versucht hatte, den Eindruck zu erwecken, daß Genossen der Volkspolizei wehrlose Gefangene krankenhausreif schlagen.

Vor der Verlegung in die »Esse« mußte sich Andi einer Arresteignungsuntersuchung unterziehen, die Hauptmann Burmeister, der uniformierte Krankenpfleger, über dessen merkwürdige Untersuchungsmethoden ich mich schon während der Zugangsuntersuchung gewundert hatte, vornahm. Er befand Andi ab sofort für arrestfähig. Dessen Einwand, daß er vor kurzem erst zusammengeschlagen worden sei und auch noch eine Wunde am Kopf habe, brachte Burmeister auf die Idee, ihm eine Tetanusspritze in den Oberarm zu verpassen, obwohl ihm als Nichtarzt Verabreichungen von Impfstoffen gesetzlich nicht erlaubt waren. Noch am selben Tag schwoll der Arm derartig an, daß er am Ende fast den Umfang eines Oberschenkels hatte. Andi bekam Fieber, Schüttelfrost und natürlich furchtbare Angst. Er klopfte gegen die Zellentür und bat die Arrestbullen um Hilfe. Aber nichts passierte. Während der Zählung wurde ihm vom Diensthabenden lediglich nahegelegt, gefälligst das Maul zu halten, obwohl auch dem der geschwollene Oberarm nicht entgangen sein konnte. Erst am nächsten Vormittag, die Schwellung hatte bereits nachgelassen, erschien ein Sanitätsbulle. Er empfahl, kalte Umschläge zu machen. Über die Bitte, sofort einem richtigen Arzt vorgestellt zu werden, konnte der Genosse nur lächeln.

Als nächsten miesen Schachzug ordnete der Erzieher, den die Gefangenen wegen seiner Blässe »Leiche« nannten, an, daß Andi den nächsten Besuchstermin hinter Glas verbringen würde. Die Pflegeeltern seines Sohnes, die ihn in dreimonatigem Rhythmus besuchten, durften diesmal nur durch eine Art Fahrkartenschalter mit ihm sprechen. Berührungsmöglichkeiten waren dabei völlig ausgeschlossen. Das war eigentlich eine Maßnahme für Schwerstkriminelle, um Geiselnahmen oder einen Ausbruchsversuch zu verhindern.

Nach dem Arrest erschien mir Andi wirklich gesundheitlich angeschlagen. Er sah sehr blaß aus und hatte mehrere Kilo abgenommen. Aber Andi war ein Stehaufmännchen. Vielleicht lag es an seiner militärischen Erziehung, daß Aufgeben für ihn absolut nicht in Frage kam. Draußen, im Westen, sollten Hilfsorganisationen und die Öffentlichkeit unbedingt erfahren, wie brutal die DDR mit Regimegegnern im Strafvollzug umging. Obwohl ich eigentlich Schiß davor hatte, ließ ich mich nicht zweimal von ihm darum bitten, beim nächsten »Sprecher« einen Brief hinauszuschmuggeln. Ein unauffälliger Händedruck während der Freistunde und ein Kratzen am Mundwinkel – Übergabe als auch Zwischentransport unter der Oberlippe waren gesichert. Bei einer Leibesvisitation hätte ich den Brief nur noch herunterzuschlucken brauchen.

Ich bereitete mich minutiös auf den Sprechtermin mit meinen Eltern vor. Da klar war, daß unsere Gespräche abgehört und aufgezeichnet werden, legte ich mir meine Worte genau zurecht und übte unauffällige Zeichensprache. Außerdem verfaßte auch ich Briefchen, die ich an der Zensur vorbei hinausschmuggeln wollte. Mit Eddis Lesebrille als Vergrößerungsglas und einem nadelspitzen Bleistift gelang es mir nach etlichen Fehlversuchen, auf einem höchstens zwei Quadratzentimeter großen Zigarettenpapierstückchen in Mikroschrift einen mit normalem Auge kaum lesbaren Text niederzuschreiben. Ständig brach bei dieser filigranen Arbeit die Spitze der Bleistiftmine ab und mußte nachgeschliffen werden. Ich schrieb all das auf, was in Gesprächen nicht erwähnt werden durfte: Instruktionen für Freunde im Westen, Anfragen an den Anwalt, Belegung der Zelle, kurze Psychogramme einzelner Mörder und anderer Verbrecher, Eindrücke, Beschreibungen von alltäglichen schrecklichen Erlebnissen und so weiter. Es konnte doch nicht angehen, daß draußen niemand wußte, was hier drinnen abging! Ich wollte auch später weder Namen noch Details vergessen und nahm mir deshalb vor, jeden »Sprecher« auszunutzen, um Informationen auf diesem Wege rauszuschmuggeln.

Die Briefchen wurden um ein winziges Stück Kupferdraht gerollt und nochmals gefaltet. Anschließend stopfte ich diese Papierkrümel in kleine bunte Plasteröhrchen, die von der Drahtisolierung stammten. Die offenen Enden verschloß ich mit heißen Wachströpfchen. Dann machte ich die Probe aufs Exempel und ließ die Kapseln in meinen Muckefuck fallen. Durch das Gewicht des Drahtes gingen sie sofort unter. Genau das wollte ich erreichen.

Als der Sprechtermin herangerückt war, brachte mich der

Trainer zunächst in den Vorraum der Besuchsabteilung. Er bestand aus vier miteinander verbundenen Einzelzellen. Etliche Gefangene warteten hier bereits mit erwartungsvollen oder bangen Gesichtern darauf, aufgerufen zu werden. Endlich kam ich an die Reihe. Ein Bulle belehrte mich darüber, daß körperliche Kontakte zu den Angehörigen mit sofortigem Abbruch des »Sprechers« geahndet würden. Gestattet sei lediglich ein kurzer Händedruck zur Begrüßung und zum Abschied. Gespräche über Delikt, Anwalt, Urteil und Zustände im Strafvollzug, ja selbst einzelne Worte zu diesen Themen seien streng verboten. Begriffe wie Übersiedlung, Ausreiseantrag, Abschiebung, Transport, Freikauf, Karl-Marx-Stadt oder die Erwähnung des Namens Vogel hätten ein Abbrechen des Termins zur Folge. Anschließend mußte ich mich völlig entkleiden, die Klamotten abgeben und mich in Fliegerstellung einer Leibesvisitation unterziehen. Nach gymnastischen Übungen wie Bücken, Pobackenauseinanderziehen, Fingerspreizen und Mundöffnen erhielt jeder Proband eine pieksaubere, gutsitzende Ausgehuniform – zwar auch mit gelben Seitenstreifen, aber mit einer 1a-Bügelfalte. Wir sahen aus wie frischgebackene Offiziersschüler vor dem ersten Ausgang. Der einzige Nachteil: Sämtliche Jacken- oder Hosentaschen waren zugenäht oder rausgetrennt. Nur ein winziger Stoffbeutel in der linken Hosentaschenöffnung für das Taschentuch war geblieben. Andis Brief unter meiner Zunge und die Kapseln, die ich in meinem zusammengekniffenen Bauchnabel untergebracht hatte, bemerkte niemand.

Noch einmal kurz kämmen, und die Truppe von Besuchsempfängern, der auch ich angehörte, wurde zum Besuchsraum durchgeschlossen. Ich hatte Herzklopfen und ein bißchen Angst. Noch war kein Besucher da. Der hell erleuchtete Raum mit Gardinen an den Gitterfenstern und bunten Tapeten sollte wahrscheinlich ein Gefühl von familiärer Vertrautheit vermitteln. Und tatsächlich war es sowas wie eine Erholung für meine Augen. Jeweils vier quadratische Holztische standen in Reihe vor den langen Wänden gegenüber. Der flurähnliche Raum hatte zu beiden Seiten Eingänge. Einer davon war für uns, der andere für die Besucher. Es gab sogar einen kleinen Einkaufskiosk, aus dem ein weißbekittelter hagerer Kellner mit großer Hakennase herauslugte. Keiner von uns wußte, warum ausgerechnet ein Doppelmörder, der seinen Opfern die Kehlen durchgeschnitten hatte, diesen begehrten Knastjob innehatte. Gegenüber vom Kiosk machte es sich gerade ein Bulle mit Kopfhörern in einem Glaskasten gemütlich. Vor den Tischen standen jeweils zwei Stühle und einer dahinter. Mehr als zwei Besucher waren nicht gestattet. Die einzelnen Tische der Reihe waren durch gleich hohe Holztürchen miteinander verbunden, so daß ein Herumgehen nicht möglich war. Auch unter dem Tisch konnte man keinen Kontakt aufnehmen. Den Tisch durchzog eine am Fußboden festgeschraubte Mittelwand.

Erwartungsvoll nahmen wir Platz. Ein Offizier durchschritt nochmals mit erhobenem Zeigefinger und warnenden Worten den Raum. Dann wurde die Tür aufgeschlossen. Die ersten Besucher traten, unsicher um sich schauend, ein. Welch ein Anblick! Frauen in bunten Sommerkleidern! Sämtliche Männerblicke klebten an ihnen. Stolz machte sich mein Nachbar mit einem Fingerzeig bemerkbar. Es war sein Besuch. Mit wackelnden Hüften steuerten die Frauen seinen Tisch, der neben meinem stand, an. Er rutschte nervös auf seinem Stuhl hin und her und lächelte mich noch mal kurz an, so als wollte er sagen: Die eine ist meine Frau, die andere meine Schwester und noch zu haben. Jedenfalls wollte das meine Phantasie zu dem Zeitpunkt so, und der Gedanke war reizvoll. Ein merkwürdiges Gefühl, plötzlich so nah bei jungen hübschen Frauen sitzen zu können. Alle anderen beneideten mich jetzt bestimmt.

In der nächsten Gruppe von Besuchern waren auch meine Eltern. Die große Wiedersehensfreude konnten wir nur mit einem kurzen Händedruck zeigen. Meine Mutter zog mich leicht mit der Hand zu sich herüber, aber ich blieb stocksteif stehen und bat mit einem Lächeln um Verständnis. Wir setzten uns und plauderten mit starrem Blick auf das Mikrofon, ein Messingrohr im Tischzaun, über Belanglosigkeiten.

Inzwischen hatten fast alle Besucher Platz genommen. Als letzte erschien eine junge, attraktive Frau, die hochschwanger war. Als sie ihren Mann erblickte, ging das Gefühl mit ihr durch. Sie brach in Tränen aus und stürmte mit ausgestreckten Armen auf ihn zu. Und schon war es passiert. Beide lagen sich in den Armen, wenn auch nur für Sekunden. Scheiß auf die Knastvorschriften!

»Los, auseinander, aber sofort!« dröhnte die aggressive Stimme des Offiziers. »Raus hier! Los, raus, hab' ich gesagt!« Er zerrte die beiden auseinander und schubste die Schwangere durch die Eingangstür.

»Laßt sie los, ihr Faschisten!« rief der Ehemann dem Bullen hinterher, doch das kam sehr kleinlaut heraus, und er ließ sich ohne weitere Kommentare abführen. Dieser Besuch war vorbei für ihn, und zusätzlich bekam er auch noch drei Wochen Arrest. Ein Gefangener, der übrigens deshalb saß, weil er über dreißig Ausreiseanträge gestellt hatte.

Ich nutzte die kurze Hektik im Besucherraum, tat so, als ob ich hustete, und holte dabei Andis Brief hervor. Blitzschnell lag er auf dem Tisch vor meiner Mutter und verschwand in ihrem Ärmel. Gut gemacht! Niemand hatte etwas bemerkt. Nun mußten sich nur noch Transfergelegenheiten für meine Minikapseln ergeben.

Frischer Kaffeeduft durchströmte den Raum. Welch ein Genuß für die Nase! In geordneter Reihenfolge durften die Besucher im Kiosk für uns so viel Kaffee, Kuchen und Pralinen kaufen, wie wir in einer Stunde verzehren konnten, dazu noch ein Besuchergeschenk im Wert von bis zu zehn Mark. Als mein Vater den Kaffee holte, schob ich eine Hand unauffällig unter die Uniformjacke und fingerte durch ein Loch im Unterhemd die Kapseln aus meinem Bauchnabel. Dabei lächelte ich meine Mutter krampfhaft an. Aber sie merkte genausowenig wie der Bulle, der wie ein Tiger den Mittelgang entlangschlich, was ich vorhatte. Jetzt raste mein Puls eins zu tausend.

Ich starrte auf das näherkommende Tablett. Drei Kännchen Kaffee, Torte, eine Schachtel Weinbrandbohnen und eine Club-Cola. Meine Mutter goß den Kaffee ein und reichte die Tasse zu mir herüber. »Möchtest du Zucker?« fragte sie mich.

»Ja, ja, warte, ich mach' das.«

Der entscheidende Augenblick war gekommen. Gleichzeitig mit einem Stück Würfelzucker ließ ich das erste Mini-U-Boot in den Kaffee plumpsen und schob die Tasse wieder zurück. Nach dem Umrühren landete das Ding auf dem Löffel meiner Mutter und danach in ihrer Hosentasche. Ich stopfte mir die Wilthener Weinbrandbohnen in den Mund, eine nach der anderen. Wann kam ich schon mal wieder in den Genuß von etwas Alkohol. Eine ließ ich übrig, denn die Schokolade war inzwischen weich geworden, so daß sich die zweite Kapsel ganz einfach hineindrücken ließ. Die bot ich meinem Vater an. Der stutzte zwar ein wenig, als er die Kapsel im Mund verspürte, aber damit war der Deal gelaufen. Die Nachrichten waren so gut wie draußen.

Die Präsenz des Mikros und die Gewißheit, daß die Strolche alles mithören konnten, hatten tatsächlich die gewünschte lähmende Wirkung auf Stimme, Redefluß und Inhalt des Gesagten. Schon nach einer halben Stunde waren die familiären Themen verpufft. Selbst auf die Frage meiner Mutter, wie das Essen denn so sei, konnte ich doch nicht laut die Wahrheit sagen. Das Wichtigste für mich war, zu erfahren, was der Anwalt in Berlin den Eltern mitgeteilt hatte. Gelegentlich gab Vogel Tips über den möglichen Zeitpunkt der Abschiebung von Gefangenen. Mein Vater sprach plötzlich plattdeutsch. Zu Hause war Platt normal, aber hier drinnen klang es urkomisch. Er sprach sehr schnell und nahm kein Blatt vor den Mund. Schließlich reichte es einem der Aufseher. Plötzlich stand er hinter ihm: »Erste und letzte Verwarnung, Herrschaften! Gespräche werden nur auf hochdeutsch geführt! Verstanden?!«

»Scheiß-Sachse«, brubbelte mein Vater, als der Typ wieder ging. Da war es wieder, das DDR-eigene dialektische Nord-Süd-Gefälle, der Minirassismus zwischen Fischköpfen und Kaffeesachsen.

Zum Schluß ging mein Vater noch einmal zum Kiosk und ließ für mich eine Zehn-Mark-Tüte mit Obst vollpacken. Richtige Schokolade gab's zwar auch, aber die kostete 4,80 Mark pro Tafel. Also verzichtete ich darauf. Am Tisch überprüfte er das erhaltene Wechselgeld, stand auf und ging noch einmal zum Kiosk. »Der hatte mir doch tatsächlich zehn Mark zuviel abgeknöpft, der Halsabschneider«, beschwerte er sich hinterher bei mir. Ich mußte grinsen. Wie recht er doch mit seiner Bemerkung hatte …

Dann war die Stunde Besuchszeit vorbei. Vom ungewohnten Kaffeegenuß hatte ich Herzjagen. Die Unterwäsche klebte am Körper. Trotzdem hatte mich der Besuch innerlich wieder etwas aufgebaut. Die beiden Monate bis zum nächsten Besuch würde ich schon irgendwie überstehen. Da war ich mir jetzt ganz sicher.

Anschließend in der Zelle spielte der Kreislauf völlig verrückt. Die schöne Torte und die Packung Weinbrandbohnen landeten schließlich im Klo. Schade drum.

Andis Brief gelangte zunächst zu einer Deckadresse in Riesa und war eine Woche später im Westen bei seiner Frau, die damit zum Anwalt ging. Der wiederum wandte sich an DDR-Unterhändler Vogel. Vierzehn Tage später kam die Anordnung, Andi im Haftkrankenhaus von einem zivilen Internisten untersuchen zu lassen. Aber was konnte der nach fünf Wochen noch feststellen? Er hörte sich geduldig alle Vorwürfe an und kam endlich zu dem Schluß, daß die Beschwerde unbegründet sei. Wie sollte es auch anders sein? Der Mann verdiente schließlich gut an seiner Z-Stelle und hatte keine Lust, den Job zu riskieren.

In der Freistunde traf ich den Nachbarn aus dem Sprecherraum wieder. Neugierig fragte ich ihn nach seinen beiden heißen Frauen. Immerhin hatten sie mit ihren langen Wimpern zu mir rübergeklappert – zumindest hatte ich mir das eingebildet. Auf jeden Fall hatten sie einen Duft von Westparfüm im Raum hinterlassen. Vielleicht konnte man sich ja später mal im Westen mit ihnen treffen? Mein Gesprächspartner aber war bedrückt. Die beiden Damen waren weder mit ihm noch miteinander verwandt, sondern gewissermaßen Kolleginnen. Im Grunde saß er ihretwegen, nämlich wegen Zuhälterei, und er war sauer, daß seine beiden Hühner jetzt nicht mehr für ihn, sondern für die Stasi in einem Interhotel in Leipzig anschaffen gingen. Prostitution war in der DDR eigentlich streng verboten, wurde aber beispielsweise während der Leipziger Messe ausländischen Gästen sozusagen kontrolliert von der Staatsmacht selbst angeboten.

Obwohl die Damen jetzt gewissermaßen halboffiziell ihren horizontalen Friedensdienst an der unsichtbaren Front versahen, hatten sie sich nicht lumpen und beim Abschiedshändedruck eine japanische Digitaluhr rüberwachsen lassen, die ihr ehemaliger Chef nun bei irgendeinem Zivilmeister oder Bullen in fünfhundert Mark umsetzen konnte. Mir bot er zum Trost ein kleines Pornoheft an, leihweise, versteht sich. Die halbe Stunde während der Arbeit für fünf Mark.

Die Sportgruppe im Keller

Obwohl es harte Arbeit war, die schweren Kupferspulen zu schleppen, sehnte ich mich nach sinnvollem körperlichen Ausgleich, nach irgendeiner sportlichen Betätigung. Aber Sport war außer einem einzigen Volleyballmatch im Sommer auf dem Gefängnishof nicht erlaubt. Bodybuilding war sogar verboten.

Eines Tages kurz nach Feierabend hörte ich lautes Jubeln und Gegröle aus dem Keller und gesellte mich schnell zu dem Massenauflauf. Jemand machte Handstand auf der Treppe und wurde von den Leuten angefeuert. Gekonnt wie ein Turner, schaffte er es, sich auf den Händen von einer Treppe zur anderen hochzuhangeln. Er zappelte wie wild mit den Beinen, verlor aber nicht die Balance. Sein Kopf war puterrot, die Adern quollen stark hervor. Und trotzdem jauchzte der Typ, als ob es für ihn das reinste Vergnügen sei. Es schien, als ob er sich darüber selbst mächtig amüsierte. Alle klatschten Beifall, als er die letzte Stufe erklommen hatte. Niemand lästerte. Das war ungewöhnlich und fiel mir sofort auf. Also hatte sich dieser agile, durchtrainierte, 1,60 Meter kleine Mann hier Respekt verschafft. Als er zähnefletschend und grimassenschneidend wieder auf den Füßen stand, wuchsen aus der johlenden Meute eine halbe Mettwurst und ein Apfel zu ihm rüber. Mit den kleinen muskulösen Armen preßte er die Beute an seine Brust. Hektisch funkelten seine braunen Augen und tasteten die Umgebung ab. Trotz ihrer Wildheit lag etwas Warmes, Vertrauenerweckendes in ihnen.

Das also war Schur, Matthias Schur, der legendäre Zwerg mit den Riesenkräften, vorbestraft wegen Pornographie, Einbruchdiebstahl und Staatsverleumdung. Ein Mann aus der Gosse, ungeliebtes Nachkriegskind einer Thüringer Trümmerfrau und eines italienisch-amerikanischen GI, der für ein paar Zigaretten nur mal seinen Spaß haben wollte. Als die Mutter in den Westen abgehauen war, hatte Schurs Odysee durch ostdeutsche Kinderheime und Jugendknasts begonnen. Karierte Bettwäsche begleitete ihn bis heute.

Ich war erstaunt. Seine weißen lückenlosen Zähne standen ungewöhnlich gleichmäßig für jemanden, der seine Kindheit in Heimen verbracht hatte. Daumenlutschen als Ersatz für fehlende mütterliche Zuwendung war in DDR-Kinderheimen weit verbreitet, und vorstehende obere Frontzähne, erzeugt durch den nächtlichen Dauerdruck des Daumens am Gaumen, waren die Folge.

Schur war sogar Nichtraucher, trank weder Tee noch Alkohol und nahm auch keine Drogen. Niemand schickte ihm Briefe oder Pakete oder besuchte ihn, weil es draußen auch keinen gab, der auf ihn wartete. Beim Frisör ließ er sich den Kopf jedesmal freiwillig fast kahl scheren – ein Akt, der für andere Gefangene eine Schikane war. All dies trug dazu bei, daß Schur weder durch Tee-, Brief-, Paket- oder Besuchssperre noch mit Fernseh-, Kino- oder Kirchenbesuch erpreß- oder erziehbar war und dadurch eine gewisse Portion Narrenfreiheit auch bei den Bullen genoß.

Schur hatte eine ausgeprägte musische Ader und war ein begnadeter Karikaturist, konnte Situationen und Personen in Sekundenschnelle aufs Papier bringen und mit Humor treffen. Obwohl er kein Wort Russisch und Italienisch verstand, unterhielt er uns je nach Laune zum Schichtschluß mit italienischen Arien, die er auf einer Schallplatte gehört hatte und schließlich auswendig kannte, oder er brummte wie ein Donkosak »Kalinka«, während er mit verschränkten Beinen wie ein Yogi im Blechwaschbecken saß und sich mit übelriechender Waschpaste die Füße schrubbte. Eine merkwürdige Kombination aus Begabung, die nie gefördert worden war, und einer überschäumenden Lebensfreude trotz der fünf Knastjahre, die noch auf ihn warteten. Daß er für seine Körpergröße so außergewöhnlich kräftig war, lag nicht am Futter oder an der schweren Arbeit im Elmo-Werk. Es war wohl einfach Veranlagung, denn wie er uns erzählte, hatte er schon als Kind dicke Nägel mit den Fingern verbiegen können. Als ich erfuhr, daß er heimlich im Knastkeller trainierte, freute ich mich. Endlich hatte ich jemanden gefunden, mit dem ich gemeinsam Sport machen konnte – noch dazu einen Knasti, der mir sogar sympathisch war und dem das Sportverbot so ziemlich egal war. Keine Frage, mir imponierte dieses Energiebündel. Er war ein verbissener Autodidakt und guter Zuhörer, quetschte mich von nun an ständig mit Fragen über medizinische Themen, aber auch über Gott und die Welt aus. Er war Jack Londons »Seewolf« in Kleinformat. Lesen und Schreiben gehörten freilich trotz des Wissensdurstes nicht zu seinen Stärken. Wir profitierten beide voneinander. Endlich gab es da jemanden, der mich darüber aufklärte, wer hier was verbrochen hatte, vor wem ich auf der Hut sein mußte und wem ich mich wie gegenüber verhalten sollte, um das restliche Jahr möglichst unbeschadet überstehen zu können.

Schur hatte eine manchmal vulgäre und primitive unbändige Lebenskraft, die mitriß und wieder aufbauen konnte. Er war ein Sonderling mit Witz, Charme und Charisma. Jeden Tag kurz vor Ende der Schicht, wenn kein Bulle mehr zu sehen war, trafen wir uns zur Körperertüchtigung im Keller. Später gesellte sich noch Peter, ein hünenhafter Republikflüchtling aus dem Erzgebirge, zu uns. Er hatte vor seiner Inhaftierung schon mehrere Jahre Kraftsport betrieben und zum DDR-Leistungskader im Bobfahren gehört. Ein richtiger, durchtrainierter Profi und brauchbarer Trainer. Zuweilen beteiligten sich auch mal Schwerkriminelle mit am Training, meist aber nur, um sich die Gunst von Schur und Peter, die sie vor anderen Halunken beschützen sollten, zu erschleichen. Für unser Krafttraining hatten wir schwere Kupferspulen mitgehen lassen und auf eine Eisenstange geschoben. Diese benutzten wir als Hanteln zum Bankdrücken oder für Kniebeugen. Es war uns auch ganz recht, Zuschauer beim Gewichtestemmen zu haben, einfach nur, um mitzuteilen: Jungs, legt euch nicht mit uns an!

Nach und nach brachten wir System und Abwechslung in unser Training und spürten erste Fortschritte. Mühelos hoben Schur und Peter mehr als das Doppelte ihres Körpergewichtes. Ich konnte mich bei den achtzig Kilo, die ich auf die Waage brachte, auf über hundert Kilo Kupferspulen beim Bankdrükken steigern. Während meiner Abitur- und Armeezeit war ich auch mal als Übungsleiter für Judo tätig gewesen. Jetzt machte es mir Spaß, die Ganoven so nebenbei in Selbstverteidigung zu unterrichten. Sie besorgten Holzbretter, die wir dann am Kellergitter in Kopfhöhe anbrachten. Es wurden Wetten abgeschlossen, ob es jemandem gelinge, diese Bretter im Sprung mit dem Fuß zu treffen oder sogar zu zertrümmern. Es war köstlich, mit anzusehen, wie großmäulige Killer vergebens versuchten, die Beine hochzubekommen, und auf ihrem Allerwertesten landeten. Schur malte Gesichter von Bullen auf Styropor und ließ die Leute dann dagegentreten. Es bereitete ihnen Riesenspaß, diese Quietschgummifratzen zu zertrampeln.

Die Knastis hatten zuweilen die seltsamsten Ausbildungswünsche für ihre persönliche »Selbstverteidigung«. Sie wollten lernen, wie man einem Bullen die Knarre aus der Hand schlägt, Messerstiche, Faustschläge und Fußtritte von vorn und von hinten abwehrt oder sich lautlos an einen Gegner heranschleicht und ihn genauso geräuschlos niedermachen kann.

Wir legten Pappkartons und andere Verpackungsreste auf den Boden und veranstalteten wie auf einem Rummel Einzelkämpfe. Mann gegen Mann, ohne Fäuste. Die Gewichtsklasse ließ sich durch die Kupferspulenwaage feststellen. Schwergewichte gab's nicht. Dazu waren die Teilnehmer viel zu mager. Es galt, den Gegner flach auf die Schulter zu legen. Wetten wurden abgeschlossen, und diese Kampfspiele wurden schließlich zur täglichen Attraktion, eine willkommene Abwechslung nach stundenlanger Fließbandpuckelei. Das Problem war nur, daß der Kreis der Kursteilnehmer ständig zunahm und unser Bodybuilding stagnierte.

Schur bereitete es kindliche Freude, den »Opferbullen« zu spielen. Natürlich hatten wir vor unserer Show alles genau abgesprochen. Er sollte mich mit seiner Holzpistole verhaften. Ich nahm ihm die Knarre mit einem Fußtritt ab und ließ mit eindrucksvollem Kriegsgeschrei seinen kleinen Körper auf die Kartons krachen. Das kam beim Publikum gut an. Niemand bemerkte, daß Schur, der Artist, schon bei der geringsten Berührung zum freiwilligen Salto mortale ansetzte. Wichtig war, daß es bei jedem Aufprall auf die Pappe so richtig knallte und die Zuschauer respektvoll zusammenzuckten. Ich hatte Schur zuvor die nötige Abfangtechnik beigebracht. Ausgeschlossen, daß er sich beim Fallen etwas verrenken konnte. Trotzdem ließ er sich jedesmal, tief nach Luft japsend, von den Umstehenden aus dem Pappkartonhaufen ziehen und als zähes Opfer bestaunen. Er spielte ausgezeichnet. Dann wechselten wir die Rollen. Ich bedrohte ihn mit einem Messer oder Knüppel, und er wirbelte mich durch die Luft und auch rein zufällig direkt auf die Pappe.

Natürlich blieben unsere Nahkampfkurse nicht ohne Folgen.

In der Elmo-B-Schicht bangte ein vermeintlicher Fremdenlegionär um seine Pfründe und seine Autorität. Schließlich waren Nahkampf, Einschüchtern, Schutzgelderpressung und Schuldeneintreiben das Metier seiner Gang. Er mußte noch neun Jahre wegen Mordes an einer Frau abbrummen und hatte wenig Lust, die ganze Zeit nur vom Motorenwickeln zu leben. Wir waren dabei, ihm die Show zu stehlen. Deshalb war es ratsam, ihm vorerst nicht in die Quere zu kommen.

Aber schon nach wenigen Wochen mußte ich mich bei meinem Erzieher, Leutnant Hering, melden. Ich sollte die »illegale Kampfgruppe«, wie er sich ausdrückte, sofort auflösen. Kampfsport sei im DDR-Strafvollzug strengstens verboten. Was ich denn damit bezwecken wolle? Er wolle noch einmal Gnade vor Recht walten lassen, mich nicht zum Arrest verdonnern und auch den Bericht, den er eigentlich an die zuständigen staatlichen Stellen schreiben müßte, nicht verfassen. Er hatte einfach keine Lust dazu. Aber genau auf diese Meldung an die Stasi war ich aus. Die Akte des Renitenten Garve sollte sich füllen, damit man mich nicht später als resozialisierbar einstufen konnte. Hering eröffnete mir dagegen ein ganzes Paket von »Erziehungsmaßnahmen«: Halbierung meiner Essensration, Paketsperre und Teeverbot für einen Monat und schließlich einen Arbeitsplatzwechsel im gleichen Betrieb. Mit der halben Essensration und der Teesperre kam ich zurecht. Freunde halfen aus. Mit einer Paketerlaubnis konnte ich aber erst wieder in frühestens zwei Monaten rechnen. Wir ließen also Nahkampfausbildung und Showkämpfe sein. Mit dem Kraftsport machten wir trotzdem weiter. Der Trick mit der Abschreckung der Knastis hatte wohl funktioniert und nun sein Gutes. Für Schur und Peter, die natürlich nicht die geringste Lust verspürten, Kupferspulen im Akkord zu wickeln und sich damit die Gesundheit zu ruinieren, übernahmen aneere freiwillig die Drecksarbeit – gewissermaßen als Schutzgebühr. Niemand mußte sie dazu auffordern. Es gab genügend Leute, die sich beim Kartenspiel verschuldet hatten, keiner Knastgang angehörten und Angst vor körperlicher Gewalt ihrer Gläubiger hatten.

Doch ich mußte von jetzt an am sogenannten Killerband Kennziffern in die fertig gewickelten Maschinen stempeln. Diese Fließbandeinrichtung verdiente ihren Namen, weil tatsächlich kaum einer der fünfundsechzig Motorenwickler ohne Morddelikt einsaß. Obwohl ich es mit Schurs Hilfe geschafft hatte, in dieser Knasthierarchie und Hackordnung einigermaßen respektiert zu werden, wurde ich als Ausweiser, sogenannter Kurzstrafer und Studierter gerade von den Strolchen dieses Killerbandes abgrundtief gehaßt. Ich mußte ständig aufpassen, daß ich nicht »aus Versehen« von einem unkontrollierten Gummihammerschlag getroffen wurde oder mir die Finger einquetschte, wenn so ein Metallkoloß ins Rollen gebracht wurde, während ich stempelte. Die anderen wickelten ohne Unterlaß in einem Affentempo per Hand ihre Kupferdrähte in den Elektromotor, als ob ohne ihren Einsatz die DDR zusammenbrechen würde. Und das alles für schlappe fünfzig Knastmäuse im Monat.

Apropos Killerband. Im Zuchthaus Brandenburg existierte zeitweilig sogar eine fünfköpfige Musikgruppe, deren lebenslängliche Mitglieder das Privileg besaßen, richtige Musik mit richtigen Instrumenten machen zu dürfen, und auch zu besonderen feierlichen Verordnungen im Kinosaal vor Wachpersonal und »verdienten Killern und Ganoven des Volkes« auftraten. Mit Hits von den Puhdys wie »Alt wie ein Baum möchte ich werden« oder »Geh zu ihr und laß deinen Drachen steigen«, gesungen von einem zweifachen Sexualmörder, gelang es, die staatlich geforderten sechzig Prozent Ostmusik einzuhalten. Englische Hits wie »Baby Come Back« oder »Sweet Child In Time« wurden von notorischen Kinderfickern als willkommene Aufmunterung angenommen. Nach internen Streitigkeiten und einem Miezenmord – der Geliebte des Gitarristen wurde im Knast mit einer Dreikantfeile von seinem Ex-Lover abgestochen – löste der Knastchef die Killerband kurzerhand auf. Der Kulturbeitrag war gestrichen.

Eine besondere Rarität im Zuchthaus war Milch. Es gab zwar zuweilen Suppen, die mit Milchpulver gekocht waren, aber an normale frische Milch kam man im Knast nicht ran, es sei denn, man war zu einem stark gesundheitsgefährdenden Dauerjob eingeteilt, zum Beispiel als Azetylenschweißer. Die Knastleitung war der Meinung, in diesem Fall sei die Vergünstigung von einem halben Liter Milch täglich angebracht, sozusagen als Ausgleich für das stundenlange Einatmen von giftigen Gasen. Arbeitssicherheitsbestimmungen existierten ohnehin nur auf dem Papier. Der Job eines Schweißers war begehrt, erhielt man doch dreißig Mark mehr Lohn im Monat. Da spielte die Gesundheit keine Rolle. Die Schweißer fielen durch ihre aschfahle Gesichtsfarbe auf, litten oft unter Konzentrationsstörungen und Atemnot. Aber nicht jeder von ihnen mochte seine tägliche Milchration. Einem starken Raucher war Tabak wichtiger als dieser Kinderdrink. Für uns Kraftsportler war Milch jedoch eine wichtige Eiweißquelle. Also mußten wir etwas zum Tausch anbieten.

Mein Zelleninsasse Siebenschläfer, das Berliner Großmaul, stand unter Druck. Als vermeintlicher Grafiker hatte er anderen Ganoven versprochen, ihnen neue Tätowiervorlagen zu liefern, und sogar schon eine Anzahlung erhalten. Allerdings erreichten seine malerischen Künste lediglich das Niveau seiner eigenen armseligen Tätowierungen. Siebenschläfer hatte nicht nur wenig Grips im Kopf, sondern auch noch zwei linke Hände. Er wußte, daß Schur ein phantastischer Schnellzeichner war, und schlug ihm einen Deal vor: Milch gegen Tätowiervorlagen. Schur war einverstanden und zauberte im Handumdrehen mit einer Bleistiftmine eine gutproportionierte Nackte aufs Packpapier. Die Hälfte der Milch bot Schur mir an. Zur Geschmacksverbesserung trieb ich Puddingpulver auf. Gleich nach unserem Training wurde immer brüderlich geteilt. Doch eines Tages blieb die Milch aus, obwohl Schur die vereinbarten Bilder, die Siebenschläfer als seine eigenen Kreationen ausgab, geliefert hatte. Siebenschläfer stammelte herum, man habe ihm die Milch geklaut. Am nächsten Tag behauptete er sogar, keine Milch mehr zu bekommen. Schur kam dahinter, daß Siebenschläfer die Milch inzwischen anderweitig verkaufte. Es reichte ein Tip an bestimmte Leute, die Siebenschläfer nicht riechen konnten. Zuerst gab es nur Sticheleien, dann Drohungen und schließlich zwei blaue Augen. Ein paar Tage vergingen, und dann rührte Schur wieder vergnügt Puddingpulver in seine Milch und lud mich zum gemeinsamen Drink ein – eine Wohltat für mich, war ich doch immer noch auf Essenskürzung gesetzt. Schur lachte nur darüber und zählte an seinen Fingern ab, wie oft ihm das schon widerfahren war. Selbst drastische Gewaltmaßnahmen wie verschärfter Arrest hatten ihm seine optimistische Lebenseinstellung nicht nehmen können, und er lebte nach dem Motto: Keinen Handschlag zuviel für diesen Staat! Er legte es ständig darauf an, die Strafvollzugspolizisten durch kecke Sprüche, frivole Lieder, Yogaübungen oder Arbeitsverweigerung oder aufmüpfige Karikaturen zu provozieren.

Schurs Comics machten im Knast die Runde und fanden große Anerkennung. Einmal aber ging er zu weit. Angeregt durch ein Foto im »Neuen Deutschland«, porträtierte er Honecker als rückwärtskrabbelnden Krebs, der mit seinen Scheren hilflos nach einem Sowjetstern schnappte. Ein willkommener Punktevorteil für Denunzianten und Anlaß für die Stasi, ihre unerbittliche Macht gegen Staatsverleumder zu demonstrieren. Nach stundenlangen Verhören, in denen Schur es vorzog, in ein tranceähnliches Dauerschweigelächeln zu verfallen, wurde er für drei Wochen in den Arrest gesperrt. Für die Arrestbullen war er bereits sowas wie ein Stammgast. Aber auch sie schafften es nicht, sein Gemüt zu trüben. Tagsüber wurde die Schlafpritsche hochgeklappt und an der Wand angeschlossen. Dem Bösewicht war es nur erlaubt, in der abgedunkelten Zelle zu stehen oder auf dem harten Steinfußboden zu sitzen. Schur vertrieb sich die Zeit, in dem er ein Lied nach dem anderen sang und dabei immer lauter wurde. Den Bullen wurde es irgendwann zu bunt. Zu dritt drangen sie schließlich in die Zelle ein. Zwei hielten Schur fest, und der dritte schlug mit Knüppel und Fäusten zu. Allein hätte sich das auch kein Bulle getraut, denn die Schlagkraft und Gewandtheit des kleinen Schur war bekannt. Aber der wehrte sich nicht. Er blieb blutverschmiert auf dem kalten Steinfußboden liegen. Da er keine Anstalten machte, die Blutlache wegzuwischen, wurde damit ein anderer Gefangener beauftragt.

Wieder allein, begann Schur mit geschwollenen Lippen Gedichte zu zitieren. Sein schier unerschöpfliches Repertoire reichte von Wilhelm Busch bis Goethes »Faust«. Natürlich beobachteten die diensthabenden Bullen Schurs Treiben durch den Spion. Als sie jedoch feststellten, in welch merkwürdiger Körperhaltung Schur, der Akrobat, seine Texte vortrug, verschlug es ihnen fast die Amtssprache. Schur machte eine Art Kopfstand auf der Kante der hochgeschlossenen Pritsche. Der Diensthabende kochte vor Wut. Kurzerhand öffnete er mit seinem Schlüssel das Wandschloß. Schur krachte samt Holzpritsche kopfüber auf den Steinfußboden. Der furchtbare Knall und die Schmerzensschreie erschreckten für einen Augenblick sogar die Schließer. Blut lief Schur aus dem geöffneten Mund. Er rang nach

Atem und krümmte sich am Boden vor Schmerzen. Der Bulle wertete das als gutes Zeichen, denn wer wimmert, kann nicht tot sein. Selbst in dieser Situation wußte sich der stark angeschlagene Schur noch zu helfen. In den Jahren seiner Knastzeit hatte er gelernt, sich auch mit unkonventionellen Mitteln zu verteidigen. Als die Bullen versuchten, ihn hochzuheben, begann er, auf Knopfdruck wohldosiert die Reste des spärlichen Mittagessens auszukotzen. Jeder, der ihn anfaßte, erhielt einen Stoß seines Mageninhaltes auf die Uniform. »Du verdammte Sau! Ersticken sollst du dran!« schrien die Bullen und ließen ihn liegen.

Zum Schutz vor weiteren Stockschlägen krümmte sich Schur wie ein Embryo, eine Hand über den Hoden, der andere Arm über dem Kopf. Die Bullen überlegten zunächst, ob sie nicht zumindest einen Sanitäter herbeizitieren sollten, entschieden sich aber lieber dafür, die ganze Angelegenheit zu vertuschen. Ein zum Schweigen verdonnerter Gefangener mußte einen Tag später den ekligen Dreck wegwischen.

Schur litt unter heftigen Schmerzen im rechten unteren Brustbereich und zunehmenden Atembeschwerden. Noch immer am Boden liegend, bat er beim nächsten Aufschließen der Zelle darum, einem Arzt vorgestellt zu werden.

»Erst verrückt spielen, uns vollkotzen und jetzt noch simulieren?! Vergiß es, Schur, vielleicht in drei Wochen!« brüllte der Bulle und ließ das Türschloß wieder krachen. Vorsichtshalber hatte er aber die Pritsche nicht wieder hochgeschlossen. Unter Aufbringung aller Kräfte kroch Schur darauf. Erst nach Tagen gelang es ihm, wieder zu essen und zu stehen. Im Haftkrankenhaus stellten die Gefangenen-Ärzte später neben diversen Platzwunden und blauen Flecken ein Schädel-Hirn-Trauma, drei gebrochene Rippen und einen Kapselriß am Daumen fest. Auf mein Drängen hin versuchten sie, ihn zur ärztlichen Versorgung im Haftkrankenhaus einzubetten. Die Röntgenbilder waren eindeutig. Aber Bubi, der Möchtegernarzt, verweigerte die Unterschrift auf dem Einweisungsformular.

Es dauerte einige Wochen, bis Schur wieder der Alte war. Die Stasi ließ von ihm ab, weil sich ihr Informant nach einer aufgeplatzten Lippe und einem blauen Auge urplötzlich nicht mehr an den Zeichner des Honecker-Krebses erinnern konnte.

Lessing – Maßregelung eines Frauenmörders

Die Sonne an diesem späten Sonntagnachmittag drängelte sich immer noch gierig durch die Gitterspalten und erhitzte alles Wärmeleitfähige einschließlich der mit eingesperrten Luft. Jede Bewegung, vor allen Dingen auf den oberen Etagen der Bettgestelle, bereitete Unbehagen. Die Luft war stickig und roch penetrant nach Urin und Männerschweiß. Seit Tagen herrschte wegen der Hitze Wassermangel. An Waschen oder Wassertrinken war nicht zu denken. Außerdem war die Toilette verstopft. Die dösige Leck-mich-am-Arsch-Stimmung des Vormittags war in eine allgemeine Gereiztheit umgeschlagen.

Fast jeder in unserer Zwangsgemeinde beschimpfte irgendeinen anderen aus nichtigen Gründen oder fraß seine angespannten Gefühle in sich rein. Schrecklich, wie Menschen sich auf so engem Raum auf den Geist gehen können. Es mußte eine Abwechslung geben, und sie ließ auch nicht lange auf sich warten.

Das Türschloß krachte, der Riegel wurde beiseite geschoben, die Zellentür öffnete sich, und ein zusammengebündelter Sack aus schwarzgrauen Filzdecken flog herein. Ihm folgte auf höchst ungewöhnliche Weise ein neuer Zellenmitinsasse. Das Gesicht war mir schon von der Elmohalle her bekannt. Der Typ war noch nicht lange im Knast. Die Klamotten sahen noch recht zugangsmäßig aus. Der obere Jackenknopf hing allerdings nur noch an einem Fadenrest. Er stand etwas merkwürdig gebückt vor seinem Sack, die großen schwarzen Augen waren blutunterlaufen. Entweder hatte er 'n paar draufbekommen oder geheult.

Offenbar traf beides zu. Unter der Nase klebte vertrocknetes Blut, und die Unterlippe war leicht aufgeplatzt. Noch wagte er keinen einzigen Schritt weiter in unsere Bude hinein. Vielleicht konnte er sich auch nicht bewegen? Durch die kurzgeschorenen schwarzen Haare, die mit Schuppen völlig durchstaubt waren, seine großen abstehenden Ohren und die eingefallenen Wangen mit den vielen Mitessern hatte er etwas Äffisch-Unästhetisches. Die hervorstehenden Augen waren weit aufgerissen und kullerten, als ob sie ihm jeden Moment aus dem Kopf fallen wollten.

Als er nun immer noch nicht aus sich herauskam und sich in seiner Starrheit möglicherweise zu gefallen schien, ging ich auf ihn zu und gab ihm die Hand. Dabei fielen mir seine zentimeterlangen dreckigen Fingernägel auf. Seine Hand lag wie ein toter Fisch in meiner.

»Na, willst du dich nicht mal vorstellen? Ich bin Roland.«

Die Krimis der Zelle gaben sich allem Anschein nach unbeeindruckt, obwohl sie sicher voll blanker Neugier über dieses neue Geschöpf samt seiner Prügelstory waren.

»Isch ... isch ... heiß' Lessing«, schnäuzte er dankbar in unschönem sächsisch zurück und steckte sich eine Pfeife zwischen seine desolaten abgebrochenen Zähne.

»Und wieviel bringst du mit?«

Er schaute in die neugierigen Gesichter ringsum. »Isch hab' solange, wie die Sonne scheint«, sagte er dann, und seine Augen leucheten eindruckserheischend im Raum umher. Selbst ein kleines Lächeln kam über seine aufgeplatzten Lippen. In seiner nach vorn geneigten Körperhaltung mit den schlaff herabhängenden Armen erinnerte mich der Typ mit dem beinahe verpflichtenden Dichternamen an Bildnisse von Vorzeitmenschen.

Also solch eine Erklärung für lebenslänglich hatte ich bis dahin noch nicht gehört, und ich mußte automatisch mit ins Gelächter einiger Ganoven einstimmen.

Reiser, vom Bett herunter, mit einem vernichtenden Blick: »Na, laß ma gucken, hast doch bestimmt 'ne Olle oder 'ne Göre umgelegt, wa?!«

Lessing zuckte merkwürdig zusammen. Während er stammelte, seinen Mund mit Worten zu füllen suchte, wurde es gespannt ruhig in der Zelle. Alle Aufmerksamkeit richtete sich auf dieses so offen Schwäche zeigende Subjekt. Obwohl er es noch nicht ahnte, bewegte er sich schon auf die Rolle eines allgemeinen Trittbretts zu. Man hatte ihn, schneller, als es ihm bewußt geworden war, schon gecheckt und gewissermaßen sicher in der Hand knastpolitischer Willkür.

»Nee, nee«, erwiderte er mit hochrotem Kopf, »isch hab'

meine Verlobte, die is' nämlich mit'm andern in der Wohnung gewesen, da erwischt ... un' denn ham wer uns gestritten ... Und als ich den Kerl rausgeschmissen hatte, hab' isch se am Hals zu fassen gekriegt ... und denn war se dot.«

»Na, na, du Arsch, kannste deiner Oma oder die Partei erzählen. Also hau nich rum, eh! Hier sind alles Fachleute, eh, sogar 'n Doktor, eh. Ick bin schon lange jenuch ind' Zuchthaus, also mach's Maul uff, eh, ehrlich währt am längsten!« war die lakonische Erwiderung auf seine Erklärung. Obwohl man nun schon vieles gewohnt war, an diesem Burschen stimmte etwas nicht. Auch ich wurde von einer sensationslüsternen Neugier erfaßt. Klar, irgend jemanden hatte er ermordet, aber nicht so sehr der Fakt an sich, sondern das Warum interessierte mich. Wie kommt ein Mensch dazu, einen anderen einfach aus dem Wege zu räumen, und wie steht es anschließend um das vielgepriesene Gewissen, mit dem manch einer angeblich nicht mehr leben kann oder will? Kann man da eigentlich Maßstäbe setzen? Allerdings war mir dieser direkte Weg, ihn auszuquetschen, doch zu aggressiv, und ich versuchte, meine Exploration anders zu starten.

»Komm mal her. Was hast'n da am Hintern? Ich schau mir's mal an. Brauchst keine Angst zu haben. Na los!«

Er kam wie ein treuer Hund wackelnd auf mich zu, drehte sich um und entblößte sein Hinterteil. Es war urkomisch, ich konnte mir das Lachen nicht verkneifen. Den anderen ging es ebenso. In der Kreuzbeingegend entdeckte ich ein zirka halbeigroßes Hämatom mit ein paar Schürfspuren. Ich drückte alles ab und merkte, daß es ihn sehr schmerzte. Er erzählte mir, daß ein gewisser Schulle in einer gegenüberliegenden Zelle ihn aus seinem oberen Bett gezerrt und mit ein paar Hieben zu Boden befördert habe. Dabei sei er so unglücklich auf seinen Allerwertesten geflogen, daß ihm nun das Gehen, Sitzen, Stehen, eben jede Bewegung und Haltung, Schmerzen bereite. Ich versuchte, alle möglichen Diagnosen einschließlich Kreuzbein- oder Bekkenknochenfraktur abzuwägen. Das Ganze erwies sich schließlich als eine schöne Prellung. Der Grund der kleinen Auseinandersetzung war, daß dieser Lessing in der anderen Zelle Ordnungsdienst gehabt hatte und zu faul gewesen war, das Klo sauberzumachen. Außerdem hatte er sich einmal bei dem Schlägertyp ein paar Pfennige für Tabak gepumpt und wollte ihn übers Ohr hauen. Also war er fällig gewesen und wurde bei der letzten Türöffnung kurzerhand mit Sack und Pack aus der Zelle geworfen. Und nun war er hier, wahrscheinlich um seine Spielball-Rolle weiterzuspielen, denn er war alles andere als ein Steher, eben ein Schwächling, ein Waschlappen, ein armes Schwein.

Der kleine großschnäuzige Siebenschläfer mischte sich in unsere Untersuchungen ein und spielte sich wieder einmal als allwissender Helfer in der Not auf. Er kannte Lessing von der Zugangsabteilung her, wußte allerdings nichts Näheres über ihn.

»Du, wenn se dich da zur Stubenvotze gemacht haben, dann werd' ick da ma uffräumen!«

Er spürte allerdings, daß das Zellenpublikum ihm keine Unterstützung versprach; eher gegenteilige Blicke trafen ihn. Also schwenkte er sofort wieder ins andere Extrem: »Na, wenn du hier dran bist, ick mein', mit'm Saubermachen, und nicht spurst, hier – kiek dir meine Faust an!«

Einige Tage später hatte man Lessing in der Zelle bereits soweit, daß er für andere Ganoven die Schuhe putzte, das Bett baute und die Zelle ausfegte. Seine pathologische Schwäche fürs Kartenspiel war schnell erkannt worden, so daß er nach wenigen Spielen bereits hoch verschuldet war, keinen Tabak oder andere verkaufbare Gegenstände mehr besaß und nur noch sich selbst als Arbeitstier anbieten konnte, was ausgiebig genutzt wurde. Um die allabendliche Langeweile zu verscheuchen, wurde des öfteren eine Art Gerichtsverhandlung über ihn in der Zelle abgehalten. Jeder Mitbeteiligte konnte die Position eines Staatsanwaltes, Anklägers, Vernehmers oder Richters einnehmen und das gleiche Fragespiel über Lessing ergehen lassen, das er Jahre zuvor selbst hatte erdulden müssen. Über Erfahrungsmangel in diesen einschlägig vorbestraften Kreisen konnte sich keiner beklagen. Ich war erschrocken über die perversen und brutalen Fragen, die auf Lessing prasselten. Mittlerweile war klar, daß er nie eine Freundin, geschweige denn Verlobte gehabt und überhaupt noch nie mit einer Frau geschlafen hatte. Auch bei seinem Vergehen handelte es sich eindeutig um Sexualmord.

Mir fiel als erstes seine Anteilnahmslosigkeit bei allgemeinen Gesprächen auf. Sein Redefluß war auf ein Minimum beschränkt. Auf Fragen gab er nur knappe, meist ängstlich stokkende, unwillige Antworten. Auch seine Motorik, erkennbar an Spontanbewegungen, Gestik und Mimik, war allgemein herabgesetzt.

Lessing stammte aus sozial schwachen Verhältnissen, hatte immer nur zu Hause bei seiner Mutter gelebt. Einen Vater gab's nicht. Mit Kontakten zum anderen Geschlecht hatte er außer zu seiner Mutter aufgrund seiner massiven Komplexe nichts im Sinn, im Gegensatz zu seinem zwei Jahre jüngeren Bruder, der bereits seit längerem verheiratet war. Auch schulisch war Lessing keine Leuchte. Nach mehreren Anläufen erreichte er gerade den Abschluß der achten Klasse. Auf eine Lehre oder auf einen Teilabschluß ihres Sohnes legte die Mutter keinen Wert; er sollte möglichst schnell Geld verdienen. So arbeitete er ein paar Jahre als Hilfsarbeiter in einer Gießerei. Die Arbeitskolleginnen machten sich wegen seiner Komplexe oft über ihn lustig. Er wurde zur Zielscheibe allgemeinen Gespötts. Er stahl Frauenunterwäsche, wo immer es sich ergab, baute sich zu Hause aus Kissen und den geklauten Sachen frauenähnliche Körper und fand daran seine Befriedigung. Spätestens jetzt wäre der Zeitpunkt gekommen gewesen, um ihm zu helfen und einem Verbrechen vorzubeugen.

Ich fragte ihn nach seinen Hobbys, seiner Freizeitgestaltung. Da er als Kind oft gehänselt worden war, hatte er offenbar nur am Rockzipfel der Mutter gehangen oder mit seiner Eisenbahn gespielt. Dabei konnte er seiner Phantasie freien Lauf lassen, war für sich allein und spielte Eisenbahner oder Schrankenwärter, was er gern geworden wäre. Diese Spielleidenschaft gab er nie auf. Ich bekam heraus, daß er immer, wenn er Probleme hatte, ihn jemand geärgert oder ausgelacht hatte, Zuflucht bei seiner Modelleisenbahn gesucht hatte. Er hatte sich deshalb auch nie weit weg von seiner Wohnung bewegt. Ich versuchte, noch tiefer in ihn einzudringen, aber es kam nicht viel mehr dabei heraus. Entweder basierte die Störung seiner Persönlichkeit, seiner Trieb- und Willenssphäre auf einem frühzeitigen psychischen Milieuschaden, war anlagebedingt, oder es lag eine frühkindliche Hirnschädigung vor, wer weiß.

Jedenfalls war er oft irgendwelchen Frauen, die ihm gefielen, sinnlos hinterhergegangen, hatte gern dem Alkohol zugesprochen, aber überhaupt keine Freunde. Schließlich kam es zum Kurzschluß. Eines Nachts im Februar 1982 saß Lessing nach einem Kino- und Kneipenbesuch wie gewohnt im letzten Bus von Dresden. Es waren außer ihm und einer jungen hübschen dreiundzwanzigjährigen Lehrerin, die gerade frisch verlobt war und der Lessing oft nachgelaufen war, kaum mehr Leute im Bus. An der Endstation angekommen, stiegen beide als letzte aus und liefen in Richtung Neubauviertel. Allerdings mußte man zu diesem Zweck noch durch ein Stückchen Parkanlage gehen. Der alkoholisierte Lessing folgte der Frau auf Schritt und Tritt, und als er merkte, daß niemand anders in der Nähe war, packte er sie von hinten am Hals, sie wehrte sich aus Leibeskräften, er riß sie wie ein Tier den Abhang herunter in den Schnee und erwürgte sie.

Als Lessing das so trocken erzählte, wurde es ganz ruhig und gespannt in der Zelle. Irgend etwas in ihm wehrte sich dagegen weiterzuerzählen, aber sofort prasselten die perversen Fragen der anderen Verbrecher auf sein Haupt.

»Los, Würger« – er hatte sofort seinen Namen bekommen – »wie haste die Olle erwürgt, zeig mal!«

Siebenschläfer warf eine Decke auf den Boden, und Lessing, autoritätshörig wie er war, begann unter dem Gelächter der anderen Verbrecher, Siebenschläfer zu würgen.

»Mensch, da kriegste ja nich ma 'ne Oma mit tot. Hast se bestimmt abgestochen, wa, Würger?«

»Nee, nee, isch hab' se erwürgt«, beteuerte Lessing.

»Und denn?« leuchteten Reisers gierige Augen.

»Laßt ihn jetzt zufrieden, das ist gemein und unchristlich. Ich kann das nicht mit anhören.« Opa Lehmann ging dazwischen, um das gräßliche Schauspiel abzubrechen.

»Schnauze, du alter Sack!« war die Antwort.

Es war mir klar, daß Einmischung zwecklos war. Also holte ich Opa Lehmann in meine Ecke und beruhigte ihn.

Diese Art von Verhör wiederholte sich noch häufig in den folgenden Wochen. Schließlich erzählte Lessing die Geschichte seines Verbrechens so, wie jeder es gerade hören wollte, und es entstanden die verschiedensten Versionen.

Eines Tages fehlten Hinrichs ein paar Gramm Tabak und einige Zigarettenblättchen. Sofort wurde Lessing der Würger dafür verantwortlich gemacht, und nach ein paar Hieben ins Gesicht gab er den Diebstahl ohne große Gegenwehr auch zu. Ich wollte es eigentlich nicht glauben, ich dachte, es sei nur Angst, die aus ihm sprach. Deshalb versuchte ich, ihn zu schützen, und ging dazwischen. Aber Lessing gab zu, alles mögliche, was in den letzten Wochen in der Zelle verschwunden war, geklaut, verspielt oder in Tabak umgewandelt zu haben. Geld besaß er ja keins. Selbst der Lohn für die nächsten Monate, den es noch zu erarbeiten galt, war bereits verspielt.

Wiederum wurde eine Zellenverhandlung über ihn abgehalten. Es gab Prügel, daß der Bretterverschlag vor dem Klo zusammenbrach. Und der Gipfel der ganzen Sache war, daß Hinrichs Lessing einen Strick hinhielt und ihn anherrschte: »Los, hier, häng dich auf, du Killerschwein! Das ist das Vernünftigste, was du tun kannst, du Sittenpfiffi!« Lessing blickte mit großen verstörten Augen um sich.

»Vor zwee Jahren ham wer erst eenen wie dich abjeschnitten, und weeste, wie der als Leiche geglotzt hat?! He? Jenau wie du jetzt. Du bist schon tot, Mann!«

»Isch will nich dot sein!« Tränen liefen über Lessings Wangen. Wie ein kleines Kind, das die Mutter sucht, schaute er sich hilfesuchend um. Gott sei Dank wurde zur Freistunde gerufen.

Für mich war Lessing schlechthin ein Psychopath, echt krank und hier völlig fehl am Platze. Ich versuchte, mich auf ihn einzustimmen, ihn als Kranken zu akzeptieren und trotz allem die Achtung vor dem menschlichen Leben auch in seinem Fall nicht zu verlieren. Einmal allerdings konnte auch ich mich nicht mehr beherrschen.

Lessing hatte wieder mal mit seinem Magen zu tun. Er war krankgeschrieben und blieb während der Arbeitszeit allein in der Zelle. Am Abend kamen wir zurück.

»Mann, hab' ick 'nen Druck uff de Düse«, sagte Schön und besetzte stöhnend das Klo.

»Wat is'n dat hier?« Mit einem Kinderfoto in der Hand kam er wieder hinter dem Verschlag hervor. »Das steckte in der Klorolle. Wem gehört'n das?«

Ich erkannte meine kleine Tochter. Erregt fragte ich: »Wer war eben auf dem Klo?«

Die Situation sofort erfassend, blickten alle auf Lessing. Nur er kam in Betracht. Während wir an den Elektromotoren herumgepuckelt hatten, hatte den Würger die Langeweile ergriffen.

Er fand einen Zeitvertreib, indem er im Spind die wenigen persönlichen Dinge seiner Mitgefangenen durchschnüffelte. Das Bild meiner Tochter hatte ihm so gefallen, daß er sich damit aufs Klo zurückgezogen hatte. Da er auch seine Uhr verspielt hatte und nicht wußte, wie spät es war, war er dort vom Schichtschluß überrascht worden, hatte schnell das Bild in die Papierrolle eingewickelt und seinen Platz gewechselt.

Noch ehe Lessing eine Erklärung hervorstammeln konnte, flog er über einen Hocker und zerdrückte beim Aufprall die hölzerne Kloblende. Trotz meiner Wut hatte ich mich soweit unter Kontrolle, daß ich nur zweimal mit der flachen Hand zuschlug. Sein Gesicht lief puterrot an. Aus dem Mund liefen Spucke und Blut. Er hatte sich auf die Zunge gebissen. Mit schreckerfüllten und weit aufgerissenen Augen starrte er mich an, wartete in Todesangst wie das Kaninchen auf die Schlange.

»Leg das Schwein um!« heizte Reiser die Stimmung an.

Wie immer sehr mutig, wenn es um Schwächere ging, raunte Schön von der Seite: »Diese perverse Sau. Soll ich ihn fertigmachen?«

Lessing hatte alle gegen sich, denn jedem hätte das gleiche widerfahren können.

Beim Aufstehen hielt er sich an einem von der Blende abgebrochenen Brett fest. Er wollte sich nicht wehren, aber Reiser nahm es dankbar zum Anlaß, ihm mit voller Wucht einen Fußtritt in den Magen zu versetzen. Hilflos, direkt vor dem Klo liegend, krümmte er sich vor Schmerzen und rang nach Luft.

Die Meute ließ von ihm ab. Sicherheitshalber blieb er noch ein paar Minuten japsend liegen, um zu zeigen, daß er das Strafmaß der Prügel akzeptierte. Schließlich half ihm der dicke Eddi wieder auf die Beine.

Freikäufe und Nachschub

Abends belegte Hinrichs eines der Waschbecken mit einer Art Bastelbrett. Hier war er vor den Blicken der Schließer durch den Spion verborgen. Für mein laienhaftes technisches Verständnis passierte da etwas Unvorstellbares. Bewaffnet mit einem selbstgebauten Lötkolben, fertigte dieser Sechsklassenschüler funktionstüchtige Miniradios von der Größe einer Streichholzschachtel, sogenannte Transis. Fein geordnet lagen winzige Spulen, Transistoren, Widerstände, Kupferdrähte, Drehknöpfe auf dem Brett. Maaß saß daneben und polierte mit einem Wollsocken die Gehäuseteile, die zweifellos aus LKW-Blinklichtabdeckungen der knasteigenen IFA-Werkstatt herausgesägt worden waren. Je nach Anzahl der Transistoren und spezieller Bauteile, die im Kontaktbauelementewerk dazugeklaut werden mußten, entstanden sogar mehrstufige Transis, mit denen man über zehn Sender empfangen konnte. Die Krönung der illegalen Knastbaukunst war der sogenannte Überlagerungstransi mit seiner exakten Trennschärfe von Sendern. Das interessanteste Stück, das ich jemals zu Gesicht bekam, war ein Transi mit eingebauter Digitaluhr.

Obwohl der Bau von Radios streng verboten war, besaßen viele Häftlinge ein solches Gerät. Man durfte sich nur nicht damit erwischen lassen. Die Schwarzmarktpreise variierten je nach Qualität von fünfzig bis zweihundert Knastmark. Zwischen den einzelnen Häusern florierte ein reger illegaler Handel von geklauten Einzelteilen. Einige Leute befaßten sich ausschließlich mit dem Design des Gehäuses. Der letzte Schrei war ein Plastegehäuse in schwarz-rot-gold und mit eingelassenem Bundesadler, der von den Banderolen der Westzigaretten oder Schokoladeverpackungen stammte und kunstvoll in erwärmter Plaste versenkt wurde. Kein Wunder also, daß die Erzieher neuerdings Anweisung hatten, bei der Paketkontrolle Banderolen oder Schachteln von westdeutschen Zigaretten bei Übergabe an die Gefangenen komplett entfernen zu lassen. Automatisch stieg der Preis für provokante Verzierungen auf dem Schwarzmarkt.

Schon Tage vor der Fußballweltmeisterschaft 1982 begannen viele Leute hier im Knast, wie im Fußballtoto Wetten über den künftigen Gewinner abzuschließen. Die Übertragung war bestenfalls nur über die Transis zu empfangen. Als die deutsche Mannschaft schließlich ein Tor schoß, waren Transibesitzer und Danebensitzende völlig aus dem Häuschen. Der Gefängnishof wurde quasi zum Stadion. Von allen Seiten wurde »Deutschland! Deutschland!« hineingebrüllt. Die diensthabenden Bullen machten kein Aufhebens davon. Wahrscheinlich saßen sie selber in ihren Dienstzimmern am Radio, und der Klassenfeind war ihnen im Moment egal.

Am Ende hatte es mit dem Wetterfolg bei vielen nicht so recht geklappt. Der Favorit Deutschland hatte verloren. Ganze Monatslöhne wechselten ihre Besitzer. Aber es wurden immer wieder neue Quellen des nebenberuflichen Gelderwerbs in Form von Glücksspiel, Geldverleih, Schutzgelderpressung und Wetten erschlossen. Auch ich konnte einmal davon profitieren. Begonnen hatte es damit, daß ich im oberen Bett nur etwa fünfzig Zentimeter Bewegungsfreiheit bis zur Zellendecke hatte. Hier am oberen Rand des Gitterfensters, so schien es mir, saßen oft die meisten Fliegen. Als ehemaligem Hobbyentomologen mit viel Zeit machte es mir Spaß, all die schwarzen, blauen und grünen Monster mit der Hand einzufangen und zu bestimmen. Die häufigste Species war Musca domestica, eine sozusagen kosmopolitische Schmeißfliege, auch bekannt als »Lissi die Scheißhausfliege«. Die war besonders lästig und ließ sich leicht greifen. Schmeißfliegen verfügen über einen besonders gut ausgeprägten Klammerreflex, und mir fiel eine Übung ein, mit der ich als Student schon einmal einen Kasten Bier gewonnen hatte. Ich erklärte unserem stets spielfreudigen Hinrichs, daß ich in der Lage sei, eine Fliege dazu zu bringen, eine komplette Schachtel Streichhölzer aus- und natürlich wieder einzuräumen. Ich selbst würde nur die Schachtel öffnen, ansonsten aber kein Streichholz berühren.

Hinrichs dachte natürlich, ich wolle ihn verarschen, ging aber auf die Wette ein. Wir wetteten um eine Schachtel Karo. Die Hocker wurden um den Tisch zusammengeschoben. Die Knastbrüder freuten sich auf die kleine Abwechslung am tristen Wochenende und begannen zu feixen. Per Handschlag wurde die Wette vor Zeugen besiegelt. Mittlerweile war ich im Fliegenfangen trainiert. Es reichte ein Griff in die Luft, und zack! hatte ich eine in der Hand.

Gespannt stierte das Publikum auf die geöffnete Streichholzschachtel. Ich ergriff die Fliege an den Flügeln und tippte sie mit ihren sechs Beinchen in die Schachtel. Sofort klammerte sie sich an zwei Hölzern fest und ließ sie erst wieder los, als ich sie neben der Schachtel abschüttelte.

Ein Mordsgelächter brach aus. Einige wollten das Phänomen selbst ausprobieren und gingen sofort auf Fliegenjagd. Von Hinrichs kam kein Protest. Bereitwillig opferte er die Schachtel Karo für die verlorene Wette.

René und ich legten uns gemeinsam für fünfzig Knastmark einen kleinen Transi zu. Er war kleiner als eine Streichholzschachtel und deshalb gut zu verstecken. Jeder von uns hatte sogar einen eigenen Kopfhörer dazu. Und praktischerweise standen unsere Betten nebeneinander, so daß wir das kleine Ding immer gleichzeitig benutzen konnten. Da René im Studentenclub als Diskjockey gearbeitet hatte, kannte er nahezu jeden Musiktitel auswendig. Zwei Westsender, RIAS und SFB, empfingen wir sehr gut. Endlich konnten wir Nachrichten sowohl über die weltpolitische Lage als auch über die innerdeutsche Politik abhören und uns wieder ein eigenes Bild vom draußen machen. Nur mit der Batterie durften wir nicht so verschwenderisch umgehen, mußten aufpassen, daß wir zum Beispiel nicht mit Radiomusik einschliefen. Eine Taschenlampenbatterie R 20 aus der VEB Berliner Akkumulatoren- und Elementefabrik mit einem normalen Ladenpreis von EVP 47 Pfennig kostete hier auf dem Schwarzmarkt sieben Mark. Auch das war übrigens ein dickes Zubrot für korrupte Bullen und Zivilmeister. Eine Flachbatterie 3 R 12 überstieg schon unsere zusammengeworfenen Finanzen.

René schaffte oft die Arbeitsnorm nicht und erhielt nur fünfunddreißig Mark Arbeitslohn. Mein Einkommen lag durchschnittlich bei fünfzig Mark. Trotzdem ließ es sich damit hier leben, wenn man sich noch zusätzlich ein kleines Kapital in Form von Zigaretten mit dem letzten Paket hatte schicken lassen. Genauer gesagt, handelte es sich dabei stets um Karo. Eine

Schachtel dieses filterlosen würzigen Halskratzkrautes kostete draußen 1,60 Mark. Im Knastkiosk gab's entweder nur teure Filterzigaretten ab 3,20 Mark aufwärts oder billigen Tabak der Marke Schwarzer Krauser zu kaufen. Karo, die sowohl in Studentenkreisen als auch im DDR-Knast beliebteste Zigarettensorte, fand sich im Warenangebot des einzigen Ladens nicht. Deshalb lag der Schwarzmarktpreis einer Schachtel bei zwei Mark. Meine Eltern verstanden zwar nicht, daß ich in ihren Paketen für mich auf Schokolade verzichtete und dafür lieber ein paar Schachteln mehr Karo wollte, aber sie erfüllten mir meine Bitte natürlich. Im Drei-Kilo-Paket waren immer mindestens dreißig Schachteln, die Hälfte des erlaubten Gewichts.

Niemand würde draußen auf die Idee kommen, was sich hinter dem Wort »Busbauen« verbirgt. Gemeint ist ein Liebesnest. Viele sogenannte Langstrafer lösten ihr permanentes sexuelles Problem, indem sie sich eine sogenannte »Mieze« anschafften. Dabei spielte es überhaupt keine Rolle, daß die meisten von ihnen eigentlich heterosexuell veranlagt waren. Mir erzählte mal ein Frauenmörder, daß angeblich jedermann nach etwa fünf Jahren Haft umgepolt sei. Jedenfalls sei es bei ihm so gewesen. Um seine Mieze, einen knackigen neunzehnjährigen Omamörder mit weiblich-kindlichen Gesichtszügen und noch ohne Bartwuchs, beneideten ihn viele andere LLer. Typen, die nur im entferntesten Ähnlichkeit mit einer Frau hatten, etwa durch ihre feine Gesichtshaut, wurden im Knastjargon »Zarte« genannt und regelrecht wie Frischfleisch gehandelt. Eine Methode, um sie rumzukriegen, war, ihre anfängliche Unerfahrenheit auszunutzen, indem man ihnen Geld borgte, Zigaretten oder auch physischen Schutz anbot. Anschließend mußten die entstandenen Schulden sexuell abgearbeitet werden. Seltsame eheähnliche Zweiergemeinschaften bildeten sich. Abends, wenn man gewissermaßen unter sich sein wollte, hängte sich das Pärchen seine Etage des Dreistockbettes mit Filzdecken zu. Das hieß Busbauen. Im »Bus« wurde dann gerumpelt, geschmatzt und gestöhnt, daß auch der Obermann, eine Etage höher, nachts kaum ein Auge zubekam. Und war der Auserkorene sexuell nicht willig, wurde auch schon mal nachgeholfen. Im Haftkrankenhaus wurden öfter die Analfissuren von Vergewaltigungsopfern behandelt. Am schlimmsten für die anderen Zellenbewohner waren die Eifersüchtelein zwischen den Knastschwulen, die zuweilen ganz handfest ausgetragen wurden. Auch zwei Kerle, die immer noch heftig um die Gunst von René warben, gingen im Elmo-Keller wie die Furien aufeinander los. Jeder wollte der Favorit sein und war eifersüchtig auf den anderen. Ergebnis: ein gebrochenes Nasenbein und Verlegung des einen LLers in die andere Arbeitsschicht.

Was seine Zukunft anbetraf, war René immer noch hin- und hergerissen. Er hatte jetzt schon mehrfach miterlebt, daß Leute plötzlich auf Transport nach Karl-Marx-Stadt gingen, um in den Westen abgeschoben zu werden. Wir unterhielten uns oft darüber, und irgendwann im Mai faßte er den Entschluß, auch einen Ausreiseantrag zu stellen. Seine Eltern, die ihm inzwischen wieder schrieben, würden ihn nun zwar endgültig verdammen, aber er sah für sich keinen anderen Ausweg mehr. Ich half ihm bei der Formulierung des Textes. Zwei A4-Seiten entstanden, die wir in den Stasi-Briefkasten steckten. Die Antwort kam prompt. René wurde abgeholt und von dem dicken, pfeiferauchenden Major Körner bezüglich dieser Provokation vernommen. Schließlich warf er ihn wütend aus seinem Büro, während er herumbrüllte, daß sich dieser grüne Rotzlöffel bloß keine Hoffnungen machen solle rüberzukommen. Dafür werde er schon sorgen.

Doch René fühlte sich von dem Zeitpunkt an viel besser. Mal träumte er davon, im Westen wieder mit dem Studium anzufangen, dann wollte er doch lieber Radiomoderator werden. Auf alle Fälle sollte sein erster Weg zu seinem Onkel nach Lindau am Bodensee gehen. Der könnte ihm auch eine Lehre als Zahntechniker verschaffen. Ich lachte und versprach, daß ich ihn dann später anstellen würde. Wir malten uns unsere Zukunft zusammen aus. Mindestens viermal am Tag würden wir essen: Frühstück mit echtem Bohnenkaffee, Eiern und Honig, mittags ein richtiges Stück Fleisch mit Gemüse, dazu ein Bier, nachmittags Kaffee und Kuchen und abends mit Frauen in feinen Restaurants bei Rotwein und Kerzenschein dinieren. Wenn wir uns schweißtriefend hinter Bergen von Kisten eine kurze Arbeitspause gönnten, konnten wir uns damit zeitweilig besser aufputschen als mit politischen Durchhalteparolen.

Im heißen Monat Juli sollte Weber auf der Zelle bleiben, während wir schlaftrunken zur Arbeit marschierten. Er saß ungläubig auf seinem Bett, preßte die Fäuste an die Schläfen und heulte. Er konnte es noch nicht begreifen. Er ging auf Transport nach Karl-Marx-Stadt. Ab in den Westen. Freiheit! Es blieb kaum Zeit, sich richtig zu verabschieden. Wir wußten, in wenigen Tagen hatte er es geschafft, war in Gießen und konnte, wenn er es vermochte, das quälende Kapitel DDR wie ein Buch zuklappen.

Drei Wochen später. René hatte gerade seinen Arbeitsplatz verlassen, um mir einen neuen Witz zu erzählen. Die Morgensonne stach bereits sengend heiß durch das Glasdach und machte die Betriebshalle zur schweißtreibenden Sauna. René fragte mich gerade nach dem kürzesten Satz mit Lenin. Plötzlich stand ein Bulle mit einem Zettel hinter ihm: »Balder, René Balder von 112, sind Sie das?«

»Ja, ja, wieso?«

»Los, los, mitkommen! Wo ist denn Ihre Jacke, Mensch?!«

René hatte keine an, denn bei der Hitze konnte man es nur mit freiem Oberkörper aushalten. Er griff also zu seiner Jacke und verschwand mit dem Bullen.

Ich sollte ihn erst vier Jahre später wieder treffen, als Radiomoderator bei einem Privatsender in Bayern. Aber erst einmal wartete ich natürlich auf ihn bei der Arbeit. Als er nach einer Stunde immer noch nicht zurück war, erfuhr ich den Grund. Er ging zusammen mit Opa Lehmann auf Transport. Es war nicht zu fassen! Der Zettel, den wir erst vor zwei Monaten in den Stasi-Briefkasten gesteckt hatten, war offensichtlich an die richtige Adresse gelangt. Das freute mich für ihn, auch wenn ich natürlich gern mitgegangen wäre. Aber er war immerhin der erste, der aus unserer Zugangszelle abgeschoben wurde und nur knapp die Hälfte absitzen mußte. Das gab Auftrieb, und ich hoffte, daß ich beim nächsten Transport dabei sein würde. Ich ging zu einem älteren Ausweiser, der auf dem Wicklertisch saß und traurig auf den Betonfußboden starrte. »Sag mal, kennst du den kürzesten Satz mit Lenin?« fragte ich ihn. Und schon lachte er und sagte: »Klar! Ich lehn' ihn ab!«

Nachmittags in der Zelle suchte ich nach unserem Transi. Da die Bullen bei Filzungen der Zellen nur selten an Lebensmittel herangingen, hatten René und ich das Miniradio immer in einer Zuckertüte vergraben. Das Versteck war geplündert. Auch mehrere Schachteln Karo fehlten. René rauchte keine filterlosen Zigaretten und wäre wohl auch nicht so unfair gewesen, mir den Transi wegzunehmen, zumal er in wenigen Tagen die Auswahl unter Dutzenden Geräten bester Qualität haben würde. Außerdem gab es zwischen uns eine Abmachung, daß derjenige, der zuerst gehen konnte, dem anderen seine »Besitztümer« hinterließ. Hier mußte ein anderer am Werk gewesen sein. Ich war stinksauer.

Und tatsächlich tauchte mein Transi ein paar Tage später auf dem Elmo-Schwarzmarkt wieder auf. Ein neuer Ausweiser hatte dafür sein erstes Paket verkauft und war ganz stolz, mir das verbotene Ding zeigen zu können. Es war natürlich zwecklos, ihm zu sagen, daß dieses Gerät eigentlich mir gehörte. Irgend jemand, der Zugang zu unserer Zelle hatte, hatte den Transi und die Zigaretten geklaut, um sie weiterzuverkaufen. Ich ließ mir den Typen, der das Radio verkauft hatte, zeigen und stellte ihn zur Rede. Sein Name war Klemke. Eine dubiose Gestalt. Er behauptete, ein vom Westen eingeschleuster CIA-Auftragskiller zu sein und einen Überläufer und dessen Führungsoffizier, einen Stasi-Oberst, liquidiert zu haben. Das erzählte er jedem im Vertrauen und in allen Einzelheiten und nahm sich dabei enorm wichtig. Die westlichen Geheimdienste würden ihn schon nicht im Stich lassen und bald gegen Ostagenten austauschen. Glienicker Brücke, wenn ich wisse, was er meine.

In Westberlin schien er sich wirklich sehr gut auszukennen. Aber er besaß schließlich auch das Alter, daß er vor dem Mauerbau schon dort gewesen sein konnte. Jedenfalls stritt er selbstbewußt ab, den Transi geklaut zu haben. Ich wurde wütend und drohte ihm Prügel an. In dem Moment war es mir egal, wieviele Agenten er angeblich umgelegt hatte. Zur Verstärkung hatte ich Schur, meinen kräftigen Trainingspartner, mitgebracht. »Okay, okay, ich besorg' dir bis nächste Woche 'nen neuen«, lenkte Klemke daraufhin ein.

Am nächsten Tag wurde ich zu Hering geholt. Der wollte von mir wissen, ob und warum ich Klemke körperliche Gewalt angedroht hätte. Leugnen würde nichts nützen, Klemke habe sogar Zeugen genannt. Ich verlangte eine Gegenüberstellung, um mich zu rechtfertigen. Hering aber wollte die Angelegenheit nur auf kleiner Flamme kochen lassen und beließ es bei einem drohenden Zeigefinger. Und was hätte ich schließlich sagen sollen? Daß Klemke meinen verbotenen Transi geklaut hatte? Ein größeres Eigentor hätte ich mir nicht schießen können. So ein Mist!

Mir fehlten abends die Gespräche mit René. Auch auf Musik und Nachrichten aus dem Miniradio mußte ich verzichten. Dem anderen konnte ich das Ding ja auch nicht einfach wegnehmen. Klemke ging mir von nun an aus dem Weg oder umgab sich in meiner Gegenwart mit kräftigen Killern. Von den Langzeitausweisern wurde er ignoriert. Abgesehen von dem Diebstahl und dem Hang, immer Leute anzuscheißen, stimmte irgendwas nicht mit dem Kerl. Natürlich boten mir meine Sportfreunde ihre Hilfe an, aber die Sache war zu heikel, als daß man den Kerl einfach nur verprügeln konnte, ohne einen Nachschlag zu riskieren. Ich begann also von neuem zu sparen und nahm mir vor, beim nächsten Transi einfach besser aufzupassen. Die Zwischenzeit überbrückte ich mit einem für fünf Mark geliehenen Gerät einfachster Bauart. Die Trennschärfe war allerdings nicht besonders, so daß der RIAS in viertelstündlichen Intervallen von »Stimme der DDR« überlagert wurde.

Die leeren Betten wurden schnell wieder belegt. Zuerst erschien ein kräftiger Mittdreißiger mit seinem Bündel. Er kam aus Haus II und hieß Wolf. Auffallend an ihm war sein Boxergesicht mit breitem, ausladendem Kinn, eingedrücktem Nasenrücken und hoher, vorstehender Stirn. Als er den Oberkörper entkleidete, kamen neben einem leichten Bauchansatz dicke, muskulöse Oberarme zum Vorschein. Die behaarte Brust zierte ein in altdeutschen Druckbuchstaben eintätowierter Spruch: »Meine Ehre heißt Treue«. Auf dem rechten Unterarm stand in dunkelroter Schrift »Lieber tot als rot« und auf dem Rükken »Jedem das Seine«. Ganz im Kontrast zu diesen SS-Sprüchen prangten oberhalb der Lenden zwei Comic-Figuren aus russischen Zeichentrickfilmen. Offenbar stammten die Motive aus unterschiedlichen Lebensabschnitten. Der Mann hatte eine zu allem entschlossene Mimik und Gestik.

Ich war neugierig, stellte mich nebst Delikt und Straflänge vor. Plötzlich entspannte sich sein Gesicht, und er begann ruhig und langsam zu sprechen. Wolf saß auch wegen Republikflucht, hatte allerdings zu seinen dreieinhalb Jahren noch zwei Jahre Nachschlag wegen Körperverletzung erhalten, weil er, aus welchem Grund auch immer, im Knast einen Killer zusammengeschlagen hatte. Und deshalb war er auch zu uns verlegt worden.

In der kommenden Zeit sollte ich in ihm einen unerwartet sympathischen Kerl kennenlernen, jedenfalls was Hilfsbereitschaft und Kameradschaft anging. Es machte ihm auch Spaß, mit uns zu trainieren. Ich schaute also über die hautengen Nazi-Parolen hinweg, bis ich ihn eines Tages daraufhin ansprach. Eigentlich habe er, wie er sagte, anfangs nur seine Verbitterung zum Ausdruck bringen wollen, als er, der ehemalige Parteikandidat und Mitglied des Polizeisportvereins, wegen eines lapidaren Fluchtversuchs gleich für dreieinhalb Jahre in den Knast mußte und sich seine Frau daraufhin von ihm scheiden ließ. Dann aber sei immer mehr und mehr sein Gefühl für Deutschland erwacht, wie er sich ausdrückte. Sein größter Traum später im Westen sei, eine schwarze Uniform mit Koppelgeschirr, Reithose und langschäftigen Stiefeln zu tragen und dann mit der Peitsche auf demonstrierende Kommunisten einzudreschen. Ich war mir bewußt, daß das keine leeren Worte von ihm waren, sondern daß er es durchaus ernst meinte. Es fiel mir nicht schwer, ihn sich mir in einer SS-Uniform vorzustellen.

Mag sein, daß er im anderen Haus eine Zeitlang mit Kriegsverurteilten oder Kriegsverbrechern zusammengelegen und dort sein geistiges Rüstzeug erhalten hatte, aber die Ursachen lagen wohl tiefer. Der totalitäre Staat stürzte Leute wie ihn mit der Haft in eine tiefe Identitätskrise und produzierte sich damit seine Feinde selbst. Extreme Ablehnung kann eben auch zu extremistischen politischen Haltungen führen. Eigentlich waren solche Leute ein gutes Exportgut, um anschließend über das wachsende Heer von gewaltbereiten Neonazis in der BRD im »Schwarzen Kanal« berichten zu können. Seit aber bekannt geworden war, daß der waffenschmuggelnde BRD-Neonazi, der an der Schweizer Grenze erst zwei Zöllner und dann sich selbst erschossen hatte, ein ehemaliger politischer Gefangener der DDR gewesen war, den der Westen gerade erst freigekauft hatte, hielt sich die Stasi mit dem Abschieben ihrer Neonazis zurück. Auch mußten sich alle Tätowierten, die in den Westen wollten, Hakenkreuze und andere faschistische Symbole im Haftkrankenhaus rausoperieren lassen. Es sollte im Westen ja nicht gleich jeder zu sehen bekommen, welche persönliche Gesinnung der Abgeschobene auf seiner Haut zur Schau trug.

Für ihn komme das nie in Frage, erklärte Wolf. Seiner Ehre bleibe er treu. Deshalb brummte er seine Haft auch vollständig ab, denn in der DDR hätte man sich diesen Mann mit solch provokanten Sprüchen auf Brust und Rücken erst recht nicht leisten können. Offiziell gab es im Sozialismus ja keine Neonazis.

Der zweite Neuzugang in unserer Zelle war Jan aus Thüringen. Er hatte eine landwirtschaftliche Berufsausbildung mit Abitur hinter sich und bis vor einem Jahr noch als Traktorist in einer LPG gearbeitet. Er liebte das Leben auf dem Lande. Er wollte vorerst nicht studieren und machte auch aus seiner DDR-Ablehnung kein Hehl. Seine parteilich hoch angebundenen Eltern schämten sich für ihren mißratenen zweiten Sohn. Auf den ältesten dagegen waren sie mächtig stolz. Der hatte an einer militärischen Fliegerakademie in Moskau studiert, war frischgebackener MiG-Kampffliegerpilot und versah täglich seinen Dienst zum Schutze der sozialistischen Heimat vor westlichen Aggressoren. Als Jan zu allem Übel nun auch noch einen Ausreiseantrag stellte, war der Bruch mit den Eltern endgültig. Sie machten ihm Vorhaltungen, die Karriere seines Bruders und die Positionen der Eltern zu gefährden, und flehten ihn an, doch den Antrag zurückzuziehen. Da Jan darauf nicht einging, warfen sie ihn aus dem Haus.

Nun lud ihn die Abteilung Inneres des Rates des Kreises zum Gespräch vor. Man teilte ihm unmißverständlich mit, daß sein Antrag ungesetzlich sei und nicht bearbeitet würde. Außerdem komme eine Übersiedlung für ihn sowieso nicht in Frage, da sein Bruder militärischer Geheimnisträger sei und keine Westverwandtschaft haben dürfe. Weitere Anträge seien sinnlos und würden wegen Behördenbelästigung strafrechtlich geahndet.

Damit kam für Jan nur noch eine Flucht in Frage, aber wie und wo sollte sie vonstatten gehen? Die Idee dafür kam ihm bei der Arbeit, als er mit seinem großen Traktor gefällte Baumstämme aus dem Wald schleppen mußte.

Anstelle von Luft pumpte er Wasser in die riesigen Treckerreifen. Das machte das Gefährt zwar schwerer und langsamer, aber bei Einschüssen würde das Wasser nicht so schnell entweichen wie Luft. Aus ausrangierten, dickwandigen Maschinenteilen fertigte er eine Art Rammbock und schweißte ihn an den LPG-Traktor an. Auch das Führerhäuschen verkleidete er mit

Stahlplatten, so daß nur noch vorn ein kleiner Sehschlitz offen blieb.

Im LPG-Kollektiv wunderte sich niemand über seine Feierabendarbeiten im Maschinenpark, war er doch allgemein als fleißig bekannt. Eine Testfahrt war leider nicht möglich, so daß er sich auf seine Tüfteleien verlassen mußte. Zur Vorsicht tankte er nicht viel Treibstoff, um letztendlich nicht auf einem Pulverfaß zu sitzen.

Als sein Panzer einsatzfähig war, startete er eines Nachts sein Vorhaben, die Grenze gewaltsam zu durchbrechen. Ihm war dabei voll bewußt, daß es eine höchst lebensgefährliche Aktion war.

Zunächst fuhr er Richtung Eisenach. Dann ging's mit Karacho auf die Autobahn Richtung Grenzübergang. Um diese Uhrzeit fuhren außer ein paar LKWs nur vereinzelt einige Transitfahrzeuge. Er kam ganz gut voran. Aber das merkwürdige Fahrzeug wurde natürlich schnell von den Grenzsicherungsorganen ausgemacht und verfolgt. Aus einem Kleinbus B-1000 heraus eröffneten die Leute von der Sicherheit das Feuer auf die Reifen des Traktors – ohne Rücksicht auf die Transitreisenden. Die Grenzer müssen sich gewundert haben, denn weder platzten die Reifen, noch blieb das Ding stehen.

Jan machte sich hinter dem großen Steuer möglichst klein und legte den nächsten Gang ein. Die erste Schranke war in Sicht. Die Westwagen vor ihm verließen panikartig die Spur. Aus einem Wartehäuschen wurde nun von vorne auf ihn geschossen. Auf Knopfdruck rollte auf einer Schiene ein Stahltor vor ihm über die Straße. Jan kam ins Schwitzen, nahm die Brille ab, duckte sich wegen der Schüsse noch tiefer in den Fahrersessel und gab Gas. Wartehäuschen und Schlagbaum flogen in die Luft. Nun war das Stahltor dran. Und selbst das widerstand dem volkseigenen Traktor nicht und brach zur Seite.

Jans Verhängnis war, daß er die örtlichen Gegebenheiten an diesem Grenzübergang nicht genau kannte und nicht wußte, daß noch mehr Panzersperren auf ihn warteten und er in einer Zickzacklinie bis zur endgültigen Grenzkontrolle hätte fahren müssen. Der taghell erleuchtete Grenzübergang und eine Vielzahl von Maschinengewehrläufen kamen in Sicht. Jan verlor die Kontrolle über sein Fahrzeug, rammte einen französischen Laster, dessen Anhänger umkippte. Schnell sprang er aus seinem

Fahrerhäuschen und wollte zu dem Westlaster. Auf den würden sie schon nicht schießen, dachte er. Aber so weit kam er gar nicht. Nach wenigen Metern spürte er einen brennenden Schmerz in der Magengegend, bekam keine Luft mehr und brach zusammen. Ein Grenzoffizier hatte ihm den Lauf seiner MP mit aller Wucht in den Wanst gerammt. Bloß gut, daß kein Bajonett dran war und sich kein Schuß löste.

Über den am Boden liegenden Jan fiel sofort eine Horde Uniformierter her und entwaffnete ihn, das heißt, sie nahmen ihm sein kleines Fahrtenmesser weg, ein Geschenk des Vaters. Dann probierten die aufgeregten Grenzer alle möglichen Dienstvorschriften an Jan aus, vom »Hände hoch!« über »Beine breit!« und »Bei Fluchtversuch wird geschossen!« bis hin zu Fußtritten und Leibesvisitationen. Es kam ja schließlich nicht jeden Tag vor, daß ein Grenzdurchbrecher solchen Kalibers auf frischer Tat geschnappt wurde. Und jeder wollte am Abend im Ledigenwohnheim der Stasi erzählen, daß er selbst dabeigewesen war, als solch ein Täter zur Strecke gebracht wurde. Für die Stasi grenzte es an ein Wunder, daß trotz der Einschüsse in den Reifen auch am nächsten Tag das Wasser noch nicht vollständig ausgeflossen war. Die meisten Projektile steckten noch im Gummi.

Als wir die Geschichte so humorvoll erzählt bekamen, waren wir echt baff. Selbst wenn nur die Hälfte von all dem stimmte, war Jan in unseren Augen ein großer Held! Für eine solche Untat reichte den Richtern die Höchststrafe von acht Jahren nach Paragraph 213 des StGB der DDR nicht aus. Wegen der »besonderen Intensität«, des hohen volkswirtschaftlichen Schadens und weil Jan mit einem Messer bewaffnet war, machten sie kurzerhand aus Republikflucht Grenzterror, so daß das Gericht elf Jahre Haft verhängen konnte.

Jan war besonders stolz auf eine Regreßschrift, in der er gerichtlich aufgefordert wurde, den verursachten Schaden von mehreren Hunderttausend Mark zu begleichen, inbegriffen die horrenden Devisenkosten für den Schaden am französischen Laster, für den natürlich der Staat aufkommen mußte. Von Jan würden sie sowieso nichts bekommen.

Zumindest hatte er für Schlagzeilen in den westlichen Medien gesorgt, die über den spektakulären Fluchtversuch wohl von Reisenden aus dem Westen, die zufällig vor Ort gewesen waren, gehört hatten. Sogar ein Foto soll es gegeben haben. Auch der Name war den Journalisten bekannt gewesen. Vielleicht hatte Jan ja auch selbst vorgesorgt. Ein Zellenkollege, der schon einige Jahre einsaß, konnte sich daran erinnern, daß es vor knapp einem Jahr im RIAS eine Meldung über die Story gegeben hatte, allerdings mit dem traurigen Ende, daß der Fahrer dabei erschossen worden war. Möglicherweise hatten einige Zeugen gedacht, daß Jan schon tot war, als er auf dem Asphalt lag.

Im Knast nahm Jan weder Post noch Besuche von seinen Eltern entgegen. Einmal war die Mutter sogar mit einer Sondergenehmigung angereist, um mit ihm zu sprechen. Jan aber blieb hart und lehnte ab. Ein wirklich prinzipientreuer Mensch. Selbst Hering, unseren Erzieher, konnte er zur Weißglut treiben, weil er dessen Forderung nach Gehorsamkeit nicht akzeptierte und sein Ding machte. Es gelang Hering weder mit den herkömmlichen Erziehungsmethoden wie dem Streichen von Vergünstigungen noch mit der Verhängung von Arrest, Jans Unbefangenheit zu brechen oder ihn zu erpressen.

Um auch optisch zu dokumentieren, daß bei ihm in puncto sozialistische Maßregelung Hopfen und Malz verloren waren, ließ er sich in großen Buchstaben quer um den Hals die Worte »Bitte hier abtrennen!« tätowieren. Das war wohl der Einfluß unserer kriminellen Insassen, mit denen er zusammenarbeiten mußte. Wer weiß. Zumindest war er im Knast noch nicht zum Ultrarechten mutiert, obwohl er sich gern mit Wolf unterhielt.

»Sag mal, Wolf«, lächelte Jan ihn einmal an, »dann bist du wohl ein richtiger Nazi?«

»Könnte man so sagen«, antwortete dieser ebenfalls lächelnd. »Aber ich würde mich eher als Nationalist bezeichnen. Beim Wort Nationalsozialismus erinnert mich der zweite Teil zu sehr an Realsozialismus und DDR. Und das paßt ja nun überhaupt nicht zu unserer Bewegung. Wißt ihr, ich bin nämlich stolz, Deutscher und kein Russenknecht mehr zu sein. Und dafür brauchen wir uns doch auch nicht zu schämen, oder?«

Mittlerweile sprach er schon im Plural und bezog mich wohl in seine Bewegung mit ein. Ich merkte, das war kein hitziges Nachplappern von Nazi-Parolen, um sich wichtig zu machen. Die nüchternen Antworten kamen aus dem Innersten seiner gequälten Seele. Er stand wirklich zu dem, was er sagte. Sein Haß auf den Staat war in Wut und Extremismus umgeschlagen. Uns gegenüber saß eine Zeitbombe, die die Stasi irgendwann, wenn es ihr ins Kalkül paßte, im Westen hochgehen lassen konnte.

Für das Regime innerhalb der Zelle war seine militante Ausstrahlung allerdings von Vorteil. Ein Blick zu den Killern reichte, und sie kuschten. Selbst der dicke Berger verzog sich dann in seine Koje. Mit Wolf und dem »Grenzterroristen« Jan hatte sich in der Zelle eine feste Ausweiserfront gebildet. Nun konnten wir endlich mal abends am einzigen Zellentisch sitzen und ungestört Skat spielen.

Ich führte oft lange Gespräche mit Wolf und versuchte, seinen Knackpunkt zu finden. Irgendwie mußte man ihn doch von seiner extremen Ideologie abbringen können. Zwecklos, denn genau das gleiche versuchte er bei mir. Merkwürdigerweise bekamen wir uns aber deshalb nie in die Haare. Wir diskutierten zum Beispiel darüber, wie man das DDR-Regime stürzen könnte. Reformieren stand bei ihm gar nicht zur Debatte. Auge um Auge, Zahn um Zahn! Aber auch ich konnte mir keine gewaltfreie Lösung vorstellen. Gewaltphantasien waren ein Ventil und schafften manchmal etwas Genugtuung, so als ob wir mit unseren Reden der DDR Schmerzen hätten zufügen können.

Nierenkolik, Treppensturz und eine freie Zahnarztstelle

Der Schweiß brannte mir in den Augen. Obwohl ich die Zähne noch fester zusammenpreßte, bekam ich das Gewicht keinen Zentimeter mehr hoch. Ich bat Wolf, es mir von der Brust zu nehmen. Ein Wunder, mit welcher Leichtigkeit er diese achtzig Kilo nach fast einer Stunde harten Trainings noch herumschwingen konnte. Ich sog mir die Lungen voll mit kühler Luft. Ein wunderbares Gefühl, jetzt so ausgelaugt und irgendwie körperlich befriedigt auf der Bank zu liegen. Langsam kam ich zu mir und setzte mich auf. Die Sachen klebten am Körper. Ich merkte kaum, daß jemand direkt neben mir stand und mir auf die Schulter tippte. Mein Blick wanderte von riesigen Arbeitsschuhen über eine ausgebeulte Hose mit einem merkwürdigerweise weit ausladenden Hinterteil zu einem dürren, aber zähen Oberkörper, der im Mißverhältnis zu den muskulösen Unterarmen und den riesigen Händen stand. Die Haut war übersät von Pickeln, Karbunkeln und Staub. Beim Anblick des Gesichtes fiel mir sofort wieder ein, was ich erst kürzlich über diesen Menschen, seine Vorgeschichte und den Grund seines dauerhaften Hierseins erfahren hatte.

»Eh, soll dir was bestellen!«

Ausgerechnet du, du Sittenstrolch, dachte ich bei mir. Ich stand auf, obwohl es mir schwerfiel, und schaute ihn aus unmittelbarer Schweißgeruchsnähe an. Sein Blick war ganz woanders.

»Eh, du sollst dir was einfallen lassen und krankmachen! Alexander ... schönen Gruß von ihm ... äh ... will dich sprechen. Hauptsache, du kommst ins Krankenhaus rüber. Die betten dich dann ein ... Ach ja, hier.«

Er drückte mir ein Papierröllchen in die Hand, hob in der Drehung zwei Finger zum Gruß und verschwand in einer Kellerecke. Inzwischen wieder bei Puste, öffnete ich nach ein paar kurzen Seitenblicken das kleine Röllchen. Eine Nachricht von Alexander. Ich hatte, da ich das letzte Mal nicht zum Gottesdienst gegangen war, schon seit zirka zwei Monaten nichts mehr von ihm gehört.

Der kleine Zettel enthielt dieselbe Nachricht, die der Überbringer bereits mündlich übermittelt hatte, und eine in Kurzform gehaltene Simulationsanleitung für eine akute Nierenkolik. Ich prägte mir alles gut ein und ließ den Zettel verschwinden.

Bei Schichtwechsel ging ich auf einen jungen, weniger erfahrenen Bullen zu, verzog das Gesicht zur Leidensmiene und erklärte ihm, daß ich es vor Schmerzen nicht mehr aushielte. Anfänglich schien er nicht sehr beeindruckt zu sein, aber als ich ihm erklärte, wie gefährlich so eine Nierensache werden konnte – immerhin sei ich ja selbst so was wie ein Arzt –, und unter Wehklagen ein paar Medikamentennamen und Fachausdrücke zusammenstotterte, sah er die Notwendigkeit einer dringlichen Arztkonsultation ein.

Eine Hand ständig hinterm Beckenknochen haltend, mit leicht nach vorn gebeugtem Oberkörper, war ich im Nu im Krankenhaus. Dort wurde ich erst einmal in einen Warteraum eingeschlossen. Es mochten wohl anderthalb Stunden vergangen sein, als die Tür endlich aufging und ein müdes, mißtrauisches Knastergesicht mich zum Mitkommen aufforderte. Schrecklich der Gedanke, ich hätte wirklich etwas Ernsthaftes gehabt und mich in dieser Zelle quälen müssen. Ich folgte in meiner Knickhaltung und wurde einem Knastarzt vorgestellt. Ich hoffte doch sehr, daß der instruiert war und sofort schaltete. Aber etwas Eigenartiges passierte. Neben diesem Arzt, der mich fragend mit seinen großen Augen hinter einer schlauen Brille anstarrte, saß ein langnasiger, ebenfalls bebrillter, silberhäuptiger Mittfünfziger – offenbar der Sprechstundengehilfe – und stellte mir die Fragen zur Krankheit. Ein Arzt konnte das nicht sein, denn mit Fachausdrücken wußte er nichts anzufangen, und ein Wort, das er aufschreiben wollte, mußte ich ihm noch buchstabieren. Außerdem trug der andere das Stethoskop in der Hosentasche.

Ich tastete mich vor, aber der ärztlich aussehende Typ sprang nicht an. Vielleicht doch kein Ausweiser? Und nun siezte er mich auch noch, obwohl doch mein Krankenblatt einschließlich Paragraph direkt vor seiner Nase lag. Ich schilderte ihm also meine Symptome. Den anderen ignorierte ich. Ich sah aber, wie er in einem Karton rumkramte und dem Untersucher unauffällig eine Ampulle Aqua zuschob. Aha, jetzt hieß es also, auf Tempo zu achten. Man wollte mich reinlegen.

»Ich muß jetzt mal was spritzen, haben Sie gute Venen?«

»Was ist'n das?«

»Ein Spasmolytikum!«

»Und wozu Aqua?«

Um sich nichts anmerken zu lassen, griff er sofort wieder in den Karton und hatte diesmal eine Ampulle Spasmolysin in der Hand. Ätsch, hätte ich sagen mögen, nachdem er in meiner Vene rumgestochert und das echte Zeug reingepumpt hatte. Nach ein paar Minuten Wartezeit sollte ich erklären, ob die Schmerzen und Krämpfe nachgelassen hätten. Natürlich mußte ich jetzt fast schmerzfrei sein. Wenn ich das gleiche nach einer Wasserinjektion auch gesagt hätte, wäre das das Eingeständnis meiner Simulation und mindestens eine Bestrafung wert gewesen. Nun mußte ich zur Urinabgabe ins nebenan gelegene Labor. Zwei Dinge störten. Erstens schaute der Labortyp ständig dabei zu, wie ich mein Werk in dieses Reagenzglas verrichtete, und zweitens konnte ich in meiner Hosentasche die Nadel nicht mehr finden, mit der ich mir einen Finger hatte aufstechen wollen, um fürs Mikroskop sichtbare Blutkörperchen in den Urin hineinzubekommen. Schiete! Mir war klar, daß es mit einer stationären Einweisung nichts mehr werden konnte.

Ergebnis der Untersuchung war, daß meine Beschwerden nicht von den Nieren kämen, daß ich mich wohl überhoben hätte oder es sich um rheumaartige Verspannungen handelte, die sich aber von selbst geben würden. Nach nochmaliger zweistündiger Wartezeit in einer Zelle und einem kurzen Flüstergespräch mit Alexander durch die Tür wurde ich schließlich wieder zurück in meinen Zellenkomplex gebracht.

Eine Woche später. Der Dreifachmörder Norbert bestellte mir Grüße von Alexander und die Bitte, wiederum ins Krankenhaus zu kommen. Norbert bot sich zu Kurierdiensten an. Dann wäre die Nachricht mit Sicherheit bei der Stasi gelandet. Eine besondere Art von Humor.

Es war Donnerstag abend. Die Killer schrubbten am Fließband wie gewohnt ihre Norm. Ich stempelte die fertigen Maschinen ab und schaute mich nach einem scharfen spitzen Gegenstand um. Gegessen und meinen Sport getrieben hatte ich bereits.

Ich ging zu Wolf und gab ihm alle verbotenen Dinge wie Tauchsieder oder Transi, und mit einem wissenden Lächeln trennten wir uns. Dann nahm ich eine Schere, die direkt vor mir auf einem Wickelbock lag, und begab mich in eine dunkle Ecke, wo mich niemand sehen konnte. Ich tastete mir eine verhärtete Stelle am Hinterkopf aus und stach mehrfach mit der Schere zu. Klar, es tat weh, aber was machte das in dem Moment. Die Haare wurden feucht – Blut. Ein warmes Rinnsal floß zum Hals hinab. Schmerzen spürte ich nicht mehr. Nun konnte das Spiel erneut losgehen. Ich ging schwankend die Treppe zum Schichtleiter hinauf, erzählte dem eine Geschichte von Treppensturz im Keller und sofort nötigem Arztbesuch. Den berührte das überhaupt nicht.

»Ich hol' keinen Bullen deswegen, geh doch zum Zivilmeister!«

Das tat ich dann auch postwendend. Dieser war ganz angetan von der Situation: »Na klar, Herr Garve, Sie müssen sofort zum Arzt! Unter uns gesagt – hat Sie einer geschlagen? Sie können mir alles sagen.«

»Nein, ich bin ausgerutscht«, wimmerte ich.

Er veranlaßte telefonisch, daß sofort ein Bulle erschien. Der Zivilmeister wußte, daß ich Zahnarzt von Beruf und politischer Ausweiser war. Warum verhielt er sich menschlich? Mittlerweile war so etwas schon gar nicht mehr ohne Hintergedanken vorstellbar. Immer nur mißtrauen, die Stirn zeigen, gegen Windmühlen kämpfen, Hauptsache, sich nicht brechen lassen – andere Gedanken gab es in mir kaum noch.

Der Bulle erschien hastig prustend. Es war der dicke rothaarige Hypertoniker, der jedem Ausreiser einen Vortrag darüber hielt, daß er im Westen garantiert in der Gosse landen würde.

»Was'n los?«

»Bringen Sie den Mann sofort ins HKH!«

»Wat ham Se'n gemacht?« Er sah das Blut auf meiner Schulter. »Kleine Meinungsverschiedenheiten?«

»Nee, bin von der Treppe gefallen. Mir ist unheimlich schwindlig. Ich kann nicht mehr geradestehen.«

»Na, mal nich schlappmachen, Mann, wolln doch noch in'n Westen kommen, wa?« grinste er, um seine Ängstlichkeit zu verbergen. In aller Eile führte er mich zum Haftkrankenhaus hinüber. Das ständige Schließen bekam ich gar nicht mit. Jetzt mußte es klappen. Notfalls hätte ich noch einen Herzinfarkt hinzusimuliert.

Ein Arzt wurde aus der Fernsehzelle geholt: Stein, Jakob Stein, ebenfalls Ausweiser, Facharzt für Allgemeinmedizin, kam mir schlaftrunken entgegen. Er zwinkerte mir unauffällig mit dem linken Auge zu. Nun konnte nichts mehr schiefgehen. Im Sprechzimmer setzten wir uns. Zu seiner Seite wieder die Ratte mit der langen Nase, aber die Untersuchung führte Jakob, obwohl noch zwei Bullen mit im Raum waren. Aus Vorsichtsgründen siezte ich ihn, um nicht den Verdacht einer Bekanntschaft aufkommen zu lassen, und schilderte ihm den Vorgang, an den ich mich nun gar nicht mehr richtig erinnern konnte.

Er diktierte: »Retrograde Amnesie, Sturz von der Treppe, Hämatom und Blutung am Hinterkopf, ... wie ist das allgemeine Befinden?«

»Ich mußte mich danach übergeben und kann jetzt nicht mehr richtig gehen.«

Der Bulle nickte dazu. Er konnte meinen Schräggang bestätigen. Nachdem Jakob einige eigenartige, wohl wichtige Fingerbewegungen vor meinen Augen vorgeführt hatte, bei denen ich und das umstehende Publikum ins Staunen gerieten, schloß er die Untersuchung mit der kurzen Bemerkung: »Commotio; den Mann zur Beobachtung einbetten; eine Copyrcal und zwei Faustan sofort!«

Die beiden Bullen und der Kalfaktor verließen den Raum. Jakob reichte mir kurz die Hand und flüsterte: »Grüß dich. Hast mich heute abend von der ›Aktuellen Kamera‹ befreit! Ansonsten alles klar?«

»Logisch!«

»Erhol dich gut! Meinst du, daß es dieses Jahr noch Transporte gibt? Sieht schlecht aus, ne?« – Kurzes Nicken. Der Langnasige mit der Armbinde stand wieder in der Tür. »Nehmen Sie die Medikamente jetzt, die wirken beruhigend, und morgen früh werden wir weitersehen!«

Jakob lächelte mir noch einmal unmerklich zu, stand auf und verließ das Zimmer. Ich ließ mich von diesem dubiosen Sprechstundengehilfen in eine Krankenzelle begleiten. Dort wies er mir ein weißbezogenes Bett zu. Als der Riegel zugeschoben wurde, spuckte ich die Tabletten sofort wieder aus, warf sie aber nicht weg, sondern versteckte sie im Nachtschrank. In der Zelle lag noch ein neunzehnjähriger Rostocker Junge mit hoch eingegipstem Bein und Verbrennungen. Ihm war bei der Arbeit im Reichsbahnausbesserungswerk ein glühendheißes Schienenstück aufs Bein gefallen. Auch das war ein Mörder. Im Suff und Streit hatte er seinem eigenen Bruder mit einem Messer in den Bauch gestochen. Er hatte sofort die DMH verständigt und deshalb nur fünf Jahre wegen versuchten Mordes bekommen. Dem Bruder war zum Glück nicht viel passiert. Der Junge stammte aus recht desolaten Familienverhältnissen, machte auf mich aber keinen unsympathischen Eindruck.

Ich ließ mich ins weiche Bett fallen. Es duftete richtig. Wie schön! Endlich kein Gestank von Filzdecken und Schweißsocken mehr im Raum. Oh, wie wohl war mir!

Der nächste Morgen begann mit der Visite. Ein Pulk von Ärzten, weißbekittelt und mit gelben Streifen, gefolgt von einem Oberleutnant und dem Langnasigen, stürmte in die Zelle. Alexander war dabei und zwinkerte mir freundlich zu. Zunächst beobachteten die Götter in Weiß-Gelb das Gipsbein und die Brandwunden. Die Visite führte James an, ein etwa vierzigjähriger Anästhesist aus Rostock. Auch er saß wegen versuchter Republikflucht, und zwar viereinhalb Jahre. Der Offizier hinter ihm notierte sämtliche Medikamentenanweisungen, die er erteilte. Bei mir stellte er lediglich leichte Pupillendifferenzen und eine Hinterkopfschwellung fest und verordnete neben Bettruhe ein weiteres Beruhigungsmittel und ein Medikament gegen starke Schmerzen.

Kurz danach erschien Alexander noch einmal mit einem Topf voll echtem Bohnenkaffee. Es war herrlich! Jetzt wurde mir der krasse Unterschied zum Elmo-Arbeitskommando so richtig bewußt. Und ich wußte: Solange Oberstleutnant und Chefarzt Bader nicht da waren, würde James schon dafür sorgen, meinen Krankenhausaufenthalt hinauszuzögern. Den Bullen blieb nichts anderes übrig, als seinen Anweisungen Folge zu leisten.

Alexander hatte Zeit mitgebracht und klärte mich über einige hausinterne Gepflogenheiten auf. Auch hatte er gehört, daß in wenigen Tagen ein größerer Transport nach Karl-Marx-Stadt zusammengestellt würde. Es war durchaus möglich, daß wir dabei sein würden oder zumindest auf der ominösen Transferliste ein paar Plätze weiter nach vorn rutschten.

Auch der Zahnarzt, ein baumlanger Kerl, stattete mir einen kurzen Kollegenbesuch ab. Er war am Berliner Checkpoint Charlie samt seiner Familie aus einem Ami-Schlitten geholt worden und mußte vier Jahre abbrummen. Seine Frau saß in Hoheneck ein. Obwohl er erst ein Jahr im Knast hinter sich hatte, klang er ganz optimistisch, weil sich nicht nur die Bundesregierung, sondern auch die Amerikaner für seine Freilassung einsetzten.

Was ich im Krankenhaus genoß, war das Essen, denn es war dort um Kategorien besser als im Arbeitskommando. Morgens gab es ein Brötchen mehr und sogar abends ein Stückchen Butter. Ich fühlte mich von den Kollegen regelrecht verwöhnt. Einer brachte Kaffee, der andere ein Stück Kuchen oder Schokolade, und immer wieder fanden sie ein bißchen Zeit zum Plaudern.

Da ich mit meinem Schädel-Hirn-Trauma die Zelle nicht verlassen durfte, beobachtete ich mittags während der Freistunde das Treiben auf dem zum Krankenhaus gehörenden Gefängnishof. Patienten in grünen Bademänteln sowie das Ärzte- und Pflegepersonal umrundeten in friedlichem Schritt die sommerlich bunte Blumenrabatte. Ich kam mir vor wie in einem schönen Traum. Warum hatte ich die Idee mit der Schere nicht schon früher gehabt?

Nach der Freistunde wurde ein spindeldürrer Mann allein auf den Hof geführt. Auch er trug einen grünen Bademantel. In seiner Hand konnte ich eine Infusionsflasche erkennen, die er mühsam hochhielt. Aus der Nase ragte ihm ein Schlauch, offenbar eine Magensonde. Begleitet wurde er von dem Oberleutnant, den ich von der Visite her kannte. Merkwürdig, daß die Bullen für diesen offenbar Magenkranken eine Extra-Freistunde veranstalteten. Vielleicht hatte er ja aber auch eine ansteckende Krankheit. Jedenfalls sah er sehr ausgemergelt aus, wie ein Krebskranker im Endstadium. Später erfuhr ich von Alexander, daß es sich um den berühmten Panzersprenger von Karl-Marx-Stadt handelte, der hier im Zuchthauskrankenhaus in einer Isolierzelle lag und zwangsernährt wurde. Deshalb also die Magensonde und die Infusionsflasche.

Alfred Knöfel hatte seiner Staatsablehnung im wahrsten Sinne des Wortes Luft machen wollen und in Karl-Marx-Stadt das Wahrzeichen deutsch-sowjetischer Waffenbrüderschaft, einen russischen T-34-Panzer auf einem Denkmalsockel, mit selbstgebautem Sprengstoff in die Luft zu jagen versucht. Leider reichte die Detonationskraft nicht aus. Der Schlag zerfetzte nur die Panzerkette. Dafür gingen ein paar Fensterscheiben in der Umgebung zu Bruch. Knöfel bekam lebenslänglich. Er beantwortete das Strafmaß mit beharrlichem Hungerstreik, was im DDR-Strafvollzug nicht nur verboten, sondern strafbar war. Den Fall hatte die Stasi mit höchster Geheimhaltungsstufe versehen. Knöfel wanderte wegen seines jahrelangen Hungerstreiks durch mehrere Haftkrankenhäuser, um gewaltsam, also mit Hilfe von Magenschläuchen, ernährt zu werden. Dabei riskierte er sein Leben, denn Gefangenenärzte durften ihn nicht weiter behandeln.

Nach einer Woche tauchte leider Bader wieder auf. Er tastete meinen Hinterkopf ab und meinte, daß die kleine Beule eine Exostose sei, die ich bestimmt schon jahrelang hätte und die nichts Krankhaftes sei. Noch am selben Tag wanderte ich wieder ab ins Arbeitskommando. Die im Laufe der Woche angesammelten Tabletten hatte ich fürsorglich in Silberpapier gewickelt und gut versteckt. Die waren jetzt viel wert, wie sich bald bestätigen sollte.

Inzwischen hatte es tatsächlich Morddrohungen gegen Schießer gegeben. Er hatte sich wohl noch mehr solche Feinde wie Reiser gemacht und war in ein anderes Haus verlegt worden. Den Schichtleiterposten hatte nunmehr ein Lebenslänglicher inne, vor dem alle Gefangenen Respekt hatten, denn er wirkte nicht nur äußerst brutal, er war es auch. Scherer kam aus Haus II. Er saß nicht zum ersten Mal hier ein. Er soll noch am Tag seiner letzten Entlassung, nachdem er zehn Jahre wegen Totschlags gesessen hatte, eine Frau brutal vergewaltigt und ermordet haben. Manche erzählten jedoch, Scherer hätte einen Bullen erschlagen. Und nur wegen Polizistenmordes zu sitzen, war schließlich nichts Unehrenhaftes in diesen Kreisen. Deshalb akzeptierten die Ganoven seinen Führungsposten ohne Widerspruch.

Schießer hatte meinen letzten Paketscheinantrag nicht befürwortet, und Scherer kannte mich noch nicht. Dafür kannte ich aber Karge, Scherers derzeitige Mieze, der sich mit ihm den Luxus einer Privatzelle teilte. Karge saß wegen bewaffneten

Bankraubs zwölf Jahre. Ich wußte, daß beide, Karge und Scherer, tablettensüchtig waren. Also bot ich Karge kurz vor Arbeitsschluß zwei Faustan an, gewissermaßen als kleines Werbegeschenk für einen vergnüglichen Abend zu zweit. Karge wunderte sich, daß ich keine Gegenleistungen verlangte, steckte die Pillen aber sofort ein, als ich ihm fachmännisch erklärte, wie stark das darin enthaltene Diazepam dröhnen würde.

Tags darauf umgarnte mich Karge mit Zigaretten. Er erzählte, daß das Zeug phantastisch gewirkt hätte, und wollte mehr davon haben. Ich erklärte ihm mein Problem mit dem Paketschein. Daraufhin verschwand er für wenige Minuten im Schichtleiterbüro. Als er wieder herauskam, war seine erste Frage, ob ich die Tabletten dabei hätte. Ich zeigte ihm das silberne Röhrchen. Damit war alles geklärt. Scherer, meinte Karge, habe Verständnis für mein Problem und würde mir helfen. Ich solle gleich mal zu ihm kommen. Gesagt, getan. Schon saß ich ihm gegenüber.

Das Monster von einem Mann war mehr als nur breitschultrig. Er hatte kapuzenhafte Nackenmuskeln, ein breit ausladendes Kinn, hervorstehende Backenknochen, eine wulstige Stirn und eine breite Boxernase. Trotz seiner vierzig Lenze hatte der Mann einen voll durchtrainierten Oberkörper. Nur die Beine waren spindeldürr. Zweifellos stammten die überdimensionierten Partien des wuchtigen Kopfes und der gewaltige Brustkasten nicht allein vom Krafttraining. Da hatte er wohl hormonell beziehungsweise anabolisch kräftig nachgeholfen.

Scherer fixierte mich mit seinem grausamen, eiskalten Blick. An dem ganzen Kerl wirkten nur die roten Haare über den tiefliegenden Augenhöhlen und den halb zusammengekniffenen graugrünen Augen friedlich. Das einzig Sympathische an ihm war wirklich nur der Umstand, daß er weder Pall Mall noch Marlboro wie sein Vorgänger rauchte, sondern billige Casino. Wortlos schob er mir den Schein mit der Paketunterschrift zu, nachdem ich ihm die Tabletten gegeben hatte. Der Schein ging sofort mit einem Brief an meine Eltern.

In dieser Woche hatten wir Spätschicht. Wir konnten uns also nach der morgendlichen Zählung noch einmal ins Bett legen. Ich hörte noch, wie das Frühstück durch die Klappe geschoben wurde, dann döste ich wieder ein. Plötzlich ertönte auf dem

Gefängnishof lautes Geschrei. Im Nu war ich hoch. »Transport! Transport!« und immer wieder »Transport!« Ich hatte richtig gehört. Montagmorgen war eine typische Zeit für Stasitransporte nach Kalle-Malle. Obwohl dieses so heilige Wort nichts für einen selbst bedeuten mußte, gab es allein schon durchs bloße Hören Aufschwung. Draußen konnte man mehrere Leute mit schnellen Schritten vorbeigehen hören. Wie oft hatte ich mein Hirn zermartert mit der Wunschvorstellung, einer der Auserwählten zu sein. Welch ein Glücksgefühl mußte in einem aufsteigen, wenn man nach qualvollen Monaten oder Jahren endlich seinen Namen hörte, endlich auf der Transferliste stand, endlich diese letzte DDR-Fahrt machen durfte. Ob nun wie ein Exportgut verkauft, abgeschoben oder aus der Staatsbürgerschaft entlassen zu werden – egal, wie das Kind hieß, Hauptsache raus. Mein Herz hüpfte bei diesem Gedanken.

Die Karo kratzte in den Bronchien. Warum schloß denn hier keine Sau auf? Irgendeiner aus dieser Zelle mußte doch mal dran sein! Meine zwei Drittel Haftzeit hatte ich bereits überschritten, ich wäre fällig gewesen, denn die Regel war, wie gesagt, daß man bei R-Flucht-Delikten die Hälfte bis zwei Drittel absitzen mußte. Sollte ich etwa eine der Ausnahmen werden, die voll absitzen mußten, weil die Stasi sie benötigte, um Unsicherheit unter den Ausweisern zu verbreiten? Die Ungewißheit, wieviel Zeit mir noch verbleiben würde, machte mich fast kirre. Draußen wurde es langsam wieder ruhig. Die Gedanken, wem in der Zelle ich was in kürzester Zeit vererben, was ich zum Abschied noch sagen würde, ob ich es drauf hätte, noch einem dieser Verbrecher ein paar passende Abschlußworte ins Gesicht zu brüllen, konnte ich also vergessen.

Ich stand auf und ging zum Tisch, wo der Würger sich am Essentopf zu schaffen machte. In der einen Hand hielt er seine kleine abgeknabberte Pfeife, mit den dreckigen Fingern der anderen Hand, deren Fingernägel zentimeterlang über die Kuppen reichten und mit Schmutz geradezu vollgestopft waren, versuchte er, seine Tagesration Margarine aus dem Gematsche von Papier, Wurst und Fett herauszulösen. Ich konnte mich nicht mehr beherrschen.

»Würger, du Schwein!« herrschte ich ihn an, während ich ihm einen kräftigen Hieb auf den Handrücken verpaßte. Jetzt klebte, oder besser, steckte die Margarine direkt auf den Fingernägeln. Er kullerte mich mit seinen großen Unschuldsaugen an, öffnete den Mund, brachte es aber nicht fertig, irgend etwas zu sagen. Ich schob ihn mit einem kurzen Ruck zum Waschbecken.

»Los, du Dreckschwein, waschen! Sonst ist nichts mit Futtern heute! Wenn Bolle das eben gesehen hätte, hättste 'n paar auf die Schnauze gekriegt, Mensch, du kannst doch mit deinen Gichtgriffeln da nicht reingreifen! Wozu gibt's das Besteck!«

»Isch hab' doch keens mehr«, lispelte er mir anbiederisch durch seine Zahnlücke zu. Langsam nahm er die Kernseife und die Bürste, die ich ihm gab, und schrubbte Finger für Finger. Eigentlich unsinnig. Der ganze Kerl war dreckig und stank.

Mittlerweile kam etwas mehr Leben in die Zelle. Maaß' stoppeliges Knittergesicht mit den wie immer mufflig dreinschauenden Augen tauchte unter seiner Bettdecke auf. Eddi wälzte seine dicken Beine, die stets in grauen Unterhosen steckten, latschensuchend aus der Koje und starrte schließlich seine stark verhornten, zum Teil blau unterlaufenen Zehennägel an. Anschließend rekelte er sich mit einem lauten Gähnen, erhob sich und bewegte seine Masse in Richtung Freßnapf. Nun hieß es, sich schnell zu waschen und als einer der ersten zuzuschlagen. Gleichgroße Stückchen Wurst oder Fett gab es schließlich nie, also Beeilung.

Wie jeden Morgen sprang Bolle mit einem Satz und lautem Fußaufklatschen aus seiner Betthöhe, als ob er das zu Abhärtungszwecken oder zum völligen Aufwachen benötigte. An den beiden Waschbecken drängelten sich behandtuchte, halbnackte Gestalten. Jemand stritt sich mit Eddi um die Benutzung eines selbstgebauten Tauchsieders: »Bau dir doch selbst einen, das hier ist meiner!«

»Nu hab dich ma nich so, eh«, brummelte Eddi, der seinen Topf Malzkaffee unbedingt warm zum Frühstück schlürfen wollte. Eigenartig, daß man sich an dieses geschmacklose Gesöff gewöhnt hatte. Wolf rührte sich zum Frühstück einen Kakao mit Trockenmilch. Weiß Gott, wo er die herbekommen hatte. Lächelnd kam er zu meinem Bett, reichte mir eine seiner braunen Plastetassen mit den vielen Einkerbungen und klopfte mir vielsagend auf die Schulter. Gut, daß es ihn und andere Kameraden gab. Wenigstens ein kleiner Trost. Das Kakaogetränk war heiß und fast zähflüssig, schmeckte aber ungeheuer gut.

In etwa einer Stunde würden wir auf dem Gefängnishof erfahren, wer dieses Mal abgegangen war. In Gedanken war ich schon in der Elmo-Halle beim Hammerschwingen. Und Post war auch mal wieder fällig. Hering und die Stasi hatten es drauf, meine Post oft tagelang zurückzuhalten.

Auf dem Seitengang waren forsche Stiefelschritte und ein Nebenhergehopse zu hören. Etwas Ungewöhnliches um diese Zeit. Vor der Tür erklang Schlüsselgerassel, es wurde aufgeschlossen und der Riegel beiseitegeschoben: »Garve?! Ist der in der 112?«

Der kleine Bulle mit dem freundlichen Frauengesicht und Hähnel die Ratte standen in der Tür.

»Der da!« Hähnel zeigte auf mich wie ein Händler auf ein Stück Vieh, das er gerade verkauft hatte. Ich stand auf. Der Bulle hatte einen Zettel in der Hand. Mein Herz pochte. Sollte es doch noch …? Nein, irgend etwas war anders.

»Sie sind SG Garve, ja? Der Zahnarzt, nee?« vergewisserte er sich noch einmal, um nicht etwa einen falschen zu erwischen.

»Ja, was is'n, Meister?«

»Schuhe anziehen, Sachen zusammenpacken, in fünf Minuten geht's ab. Sie werden verlegt, Mann«, grinste er mich vielsagend an. Die Tür ging zu, der Riegel flog vor.

Ohne viel Worte und in aller Schnelle hatte ich meine paar Sachen in einer Filzdecke verschnürt und stand erwartungsvoll vor der Tür. Eine Tüte Zucker, etwas Salz, das ich mal über Beziehungen erstanden hatte, mein Stahlmesser und andere verbotene Kleinigkeiten überließ ich Wolf, da ich annahm, sofort gefilzt zu werden.

»Du wirst bestimmt in Haus II verlegt! Jemand muß dich angeschissen haben. Paß auf, melde dich dort mit den besten Grüßen bei dem hier!«

Er gab mir einen Zettel, auf dem zwei Namen mit Zellennummern standen.

»Und der hier«, er wies auf den zweiten Namen, »schuldet mir noch 190 Eier. Sei doch bitte so nett und treib das Geld ein. Weißt du, es geht mir ums Prinzip. Das Geld kannst du behalten, bloß – der Typ drückt sich vorm Blechen.«

Ich schaute mich noch einmal um in der Zelle. Gleichgültigkeit, Bedauern, Freude, Schadenfreude – alles mögliche war in den Gesichtern der mir trotz aller Umstände fast wie eine Großfamilie vertraut gewordenen Zellengemeinschaft zu lesen. Ich blickte nach oben zur obersten Etage der Hochbetten, wo man nur knapp fünfzig Zentimeter bis zur Decke und nachts oft Angst hatte, aus der Höhe abzustürzen. Wie oft hatte ich dort oben über Gott und die Welt nachgegrübelt, mich zurückgezogen, mir die Wangen feucht gedacht, in meinen Träumen geliebt und gehaßt, geraucht, Transi gehört, ein Stückchen Himmel und die Schwalben beobachtet.

Die Tür ging auf. »Halt durch, Roland!« Wolf blickte mich bedauernd und freundlich zugleich an. Von Bolle kam überraschenderweise ein »Und sehen wir uns nicht in dieser Welt ...«. Ich nickte ihnen zu, um mich selbst zu ermuntern, und erhob zum Abschiedsgruß die Faust.

Auf dem Flur fragte ich den Meister, wo es denn nun hinging. Er lächelte mir merklich verändert zu: »Ins Krankenhaus! Ich glaube, der andere Zahnarzt ist verlegt worden.«

»Heute mit'm Transport?« Ich flüsterte, um sein kleines Entgegenkommen nicht abzuwürgen. Zuerst keine Reaktion, dann ein ganz kurzes Nicken. Freude kam in mir auf. Wieder einer von uns weg. Und dabei hatte er, wie er neulich erst erzählt hatte, gerade ein Drittel seiner vier Jahre runtergerissen. Schön, wieder eine Familie gerettet. Und ich?

Die erste Tür wurde aufgeschlossen. Ich begegnete den essenausteilenden Knastis, die gerade Wurststückchen abzählten. Wenn ich bedachte, wie oft man von diesen Halunken um sein klägliches Stück Wurst beschissen wurde ... Meinem Bullen huldigte man sofort auf schmierig-freundliche Art. Ihr Arschlöcher, hätte ich sagen mögen. Wahrscheinlich dachte der Bulle genau das gleiche. Die nächste Tür wurde geöffnet, ein Freund wurde vorbeigeführt. »Wohin, Roland?«

»HKH!«

»Ich melde mich!«

»Ruhe da!« brüllte Hähnel. Ein letztes Zuzwinkern, dann fiel auch diese Tür ins Schloß.

Das Bündel auf der Schulter drückte, ich mußte wechseln. Dabei fiel ein Päckchen Trockenmilch, das mir Wolf wohl noch in aller Eile zugesteckt hatte, heraus. »Scheiße!« brüllte ich. Der Bulle bückte sich und trug's für mich. Nett!

Nun waren wir auf der Lagerstraße, der eigentlichen Verbindung zwischen den vier eingemauerten Zuchthauskomplexen. Graue, gelbgestreifte Horden, dirigiert von Blauen, kamen aus Richtung Krankenhaus an uns vorbeigestiefelt. Der Bulle klingelte am Eingang, die Tür wurde von innen aufgeschlossen.

»Was'n los?« herrschte uns ein weißbekittelter dickbäuchiger Bulle mit spitzer Goldrandbrille an.

»Soll ich hier abliefern, aus Haus I, ist der neue Zahnarzt!«

»Wat denn, der da?! Na denn man rin!« grinste die fette Gestalt mit eingeschliffen kalter Mimik. Er übernahm die Karte, auf der alles Wissenswerte für ihn stand, und fragte in Chefmanier: »Name?«

»Garve, Roland, neun-zwölf-fünf-fünf, Paragraph 213 ...!«

»Danach hab' ich gar nicht gefragt, Mensch, wieder so einer«, brummelte er in seinen imaginären Bart, während er sich umdrehte und in seinem Wachlokal verschwand. Plötzlich brüllte er: »Stahmer!«

Darauf tauchte aus der unverriegelten Tür eines Behandlunsgzimmers ein bebrillter Typ auf, vielleicht Mitte Vierzig, bekleidet mit weißer Hose mit seitlichen Streifen und graubraunem Offiziershemd. Komisch sah das aus. Alles an diesem Menschen schien frisch gebügelt und geschmiert zu sein, Schuhe, Haare, Gesicht. O Gott, wie sah ich dagegen aus! Zerzaustes kurzgeschorenes Haar, dreckige, viel zu kurze Hose, eingerissene, geflickte Jacke, abgeschnittene, am Rand zerfetzte Arbeitsschuhe, graue Wollsocken, kein Hemd, nur ein graues Unterhemd unter der fast knopflosen Streifenjacke. Und so sollte ich nun ... nicht auszudenken!

»Der SG Stahmer ist momentan auf der Station, Herr Meister!« antwortete der Gebügelte in militärischem Ton, indem er in lächerlicher Weise seine Hände an die Hosennaht legte und Haltung annahm.

»Dann zeigen Sie dem mal seinen Verwahrraum und bringen ihn zur Kammer hoch, so kann der ja hier nicht rumrennen. Am besten entlausen«, grinste der Bulle den nun ebenfalls ehrerbietig, aber dosiert lächelnden Typen an.

»Du bist der neue Zahnarzt, ja?« Er reichte mir die Hand. »Ich bin Olaf, der Stellvertreter von Egon, lernst du auch noch kennen, ist hier der Brigadier. Freu dich, daß du hier bist. Hier ist doch alles ein bißchen hygienischer, und man kriegt den Knast nicht so mit.«

Der Bulle war verschwunden. Olaf ging mit mir zu einer Zelle, schob den Riegel der unverschlossenen Tür auf. Ich wollte meinen Augen nicht trauen! Weißbezogene Betten mit dicken Matratzen leuchteten mir entgegen. Der Fußboden blitzte. Auf dem Tisch lag eine Tischdecke, vor dem vergitterten Fenster hingen Gardinen. An den Wänden klebten Bilder. Die Toilette in einem kleinen, aber separaten Raum. Die Betten nur doppelstöckig. Hier würde es sich schon aushalten lassen. Wenigstens bis zum Transport.

»Komm jetzt mal mit zu Walter, unserem Kammerbullen!«

Ich folgte ihm. Auf der Treppe erwartete mich Alexander. Mensch, toll! Wir mußten uns erst mal abklopfen. »Du, wir sehen uns gleich nach dem Essen, gibt viel zu bequatschen. Anne hat auch geschrieben. Wir haben gestern schon gewußt, daß der andere geht und du kommst. Ein Tip: Vorerst keinem trauen, okay?«

Unter dem Dachboden befand sich die Kleiderkammer. Dort wurde ich übergeben.

»Du bist Garve, der Neue, nee?«

Ein stämmiger Mittvierziger mit klobigen Armen und Fingern und groben Gesichtszügen stand vor mir und fragte mich nach meiner Konfektionsgröße. Ich riß die Klamotten vom Leib und schmiß alles auf einen Haufen. Fünf Minuten später – ich mußte ständig in den Spiegel schauen, um es wirklich zu glauben – hatte ich schneeweiße Sachen an und roch wie frisch gebügelt. Selbst die gelben Streifen an der Jacke hatten ihren Schick. Das kurzärmelige Hemd drohte im Brust- und Oberarmbereich fast zu platzen. Schließlich hatte sich nach monatelangem Training der Pectoralis aufgebläht. Ich fühlte mich ungeheuer gesund und wohl. Wie es hier wohl aussehen mochte mit Sport?

Nachdem ich den Erhalt meiner neuen Klamotten auf irgendwelchen Papieren bestätigt hatte, blickte ich mich etwas um. Auf einem Schreibtisch stand eine postkartengroße Fotografie, auf der man neben einer älteren Frau etwa sechs dickliche, ausdruckslos blickende Mädels im Alter zwischen vierzehn und zwanzig Jahren sehen konnte. Allen stand das Grobe, Klobige des Vaters im Gesicht geschrieben. »Deine Familie?«

fragte ich. Er ging nicht drauf ein. Sofort machte es bei mir klick. Walter Manschke war der Typ, der acht Jahre wegen sexuellen Mißbrauchs seiner eigenen Kinder bekommen hatte. Mit ihm hatte ich später noch einige unliebsame Begegnungen. Wir wohnten in derselben Zelle, und so klobig und grob sein Äußeres, so ungefeilt und gemütslos war auch sein Wesen. – Übrigens hatte seine Frau von seinen Praktiken mindestens gewußt und war als Mittäterin verurteilt worden.

Ich packte die neuen, sauberen Sachen zusammen und ging die Treppe hinunter, vorbei an verriegelten Krankenzellen mit grüngelb bekittelten Patienten. Es war wie ein Traum und eine völlig andere Welt im Vergleich zur Elmo-Hölle.

In der Zelle angekommen, bezog ich erst einmal mein Bett, das sich zwar oben befand, aber wunderschön weich war. Die Tür wurde nicht abgeschlossen. Ein junger, sehr dünner Typ kam mit einem Topf Suppe herein. Seinen Kopf trug er auffallend hoch, und seine Schritte waren kurz-tapsend wie bei einem Tänzer.

»Hallo«, lächelte er vorsichtig. Ich kletterte runter und reichte ihm zur Begrüßung die Hand. »Ich bin Roland, der neue Zahnarzt!« Mir fiel beim näheren Hinsehen auf, daß bei meinem Gegenüber die Gesichtshaut ledern und älter erschien als der Mensch selbst, wie eine Maske. Das Gesicht mit den tiefen dunklen Augenhöhlen und der Hals waren eingefallen wie bei einem Magenkranken und die vielen Pickel mit einer Art Makeup überschmiert.

»Marquardt, Jonas mit Vornamen ...« Er streckte mir sein dünnes Ärmchen entgegen und zitterte, als ich ihm die Hand drückte. Dabei konnte ich verschiedene Narben am Unterarm erkennen. Sie waren ohne Zweifel suizidalen Ursprungs. Wieder so ein armes Schwein.

»Und wieviel haste bekommen?« fragte er.

»Eins acht, aber es sind nur noch ein paar Monate, außerdem bin ich Ausweiser.«

»Sind die Ärzte fast alle hier. Auch Flucht?«

»Ja, ja, Vorbereitung, ich bin der Mittäter von Alexander ...« Sein Gesicht hellte sich auf. Etwas bedrückt und ironisch sagte er: »Ich hab'n bißchen länger.«

»Wieviel?«

»Dreizehn, drei erst weg ..., halte das sowieso nicht durch.«

Die Tür ging wiederum auf. Ein bebrillter, langnasiger Kopf mit lichtem weißen Haar schaute ausdruckslos mit Kontrollmiene herein und verkündete: »Mittag abholen!«

Ich ging hinaus und stellte mich in die Schlange der sogenannten Hausarbeiter – Ärzte und Hilfspersonal. Natürlich wurde ich ausgiebig gemustert, obwohl unter den Leuten scheinbar eine lockere, lustige Atmosphäre herrschte. Schließlich erhielt ich meinen Topf Suppe und einen Kanten Brot. Alexander erschien und meinte nur: »Kannste gleich wegkippen, den Dreck!«

»Wieso, sieht doch ganz gut aus?«

Mir fiel auf, daß in dieser Gemüsepampe wirkliches Fleisch und nicht das gewohnte Innereiengehacksel vom Schaf einschließlich der eiweißlosen Fettklumpen war. Also ging ich in die Zelle an den Tisch, wo jetzt vier schweigsame, suppeschlürfende Gestalten saßen, setzte mich mit einem kurzen »Tag« dazu und begann mit dem üblichen Herausfischen von genießbaren Ingredenzien. Es blieb merkwürdigerweise wenig übrig. Die Suppe schmeckte sogar, obwohl ich mir den Geschmackssinn schon lange aberzogen hatte.

Auch in dieser Zelle begann das Spiel des gegenseitigen Sich-Beschnupperns mit Schweigen. Ausweiser gab's unter den Tischgenossen nicht. Die Sonderstellung im HKH hätten sie sonst als Nichtärzte nie bekommen. Mir war klar, daß ich wiederum in ein Nest von informationshungrigen Denunzianten gekommen war, aber das störte mich nicht. Wichtig war nur, die kleine wichtige Machtfrage zu klären, akzeptiert zu werden und nicht den Eindruck eines sich generell unterordnenden Ängstlings zu vermitteln. Die Zeit würde mir schon Gelegenheit genug dazu geben. Erst einmal abtasten.

Nach dem Essen war Freistunde. Dazu ging man hier nicht, wie man gerade war, sondern zog eine besondere Uniform an. Alle sogenannten Hausarbeiter stellten sich militärisch in Reih und Glied auf. Der Brigadier mit dem Nasengesicht und der Armbinde, dessen Autorität scheinbar alle willenlos akzeptierten, forderte zum Strammstehen auf. Dann kam wie im Film ein älterer Offizier die Treppe runter und nahm die Meldung entgegen.

»Achtundzwanzig Hausarbeiter zur Freistunde angetreten, Krause von der Freistunde befreit!«

»Tag, Strafgefangene!« ertönte die zackig-preußische Stimme des Offiziers.

»Guten Tag, Herr Oberleutnant!« antwortete die mich umgebende Schar im Chor. Es hatte etwas Urkomisches an sich, wie ein gegenseitiges Sich-Verarschen.

»Wegrücken!«

Im Eilschritt ging es hinaus. Alexander stellte mir die gleichgesinnten Kollegen vor. Wir liefen als gesonderter Trupp in der Runde. Immer wenn sich jemand anderes näherte, wurde das Thema gewechselt oder geschwiegen. Eine Eigenart, die auch mir zur Gewohnheit werden mußte.

Zur Zeit gab es mit Alexander und mir sechs Ärzte: James, den Anästhesisten aus Rostock, Jakob Stein, den Allgemeinpraktiker aus Thüringen, den ich schon kennengelernt hatte, Hagen, einen HNO-Arzt aus dem Berliner Raum, und Siegbert Freselau, einen ehemaligen Kreisarzt, den, wie ich mitbekam, alle wegen seiner unangenehmen Penetranz und Parteitreue mieden – man nannte ihn kurzerhand Stinkbert Käsebaum. Er war derjenige, der mir meine simulierte Nierenkolik nicht abgenommen hatte. Nur Hagen und besagter Stinkbert waren keine Ausweiser. Ersterer war in eine undurchsichtige Silberschieberei verwickelt gewesen, für die er sechs Jahre abgefaßt hatte. Freselau hatte für die Veruntreuung irgendwelcher staatlichen Gelder und Medikamente drei Jahre.

Ich erhielt ein paar Richtlinien für entsprechendes Verhalten als Ausweiserarzt mit auf den Weg. Erstens: Keinen Beitrag bei politischen Schulungen. Möglichst dienstliche Belange vorschieben und sich vor derartigen Veranstaltungen drücken.

Zweitens: Gespräche nur mit sauberen Leuten, das heißt Ausweiserärzten oder nachweisbar politischen Patienten führen, allen anderen gegenüber ein freundlich-distanziertes ärztliches Auftreten an den Tag legen, ansonsten möglichst schneiden, niemandem davon vertrauen.

Drittens: Zwar abends mit fernsehen, auch die tägliche Pflichtveranstaltung »Aktuelle Kamera« über sich ergehen lassen, dabei aber nach Möglichkeit die Augen schließen oder die Fische im Aquarium beobachten! Bei allen anderen politischen Sendungen, wie »Objektiv«, »Prisma«, »Schwarzer Kanal«, »Alltag im Westen« et cetera aufstehen und rausgehen.

Viertens: Nach der Zählung morgens sich wieder hinlegen und

erst kurz vor Arbeitsbeginn um sieben Uhr aufstehen, ein Privileg, das wir uns nicht nehmen lassen sollten.

Fünftens: Wenn politische Langstrafer zur Behandlung kommen, auf irgendeine Diagnose hin einbetten, damit diese sich erstmal ein paar Tage vom Zuchthausstreß erholen konnten.

Die Freistunde war im Nu um. In mir war ein völlig neues Lebensgefühl erwacht. Daß ich nun eine Menge Freunde nicht mehr täglich sehen konnte, stimmte mich zwar ein wenig traurig, aber daß ich endlich wieder in meinem Beruf arbeiten konnte, kompensierte alles andere.

Nach der Freistunde mußte ich zu Oberstleutnant Bader, dem Chef des Haftkrankenhauses. Diesmal war sein Ton auffallend freundlicher. Ich durfte mich setzen. Neben ihm saß jener Oberleutnant Kurze, der sich als mein Erzieher vorstellte und seine Ausführungen darauf beschränkte, daß er bestimmte Redewendungen Baders wiederholte, wenn jener eine kurze Atem- oder Denkpause einlegte. Ich hatte nur »ja« oder »nein« zu sagen.

»Ich habe Sie hierher bestellt, weil mir der andere Zahnarzt weggenommen wurde. Sie sind doch Zahnarzt, ja?« Bader schaute noch einmal auf die Papiere vor sich und dann auf mich. »Morgen früh fangen Sie an! Trauen Sie sich das zu?«

Nicht überlegen. Einfach ja sagen, ging es mir durch den Kopf. »Ja.«

»Gut. Hier unterschreiben Sie, daß Sie über Dinge, die Sie hier erleben, niemandem, auch später nicht, Auskunft geben dürfen. Haben wir uns verstanden?! Ärztliche Schweigepflicht, genau wie draußen!«

»Ja.«

»Verzapfen Sie keinen Blödsinn hier, und halten Sie sich an die Regeln, die auch für die anderen Strafgefangenen gelten, dann kann Ihnen nichts passieren! Falls Sie fachliche Probleme haben, gehen Sie zu Ihren Kollegen, oder kommen Sie zu mir. Es steht dem nichts im Wege. Bei Fehlern nichts vertuschen. Es wird mir ohnehin alles gemeldet, verstehen Sie?! Der Bedarf an Prothetik ist in dieser StVE sehr hoch. Da wenden Sie sich an Leutnant Schmelzer, den Zahntechnikermeister. Er wird Sie noch entsprechend einweisen. Ansonsten werden Sie mit Sicherheit sehr viele Extraktionen vornehmen müssen. Nach Möglichkeit beschränken Sie sich bei Analgetikaabgabe auf Placebos, da es hier sehr viel Tablettenhaie gibt, die wahre Künstler im Simulieren sind. Bei größeren Kieferfrakturen die Patienten nach Moisdorf überweisen, kleinere selbst schienen. Können Sie das?«

»Ja.«

»Ach, und noch eins, wir wissen, daß Sie in den Westen wollen, Sie wissen das selbst, und auch Ihre Angehörigen wissen das. Lassen Sie also derartige Anspielungen in Briefen und agitieren Sie niemanden! Wir lassen Sie auch zufrieden ... Sind Sie Christ?«

»Nein.«

»Gehen Sie zum Gottesdienst?«

»Ja.«

»Gut, ich genehmige das. Sie können gehen!«

»SG Garve meldet sich ab!« kam der eingedrillte militärische Satz.

Während des Einführungsgesprächs hatte ich den Blick hauptsächlich auf meine Hände gerichtet. Erst jetzt fiel mir auf, wie heruntergekommen sie doch aussahen. Schwielen, Kratzer, Narben, nikotingelbe Flecken, schmutzige Fingernagelränder, das rechte Daumengelenk von einer Überdrehung geschwollen und der linke Zeigefingernagel von einem Hammerfehlschlag blutunterlaufen. In der Zelle angekommen, griff ich als erstes nach meinem Stück Seife und begann zu schrubben. Allerdings hatte der tägliche Hautkontakt mit dem Kupfer die Hautoberfläche farblich verändert, und viel sauberer sahen die Hände nach dem Waschen auch nicht aus.

Das Lehrbuch neben dem Bohrer

Natürlich hatte ich ungeheuren Düsengang vor dem nächsten Tag. Es waren etliche Monate vergangen, seit ich in der Uni-Klinik in Greifswald das letzte Mal einen Zahnbohrer in der Hand gehabt hatte.

Die Praxis im Knast befand sich auf der gleichen Etage wie meine Zelle. Oberstleutnant Bader hatte angeordnet, daß mich mein zukünftiger Assistent noch am selben Nachmittag ins Praxisgeschehen einweisen sollte. Hotte, wie er von den Kollegen genannt wurde, war aber zunächst nicht auffindbar. So übernahm ein sehr jugendlich wirkender Schließer mit weißem Kittel die Aufgabe und zeigte mir die stomatologische Abteilung. Ich war erstaunt. Im Raum standen gleich zwei Behandlungsstühle nebeneinander. Zwar waren sie technisch nicht auf dem neuesten Stand, entsprachen aber durchaus dem Ausrüstungsstandard in einer durchschnittlichen DDR-Kreispoliklinik. Der ältere war ein Tretstuhl, der noch aus den fünfziger Jahren stammte.

Zangen, Operationsbesteck, Bohrer und Materialien machten einen brauchbaren und sauberen Eindruck. Der für Patienten penetrante Wofasept-Desinfektionsgeruch, den ich so lange hatte entbehren müssen, weckte vertraute Gefühle in mir. Ich freute mich auf die Arbeit.

Hauptsache, ich erinnerte mich noch an alle Arbeitsschritte beim Bohren, Füllungenlegen und Zähneziehen. »Und daß Ihnen keine Fehler passieren!« klangen mir Baders Worte noch im Ohr. Ich nahm den Turbinenbohrer in die Hand und betätigte mit dem Fuß den Anlasser. Es funktionierte auf Anhieb. Ein feiner Nebel Kühlwasser spritzte aus der vorderen Spitze. Der hohe pfeifende Ton klang wie Musik in meinen Ohren. Herrlich! Auch die anderen Geräte waren tipptopp in Ordnung und gut gepflegt.

Zwischen beiden Stühlen stand ein wuchtiger Schreibtisch mit vielen kleinen Fächern. Darin lagen stapelweise kleine weiße

Tütchen, die mit dem Stempel »StVE Brdbg.« versehen waren. Der Schließer erklärte mir, daß es sich lediglich um Schlemmkreide mit Pfefferminzgeschmack handele. Ein sogenanntes Placebo, ein Medikament ohne jegliche pharmakologische Wirkung, das den häufigen Simulanten und Tablettensüchtigen zu verabreichen sei, um sie zu beruhigen. Die richtigen Medikamente würden sich unter Verschluß befinden. Er zeigte auf einen kleinen gläsernen Wandschrank. Wer den Schlüssel dafür habe, wisse er nicht. Wahrscheinlich mein Gehilfe.

An der Wand stand ein geräumiger Schrank mit vielen kleinen Schubfächern für Karteikarten. Ein Blick reichte, um festzustellen, daß es sich insgesamt um mehrere tausend handeln mußte. Die Akten von Leuten, die gestorben, entlassen oder abgeschoben waren, wurden für eine weitere Archivierung stets aussortiert. Es ging das Gerücht, daß die Knast-Stasi die Karteikarten von politischen Ausweisern schon ein paar Tage vor ihrem Abtransport nach Karl-Marx-Stadt holte. Das plötzliche Verschwinden einer Zahnkarteikarte war quasi ein Indiz für die bevorstehende Abschiebung in den Westen. Deshalb sollte es eine meiner wichtigsten Beschäftigungen werden, auf Anfrage der Gefangenen die Karteikarten zu prüfen. Tatsächlich war ich eines Tages erfolgreich, der Betroffene bereits am nächsten Morgen verschwunden und wenige Tage später in Westberlin.

Auf den Karteikarten der Zahnabteilung waren neben Name, Geburtsdatum und Gefängnisabteilung nur Abkürzungen über die Haftlänge und Paragraphennummern der Verurteilung vermerkt. Mehr sollte unsereins nicht wissen. Auffällig häufig fand ich das Kürzel LL-112, das für lebenslänglich und Mord stand.

Die ärztlichen Unterlagen und die ausführlichen Karteikarten inklusive der psychiatrischen Gutachten befanden sich eine Tür weiter im Krankenhausarchiv unter Verschluß und wurden vom Pförtnerbullen verwaltet. Zugang hatten hier nur das ärztliche und das Wachpersonal. Aber da das Haftkrankenhaus in der Mehrheit von Gefangenenärzten geführt wurde, blieben uns auch die konkreten Vermerke der Gerichtspsychiater über grausame Tathergänge und Gefährlichkeitseinstufung der meist geistig gestörten Patienten nicht verborgen.

Als wir die Praxis schon wieder verlassen wollten, fiel mir ein dickes Buch auf dem Schreibtisch auf. Ich nahm es in die Hand. Es war das »Lehrbuch der Zahnheilkunde« in einer Ausgabe von 1960, aber besser als nichts. Der Bulle hatte nichts dagegen, daß ich den Wälzer mit in die Zelle nahm. Er gab mir auf meine Bitte hin sogar noch eine kleine Taschenlampe mit, damit ich nachts im Bett weiterlesen konnte. Sehr zum Verdruß meiner Zellengenossen nutzte ich diese einmalige Gelegenheit bis in die frühen Morgenstunden.

Anderntags, kurz vor acht, latschte ich dann mit übermüdeten Augen und unsicherem Schritt den Gang entlang bis zum Praxisraum. Auf dem Flur herrschte bereits hektische Betriebsamkeit. Kolonnen von Gefangenen wurden durch das Haupttor eingelassen und in die Wartezellen geschlossen. Weißbekittelte Bullen kommandierten die weiß-gelb-gekleideten Kollegen. Ich atmete ein letztes Mal tief durch und betrat meinen zukünftigen Arbeitsraum. Auf dem Schreibtisch häuften sich bereits die Karteikarten der zu behandelnden Patienten. Ich wurde von einem großen, hageren, sehr gut aussehenden Mittzwanziger mit Handschlag begrüßt: »Hallo, ich bin Johannes Hotz. Kannst auch Hotte zu mir sagen. Das tun alle hier.«

Mit seinen rehbraunen Augen, den langen Wimpern, der leicht gekrümmten Nase und dem charmanten Lächeln war dieser Johannes draußen sicherlich ein richtiger Frauentyp gewesen. Alles in allem machte er auf den ersten Blick einen durchaus sympathischen und kompetenten Eindruck.

Ich ließ keine weitere Zeit vergehen. Jetzt wurde es ernst.

Der erste Patient kam zur Tür herein. Die Diagnose war schnell gestellt: Ein abgebrochener Backenzahn bereitete ihm heftige Schmerzen. Der mußte raus. Im Nu war die Anästhesieampulle aufgesägt, der Inhalt aufgezogen und gespritzt. Bis das Mittel wirkte, verarzteten wir den kranken Zahn des nächsten Patienten auf dem zweiten Stuhl. Nach der Extraktion von Patient Nummer eins wandten wir uns dem dritten Patienten zu, der bereits auf Stuhl Nummer zwei Platz genommen hatte. Hotte war bestens ausgebildet und erfahren. Mir kam es fast vor, als arbeiteten wir schon jahrelang zusammen. Nach der Behandlung bat ausnahmslos jeder Patient um Schmerztabletten. Mancher bettelte sogar regelrecht darum. Auch Leute, die gar keine Zähne mehr hatten und nur wegen eines volkseigenen Gebisses gekommen waren, wollten anschließend die weißen Pillen.

Hotte kannte offensichtlich seine Pappenheimer und verteilte die Tütchen Schlemmkreide sehr großzügig.

In der Tat ging es hauptsächlich um die Behandlung von Schmerzpatienten. Leute, die nur zur jährlichen Routineuntersuchung erschienen, waren eher die Ausnahme, denn dazu mußte man den verantwortlichen Sanitäter des jeweiligen Zuchthauskomplexes, einen meist lebenslänglich verurteilten Mörder, bestechen oder zumindest kennen. Zu dessen Aufgaben gehörte neben dem Herausfiltern von Simulanten auch die Erste Medizinische Hilfe nach Unfällen oder Prügeleien. Wenn ihm mal irgendeine Nase nicht paßte, dann ließ er den Häftling tagelang zappeln oder spielte einfach selbst den Arzt. Außerdem war er derjenige, der die von den Ärzten verordnete Tagesdosis von Medikamenten ausgab. In Insiderkreisen galt der Sanitäter als ein verkappter Drogendealer, da er Zugang zu bestimmten »dröhnenden« Medikamenten hatte.

Wichtig für jeden Patienten war, daß er bei der Beschreibung seiner Schmerzen maßlos übertrieb, denn sonst wurde er keinem Arzt vorgestellt, sondern erhielt lediglich Aspirin oder die besagte Schlemmkreide. Hatte es ein Gefangener endlich geschafft, von der zweimal täglich zum Haftkrankenhaus abgehenden Haftkolonne mitgenommen zu werden, dann stiegen auch seine Chancen, in Zukunft weiterbehandelt zu werden. Meist waren immer gleich mehrere Zähne defekt, die aufgrund der hohen Patientenfrequenz nicht sofort beim ersten Termin behandelt werden konnten. Mit etwas Glück war es außerdem möglich, noch einem Allgemeinarzt vorgestellt zu werden. Irgendein körperliches oder seelisches Leiden ließ sich schließlich bei jedem Sträfling finden.

Am Vormittag zogen wir dreißig Patienten durch. Das war für meinen ersten Tag schon eine Menge. Ich konnte mir also mein Mittagessen, eine Portion Gulasch, richtig schmecken lassen.

Auch am Nachmittag nahm der Patientenstrom kein Ende. Ich empfand es als eine Wohltat, daß es niemanden gab, der mich während der Arbeit herumkommandierte – keinen Ordner, Schichtleiter oder sonstigen Wichtigtuer. Auch ein Bulle war nur selten im Sprechzimmer anzutreffen. Vielleicht lag es an dem penetranten Kampfergeruch, daß sich kaum mal einer blicken ließ, der nicht behandelt werden mußte. Es soll ja Leute geben, die schon vor dem Geruch wegrennen oder in Panik verfallen.

Hotte selbst holte die Patienten einzeln aus den Wartezellen. Ohne Bewachung schob er den eisernen Riegel beiseite, öffnete die Tür und filterte unseren nächsten Patienten aus der Wolke von Tabakqualm, Angstschweiß und anderen menschlichen Ausdünstungen heraus. Eigentlich war es ja strikt verboten, in den Wartezellen zu rauchen, aber wen kümmerte das hier schon.

Die meisten Patienten, besonders die Mörder unter ihnen, bestanden auf sofortiger Extraktion des schmerzverursachenden Übeltäters. Der Zahn tat weh, also mußte er büßen. Raus damit! Sie sagten das immer im Tonfall eines Todesurteils, das ich gefälligst sofort zu vollstrecken hätte. Die entstehenden Zahnlücken schienen kaum einen zu stören.

In den kommenden Monaten sollte ich feststellen, daß selbst große unversorgte Lücken im Frontzahnbereich und die daraus resultierende Sprachbehinderung viele Gefangene nicht kümmerten. Hauptsache, sie hatten noch eine Handvoll Zähne zum Beißen, auch wenn sie oft schon die Hände zu Hilfe nehmen mußten. Da sie die Nahrung nicht richtig zerkleinern konnten und nur herunterschlangen, litten viele meiner Patienten unter chronischer Gastritis. Die Knastis meinten, daß sie wegen der einseitigen Ernährung unter Vitaminmangel litten und deshalb so schlechte Zähne hätten. Daß der tägliche Gebrauch der eigenen Zahnbürste wahre Wunder bewirken konnte, davon ließ sich kaum einer überzeugen. Soweit es möglich war, versuchte ich trotzdem, die Zähne durch Füllungen zu erhalten. In der Regel hatten besonders jugendliche Mörder eine panische Angst vorm Bohren. Doch die Schmerzen mußten sie ertragen, denn die wenigen Anästhesieampullen, die mir zur Verfügung standen, waren streng rationiert und nur für Extraktionen und chirurgische Eingriffe gedacht.

Die Nachmittagsstunden vergingen wie im Fluge. Ich war richtig in meinem Element. So konnte es weitergehen, und so würde ich es hier auch aushalten. Hotte machte die letzten Eintragungen auf den Karteikarten, und ich freute mich schon auf das Fachsimpeln mit den Kollegen nach Feierabend. Endlich mal wieder anspruchsvolle Gespräche in Aussicht! Ich wollte gerade meine Hände ein letztes Mal im Waschbecken sauberschrubben, da ging die Tür auf. Ich traute meinen Augen nicht! Da stand leibhaftig Klemke, der angebliche CIA-Auftragskiller, der mein Radio geklaut hatte. Sein Gesicht war dick geschwollen. Als er mich erblickte, zuckte er zusammen. Hinter ihm stand ein Bulle, der freundlich zu mir sagte: »Könn' Se den mal noch kurz drannehmen? Der ist wohl gestern die Treppe runtergeflogen. Sagt er zumindest.«

»Na klar, setz dich hier mal rauf, Klemke!«

Der Bulle verschwand, und Klemke kletterte gehorsam auf den Behandlungsstuhl. In meinem Inneren kochte es. Ich hatte gehofft, diesen Kerl nicht so bald wiederzusehen. Aber es blieb mir nichts anderes übrig, als mich zusammenzureißen. Als Arzt war ich verpflichtet, einem Verletzten zu helfen.

»Wie ist'n das passiert«, fragte ich ihn.

»Ick war jestern abend kurz vor Feierabend im Keller vom Elmo, weeßte? Naja, und als ick wieder hochjing, bin ick uff Waschpaste ausjerutscht, wa, und runterjeflogen. Mehr weeß ick nich mehr.«

»Ja, ja, ich kenne die Geschichte. Ist mir auch schon passiert«, sagte ich und grinste ihn an. »Aber nun raus mit der Sprache. Wie ist das wirklich passiert. Jetzt ist kein Bulle da!«

Aus fast geschlossenen Zahnreihen zischte er mir drohend entgegen: »Alter, dat is dein Problem, wenn du dat nich gloobst. Ick jedenfalls bin von der Treppe jeflogen. Hier, janz jenau uff de Fresse.« Und er zeigte mit dem Finger auf seine rechte Wange. Klemke hatte immer noch die große Klappe, obwohl er sie kaum aufbekam. Ich war mir sicher, daß da jemand hart zugeschlagen hatte, denn eine so gewaltige Schwellung konnte nicht von einem Treppensturz kommen. Wollte mir damit vielleicht jemand einen kleinen Freundschaftsgruß senden? Jetzt erst fiel mir auf, daß auch das linke Auge etwas abbekommen hatte. Das Lid war leicht aufgeplatzt und blutunterlaufen. Aber im Gegensatz zum rechten Auge, das völlig zugeschwollen war, konnte er damit noch etwas sehen. Obwohl sich sein Mund nur wenige Zentimeter öffnen ließ, fiel mir ein seltsames Geräusch auf. Es klang so ähnlich wie Gebälkknarren in einem alten Haus. Von den Kiefergelenken kam das nicht.

Klemke standen inzwischen dicke Schweißperlen auf der Stirn. »Und, isset schlimm, oder wat nun?« röchelte er durch seine Zahnreihen. Auch ich mußte mir den Schweiß mit dem Ärmel aus dem Gesicht wischen. Laß es um Gottes willen bloß keinen

Kieferbruch sein, ging es mir durch den Kopf. Damit hatte ich nämlich überhaupt keine Erfahrung. Zwar hatten wir als Studenten einmal Kieferbruchschienen anfertigen müssen, aber das war doch nur eine Übung gewesen.

Vorsichtig tastete ich den Unterkiefer und die Zahnreihe ab. Von außen war wegen der harten Schwellungen am Kieferknochen zunächst nichts festzustellen. Aber innen sah ich dann die Bescherung. Etwa einen Zentimeter hinter dem linken unteren Eckzahn ließ sich die Zahnreihe mit deutlichem Knirschen verschieben. Hier war der Bruchspalt. Klemke hatte bis hin zur Kinnspitze kein Gefühl mehr.

Wir fertigten ein Röntgenbild an. Und tatsächlich: Der Knochen war quer durchgebrochen. Ich grübelte, was nun zu tun sei. Fakt war, daß ich für die endgültige Behandlung eines Kieferbruchs nicht qualifiziert war. Das mußte unbedingt von einem Kieferchirurgen geschient oder operiert werden. Außerdem sollte bis dahin nicht allzuviel Zeit vergehen, denn der Knochen lag quasi offen. Und bei Klemkes auffallend mangelhafter Mundhygiene bestand große Infektionsgefahr.

Ich ging zum diensthabenden Bullen und versuchte, ihm das Problem zu erklären. Der fühlte sich jedoch nicht kompetent genug für eine Entscheidung. Eine Verlegung in ein ziviles Krankenhaus komme selbst bei akuter Lebensgefahr für Brandenburger Insassen nicht in Frage. Eine routinemäßige Verlegung ins Spezial-Haftkrankenhaus sei genehmigungspflichtig und erst in einer Woche möglich. Oberstleutnant Bader habe bereits Feierabend, und wegen einer solchen Lappalie würde er ihn nicht anrufen. Kieferbrüche stünden in Brandenburg ja wohl auf der Tagesordnung. Erstens seien diese Typen selbst schuld daran, und zweitens würde man daran ja nun nicht gleich sterben. Ich solle das Problem selbst lösen. Wozu hätten wir denn so viele Gefangenenärzte, schnauzte er mich abschließend an. Am besten sei, dem Kerl ein paar Pillen zu geben und rauszuschmeißen. Damit war der Fall für ihn erledigt.

Ich ging zu Hotte und bat ihn um Rat. Aber auch er konnte mir nicht helfen. Selbst der Zivilzahnarzt, der gewöhnlich einmal in der Woche für drei Stunden ins Haftkrankenhaus kam, hatte die nächsten zwei Wochen Urlaub.

Ich schaute mir Klemkes Unterkiefer noch einmal genauer an. Die harte Schwellung auf der rechten Seite war mir noch immer unklar. War da etwa noch ein Bruch? Gestern abend hatte ich das Kapitel Kieferbrüche nur überschlagen. Aber ich erinnerte mich an zwei Fachbezeichnungen: coup und contre coup. Das bedeutete, daß nicht nur am Ort der direkten Gewalteinwirkung ein Bruch entstehen kann. Aufgrund der Spangenform des Unterkiefers wird die Gewalt weitergeleitet und verursacht auf der gegenüberliegenden Seite eine zweite, indirekte Fraktur. Genau das mußte wohl bei Klemke passiert sein.

Zwischen den hinteren rechten Backenzähnen bestand eine fühlbare Stufe. Jetzt war mir auch klar, warum der Biß zwischen Unter- und Oberkiefer nicht mehr stimmte. In dem Bruchspalt war ein Zahn verrutscht.

Ich brauchte eine kurze Besinnungspause und schlug das alte Buch noch einmal auf. Inzwischen wurde Klemke immer unruhiger und beschimpfte Hotte. Der ließ sich allerdings nicht aus der Ruhe bringen. Nach etwa zehn Minuten wußte ich, was ich zu tun hatte.

Ich gab Klemke eine Betäubungsspritze und Hotte die Anweisung, die Schränke nach einem rostfreien Stahldraht zu durchsuchen. Er wurde schnell fündig. Als ich den Zahn aus dem Bruchspalt herausgezogen hatte, ließ sich das Knochenfragment relativ leicht in seine ursprüngliche Position reponieren. Dann zog ich jeweils vier Drahtligaturen im Ober- und Unterkiefer um mehrere Zähne und verdrillte die Enden zu stabilen Schlaufen. Nun brauchte ich bloß noch die Ober- und Unterkieferschlaufen miteinander zu verdrahten, und der doppelte Kieferbruch war geschient. Zumindest behelfsmäßig, sozusagen als Übergangslösung bis zur Verlegung zum Kieferspezialisten nach Moisdorf. Als krönenden Abschluß verpaßten wir Klemke noch eine Penicillinspritze, um ihn antibiotisch abzusichern. Ab jetzt kam nur noch flüssige Nahrung für ihn in Betracht. Insofern war die seitliche Zahnlücke ganz praktisch. Reden konnte er nicht mehr, es kam nur noch ein unverständliches Nuscheln. Ihn jetzt wieder ins Arbeitskommando zurückzuschicken, kam allein schon wegen des Verdachts eines Schädelhirntraumas nicht in Frage. Davon ließ sich auch der diensthabende Polizist überzeugen, und ich übergab den Patienten in die Hände meiner Kollegen.

Der Bulle holte Klemkes Krankenblatt aus dem Archiv, damit ich die Einweisungbegründung eintragen konnte. Als ich das Deckblatt überflog, traute ich kaum meinen Augen. Dort stand neben dem Kürzel LL noch: »zweifacher Sexualmord – Frauen«. Von wegen CIA-Auftragskiller, Stasi-Oberst erschossen und so. Alles nur erlogen, reine Legende. Genau wie bei Reiser. Allmählich wunderte ich mich über nichts mehr.

Eine Woche später ging Klemke auf Transport nach Moisdorf. Bis dahin war sein Zusand stabil geblieben. Drei Tage später war er wieder zurück. Der Kieferchirurg hatte nichts unternommen. Sechs Wochen später entfernte ich meine Notschiene. Der Doppelbruch war gut verheilt und Klemke wieder in der Lage, seine Agentengeschichte zu erzählen.

Schon am zweiten Arbeitstag stand ich vor einem ähnlichen Problem. Diesmal hatte es einen Abteilungsleiter aus der IFA erwischt. Offenbar nahm er in der Knasthierarchie einen besonderen Platz ein, denn ihn begleiteten gleich zwei Schließer. »Geht das, daß er sofort drankommt?« fragte mich einer der beiden Begleitbullen. »Wissen Sie, wir müssen mit ihm noch zur Vernehmung, äh, wegen dem Protokoll, verstehn Se?«

Das Gesicht des Patienten war mit Tränen, Blut und Maschinenöl verschmiert und die Oberlippe in der Mitte eingerissen. Aus der Nase lief ein kleines frisches Blutrinnsal. »Der Kerl hat mir 'nen Zahn rausgeschlagen, einfach so, ohne Vorwarnung«, schimpfte er mit schmerzverzerrtem Gesicht. »Und das ausgerechnet jetzt, wo wir unsere Monatsabrechnung haben. So ein Mist! Ich muß gleich wieder zurück!«

Unvorstellbar, dem Kerl war die Erfüllung der Betriebsnorm wichtiger, als sich nach dem Crash zu erholen! Außer Nasenbluten und dem fehlenden Frontzahn konnte ich nichts weiter feststellen. »Halt mal für eine Minute mit den Fingern die Nase zu und leg den Kopf nach hinten«, sagte ich. Mit der flachen Hand schlug ich ihm zweimal gegen die Stirn. Er erschrak zwar, aber diese alte asiatische Methode zum Nasenblutenstillen, die ich aus meiner Judokazeit kannte, wirkte sofort. »Wo ist aber nun der Zahn geblieben? Haste den mitgebracht?«

»Nein, Herr Doktor, ich weiß auch nicht, wo der gelandet ist.«

Jetzt siezte der Kerl mich auch noch, und das als Strafgefangener! Vielleicht sagt er ja auch noch irgendwann Genosse zu mir. Bestimmt wieder so ein Brieftaschenkommunist und Arbeitsantreiber der Marke Schießer und Konsorten. Kein Wunder, daß er paar aufs Maul gekriegt hat, dachte ich mir. Klar, in seiner Brusttasche steckte neben ein paar Kulis eine Schachtel Marlboro. Wer konnte sich schon diesen Luxus im Knast leisten.

»Können Sie mir nicht irgendwas da reinbauen? Ich bezahl' auch dafür«, bettelte er förmlich. Dabei öffnete er seine Brieftasche und zog einen roten Friedrich Engels raus: fünfzig Mäuse »richtiges« Geld, das hier ja offiziell verboten war. Und der Gauner versuchte, mich auch noch direkt vor den Augen der Bullen zu bestechen!

»Nee, nee, laß mal stecken. So einfach geht das nicht«, wehrte ich den Schmierversuch ab. Sicher, das Geld hätte ich gut für einen neuen Transi gebrauchen können. Hotte schaute mich schon scheel von der Seite an. Aber wer war ich denn? Was bildete sich der Kerl eigentlich ein?

»Das einzige, was ich jetzt machen kann, ist, dir den rausgeschlagenen Zahn wieder einzusetzen. Dazu brauch' ich ihn aber. Wo ist er denn nun?«

Er zuckte mit den Schultern und drehte sich zu den Bullen um. »Geht denn das?« fragte er vorsichtig.

»Wir werden's mal versuchen«, antwortete der eine Bulle und verschwand. Eine Viertelstunde später kam er wieder. Er hatte den Zahn unter einer Werkbank gefunden.

Ein Wunder, daß der Zahn beim Aufschlag nicht abgebrochen war. Nachdem ich das gute Stück desinfiziert und wurzelgefüllt hatte, schob ich ihn wieder in die leere Höhle und fixierte ihn mit dünnen Drähten und einer Kunststoffschicht an den beiden nachfolgenden Zähnen.

Mit dem Ergebnis war ich zufrieden. Zwar konnte ich nicht versprechen, wie lange der Zahn halten würde, aber bei der Länge der Wurzel und der guten, paradontosefreien Knochensubstanz gab ich ihm schon noch einige Jahre. Auch der Riß in der Lippe ließ sich schnell nähen. Von Körperverletzung mit Zahnverlust konnte also nicht mehr die Rede sein. Vielleicht kam der Schläger jetzt ohne Nachschlag davon.

Der Patient bedankte sich mit großen Worten. Beim Verlassen der Praxis schob er Hotte den roten Schein umständlich in die Hosentasche. Doch darüber sprachen wir nicht mehr. Die Weiterbehandlung erfolgte auf Wunsch des Patienten beim Zivilzahnarzt. Der betroffene Zahn war nach drei Wochen wieder fest eingeheilt, und die Schiene konnte entfernt werden.

Mörder als OP-Gehilfen

Nach wenigen Tagen konnte ich mir ein ungefähres Bild über das Regime im Haftkrankenhaus machen. Auch hier herrschte ein autoritäres Gefälle in Form einer teilweisen Selbstverwaltung vom Oberganoven, dem sogenannten Brigadier – erkennbar an seinem Ton und einer gelben Armbinde –, bis zum kleinen Zellenputzer.

Die Funktion des Brigadiers hatte Stahmer inne, der Typ mit der langen Nase und dem Silberkranz, der mir schon bei meiner »Nierenkolik« aufgefallen war. Mit vollem Namen hieß er Egon Stahmer. Er war etwa Mitte Fünfzig und erschien mir auf den ersten Blick wie der Prototyp eines SED-Parteifunktionärs, was er ohne jeden Zweifel bis zu seiner Inhaftierung auch gewesen war.

Stahmer hatte ein makabres Verbrechen begangen: Anfang der siebziger Jahre hatte er in einem Wutanfall seine Frau umgebracht. Um die Leiche verschwinden zu lassen, baute er in seinem Einfamilienhaus in aller Eile eine neue Wand und mauerte die Frau ein. Anschließend ging er zur Polizei und gab eine Vermißtenanzeige auf. Stahmer war ein treuer Genosse, auf den kein Verdacht fiel. Nach Jahren vergeblichen Nachforschens wurde die Frau schließlich für tot erklärt, und er konnte sich getrost die nächste Gattin ins traute Heim holen. Als es aber einmal zu Streitigkeiten kam, wies Stahmer die zweite Frau auf sein Mauerwerk hin und drohte ihr das gleiche Schicksal an.

Das Merkwürdige war, daß Stahmer nicht, wie zu erwarten gewesen wäre, lebenslänglich, sondern nur dreizehn Jahre Freiheitsentzug bekommen hatte. Die ihn verurteilenden Parteibrüder mußten irgendwelches Verständnis für seine Missetat gefunden haben. Die Krönung war, daß Stahmer sofort nach seiner Einlieferung in Brandenburg, ohne jemals etwas von Krankenpflege gehört zu haben, den Leitungsposten eines Brigadiers im Haftkrankenhaus erhalten hatte. Offenbar wollte man sich

Stahmers parteitreue Machtbesessenheit auch für das Überwachungs- und Unterdrückungssystem im Zuchthaus zunutze machen. Und Stahmer tat in seiner pedantischen deutschen Beflissenheit alles, um seinen Posten und seine Vergünstigungen zu behalten.

Obwohl Stahmer trotz seiner uns Ärzten übergeordneten Funktion nur als Arztschreiber und Helfer eingesetzt war, suchte er jede mögliche Gelegenheit, um die Ausweiserärzte anzuschwärzen. Während der Freistunde sah man ständig eine Traube von Ganoven an seinem Rockzipfel hängen, die um seine Gunst warben und ihn baten, Denunziationen an Polizei und Stasi weiterzuleiten, denn er besaß das Vertrauen dieser Institutionen, und man war bei einer eventuellen Begnadigung auf seine Beurteilung angewiesen. Es gab sogar Polizisten, die vor Stahmers Allmacht und Denunziationssucht Angst hatten.

Kurz vor Weihnachten kam es zu einer heftigen Auseinandersetzung mit ihm. Wie gesagt, war es für alle im HKH beschäftigten Strafgefangenen absolute Pflicht, gewissermaßen als zusätzliche politische Schulung allabendlich der »Aktuellen Kamera« beizuwohnen. Sich zu entziehen war unmöglich. Deshalb hatten wir Ärzte uns angewöhnt, erst im letzten Moment, kurz vor halb acht, wenn schon alle anderen im Fernsehraum Platz genommen hatten, zu erscheinen. Während die Ganoven mit geheucheltem Interesse den täglichen politischen Schwarzweiß-Malereien und Ausführungen über ständig steigende Produktionsziffern irgendeines sozialistischen Kollektivs verfolgten und darauf achteten, daß Stahmer ihre Aufmerksamkeit bemerkte, hatten wir uns verschiedene Techniken zum Abschalten ausgedacht. Alexander konnte sofort nach dem Anfangsgong die Äuglein hinter seiner Brille schließen und in einen Halbschlaf verfallen. Andere folgten den stummen Bewegungen der Fische im Aquarium, das direkt neben dem Fernsehgerät stand. Man konnte sich auch in bestimmten Rhythmen die Ohren zuhalten, dann klangen die Reden noch absurder …

Der Zufall wollte es, daß Nachbar James und ich heute doch etwas aufmerksamer die Sendung verfolgten. Erich Mielke, der Minister für Staatssicherheit, hatte seinen Ehrentag. Honecker schwang eine kämpferische Rede über den Einsatz des anderen Erich zum Schutz des Sozialismus und die Erfolge konsequenten Einsatzes seiner Genossen im In- und Ausland. Anschließend erfolgte ein Massenabknutschen, angefangen mit beiden Erichs, dann kam der sowjetische Militärchef für Deutschland an die Reihe, und schließlich wurde das senile Politbüro durchgedrückt.

Ich murmelte etwas wie »Zum Kotzen!« vor mich hin. Auch James konnte sich nicht mehr halten: »Einfach unglaublich, diese Selbstbeweihräucherung!« Stahmer reagierte sofort. Mit haßerfülltem Gesicht stand er auf. Seine Stimme war böse und überschlug sich fast: »Ihr!« Er zeigte beschwörend mit dem Zeigefinger auf uns: »Ihr habt hier den Mund zu halten und keine Meinungen abzugeben, solange ich hier die Verantwortung für alle Strafgefangenen habe!«

Alle Blicke wandten sich vom Fernseher weg, denn jetzt war etwas viel Interessanteres im Gange: ein Disput mit Stahmer. Ich vergaß meine Stellung als Arzt und verfiel in den Knastjargon, mit dem man am besten treffen konnte: »Schnauze, Stahmer, du Killerschwein!«

»Ich mach' das hier schon mehrere Jahre, und ihr habt euch zu fügen, ob euch das paßt oder nicht«, schoß er barsch zurück.

»Von mir aus kannst du hier verfaulen, du Vogel, ich bin in ein paar Monaten sowieso draußen!« James stand kerzengerade. »Ich kann und werde die Selbstbeweihräucherung dieser Verbrecher, die mich schließlich hierher gebracht haben, nicht länger ertragen!« Er stand auf und ging. Mit kurzem Hüsteln gab ich Alexander, der jetzt erst aufwachte, ein Zeichen, und wir folgten James aus der Fernsehzelle.

Stahmer rannte fast an uns vorbei, um dem diensthabenden Polizisten Meldung zu machen. Bimbo, der Bulle mit den großen Füßen, der dicken Brille und dem Kinderverstand, war einer derjenigen, die am meisten Respekt vor Stahmers Allmacht hatten. Umgehend wurden wir eingeschlossen.

Am nächsten Tag hatte Stahmer eine schriftliche Meldung über den Vorfall an Oberleutnant Kurze gemacht, und selbstverständlich mußte unserem Verhalten eine Bestrafung folgen.

James erschien in der Zahnabteilung, um mir mitzuteilen, daß wir Querulanten Punkt fünfzehn Uhr im Büro von Kurze zur Bestrafung zu erscheinen hätten. Beim Verlassen der Praxis lächelte er mit einem kurzen Fingerzeig auf die Uhr, was soviel bedeuten mochte wie: Laß dir ruhig Zeit, der Alte kann warten!

Also wurde aus 15.00 Uhr schließlich 15.30 Uhr. Als wir nun seelenruhig mit freudigen Gesichtern den Gang zum Alten entlangschritten, zeigte das Killerpersonal eine eigenartige Geschäftigkeit. Jeder von ihnen lauerte förmlich auf Kurzes Reaktion und unsere Strafe.

Doch Kurze war es offenbar gar nicht so recht, uns bestrafen zu müssen. Er war im Krankenhaus auf uns angewiesen. Trotz seines Titels Medizinischer Assistent war er nie mehr als ein Feldscher gewesen. Ihm unterlag die Medikamentenausgabe für die bettlägrigen Patienten, aber die Anweisungen, wer welche Medikamente zu bekommen hatte, erhielt er von uns.

Ohne die übliche militärische Anmeldung traten wir ein, und er ließ uns Platz nehmen. Dann begann er: »Leute, das könnt ihr mir doch nicht antun! Wenn die anderen das nun auch machen würden, die sind doch meist nicht ganz richtig im Kopf! So geht das doch nicht, ihr sollt mir doch bei der Erziehung der anderen helfen ...« James wurde scharf: Es sei für uns eine Zumutung, solchen Mist gucken zu müssen, damit seien wir genug bestraft.

Kurze darauf: Er wisse ja, daß wir eigentlich gar nicht hierher gehörten, aber er könne daran auch nichts ändern, und »Aktuelle-Kamera«-Sehen sei nun mal im HKH Vorschrift, der müßten wir uns fügen. Dann gab er uns mit völlig ernstem Gesicht ein paar Tips, wie man die »Aktuelle Kamera« besser ertragen könnte, zum Beispiel Watte in die Ohren stecken, Augen zumachen, Fische angucken – Hauptsache sei, wir würden, der allgemeinen Ordnung entsprechend, anwesend und ruhig sein.

James und Kurze sprachen jetzt beide gleichzeitig, und keiner von beiden machte Anstalten, dem anderen zuzuhören. Noch wurde das Gespräch in recht ruhigem Ton geführt. Dann aber, als beiden die Luft auszugehen schien, hatte Kurze plötzlich einen Zettel in der Hand und schlug beim Verlesen des Inhalts seinen Feldwebelton an. Er nahm militärische Haltung ein, forderte uns aber auf, wir könnten ruhig sitzen bleiben. Er brüllte strafende Worte Richtung Tür, hinter der voller Genugtuung ein paar Langohren lauschten. Und dann bekamen wir für ein paar Wochen Fernsehsperre.

Obwohl sich die praktische Zusammenarbeit mit Hotz gut entwickelte, behielt er eine gewisse Distanz zu mir. Er ließ sich nicht in seine Gefühlswelt hineinschauen. Das hatte seine Gründe.

Hotz stammte aus einer thüringischen Eisenbahnerfamilie, dem rollenden Dialekt nach irgendwoher aus der Erfurter Gegend. In der Schule war er anscheinend nicht der Beste gewesen, so daß er bereits nach der neunten Klasse eine Lehre angefangen hatte. Wie schon Vater und Großvater wurde auch er Eisenbahner, nach dem achtzehnten Geburtstag Kandidat der SED und anschließend vollwertiges Parteimitglied. Seinen Wehrdienst verrichtete er bei der kasernierten Bereitschaftspolizei. In dieser Zeit hatte er ein Verhältnis mit einer um einige Jahre älteren Frau. Es wurde erzählt, daß es sich um seine ehemalige Lehrerin gehandelt hatte. Offenbar war Johannes zum ersten Mal so richtig verliebt. Zuerst störte auch nicht, daß sie verheiratet war und zwei Kinder hatte. Immer, wenn der Ehemann auf Dienstreisen unterwegs war, übernahm Wachtmeister Hotz dessen Rolle. Auf sein Drängen, sich scheiden zu lassen, ging die Frau jedoch nicht ein. Im Gegenteil, seine ständige Eifersucht und die Angst, vom Angetrauten ertappt zu werden, veranlaßten sie, die Angelegenheit zu beenden. Allerdings wollte Johannes dabei nicht mitmachen.

Er schlug die Frau derart brutal zusammen, daß sie ein paar Tage später trotz intensivmedizinischen Einsatzes im Krankenhaus ihren inneren Verletzungen erlag. Da Hotz zu diesem Zeitpunkt Angehöriger der Polizei war, stand Totschlag überhaupt nicht zur Debatte. Damit niemand in der Bevölkerung auf den Gedanken kommen konnte, ein Polizeiangehöriger würde möglicherweise begünstigt, wurde sofort auf Mord plädiert. Hotz erhielt lebenslänglich und landete in Brandenburg. Allerdings hatte man für ihn, den ehemaligen Genossen, eine gute Arbeitsstelle ausgesucht. Hier im Krankenhaus waren Arbeit und Umgebung sauber, das Essen war besser, und man erhielt auch andere Vergünstigungen. Außerdem konnte er bei der Überwachung der Ausweiserärzte ausreichend Punkte für seine Begnadigung sammeln. Kein Wunder also, daß Hotz, wenn ich mich mit bestimmten Patienten unterhielt, ungeheuer große Ohren bekam und es anschließend oft schwierig war, diese Leute zur Weiterbehandlung wieder auf meinen Zahnarztstuhl zu bekommen.

Da meine Vorgänger ihn in den drei Jahren seines Brandenburger Daseins bestens ausgebildet hatten, ließ es sich mit ihm recht gut zusammenarbeiten. Er verstand sich aufs Röntgen, konnte Abdrücke bei den Patienten nehmen, achtete auf Sterilität und assistierte beim Operieren. Schwierigkeiten hatte er lediglich beim Ausfüllen der Karteikarten, besonders bei medizinischen Fachausdrücken.

Trotz seiner mir arbeitsmäßig untergeordneten Position hatte er in der Praxis mehrere Privilegien. Zum Beispiel war nur ihm, nicht mir, der Zugang zum Arzneischrank möglich. Es war für mich am Anfang etwas merkwürdig, selber lediglich über schwache Medikamente oder sogenannte Placebos zu verfügen und bei Verordnung stärkerer Medikamente erst meinen Gehilfen zu fragen, bevor er das Schränkchen öffnete. Mein Gefühl, daß er nicht nur den Auftrag hatte, mit Medikamenten zu geizen, sondern auch andere Verwendung dafür gefunden hatte, bestätigte sich. Einmal im Monat wurde eine Bestelliste für Medikamente ausgefüllt und der Verbrauch des vergangenen Monats eingetragen. Dabei fiel mir schon nach den ersten Wochen folgendes auf: Der Verbrauch von Placebos war enorm hoch. Verständlich, daß die Rate der Tablettensüchtigen und suizidal Gefährdeten in Gefängnissen immer höher ist als draußen. Deshalb sollte auch Vorsicht geboten sein beim Umgang mit Tabletten. Doch das zweite, worauf ich bei meinem Studium der Verbraucherliste stieß, war, daß auch der Abgang von starken Antischmerzmitteln immens war. Obwohl ich hundertprozentig wußte, daß ich höchstens zweimal Tabletten an Patienten mit stärkeren, glaubhaften Zahnschmerzen ausgegeben hatte, waren alle Originalverpackungen an Copyrkal weg oder leer. Hotz reagierte auf meine Frage nach den verschwundenen Tabletten nur mit einem Achselzucken. Also war klar, daß er entweder süchtig war und das Zeug selbst schluckte, jemand anderes damit frei hielt oder sich 'ne Mark nebenbei machte. Das bekam ich nie richtig heraus. Jedenfalls erschien fast jeden Tag zur selben Zeit unser Zahntechniker Schuster in der Praxis mit den Worten: »Hotte, schick ma zwei Copis rüber, kann dann besser arbeiten!« Am Anfang behauptete Schuster noch, Kopfschmerzen zu haben. Wenn, dann handelte es sich hier allerdings wohl mehr um Suchterscheinungen. Später gab's überhaupt keine Erklärung mehr, nur noch Blicke oder Fingerzeige. Copyrkal ist ein barbiturathaltiges euphorisierendes Analgetikum, das bei hoher Dosierung in Kombination mit starkem Tee deutlich die Sinne beeinträchtigt und zu einem kurzfristigen Ausstieg führt.

Im Haftkrankenhaus waren fast alle Langstrafer tablettenabhängig. Die gängige Droge war Dormutil, ein Einschlafmittel, besser bekannt als Metaqualon. Mit frisch aufgebrühtem schwarzem Tee wurde die Ermüdungswirkung in eine halluzinogene »Leck-mich-am-Arsch«-Stimmung umgewandelt. Mehrmalige Anwendung führte automatisch zur Sucht und Dosiserhöhung. Seltsamerweise schien niemand Angst davor zu haben, von den diensthabenden Bullen erwischt und bestraft zu werden. Nein, ganz im Gegenteil, genau von denen kam das Zeug. Die weißen Pillen mußten nicht mal geklaut werden. Es war ganz einfach. Man ging abends, möglichst allein, zum Diensthabenden, klagte über Schlafprobleme und hielt die offene Hand hin. Wenn der Bulle die Klinikpackung aufschraubte und die Pillen auf die Hand schüttete (egal ob drei oder dreißig), gab man der Dose noch einen kleinen Schubs und begründete das damit, daß auch die Kollegen nicht schlafen könnten. Und schon war Stoff im Umlauf. Wenn er gar nicht anders zu kriegen war, mußten die Süchtigen ihn eben den Bedürftigen, das heißt den wirklich Kranken, klauen oder abschwatzen.

Eines Tages wurde ein als Epileptiker bekannter Patient mit einem frischen Anfall ins Haftkrankenhaus eingeliefert. Er war während des Hofganges aus den Latschen gekippt, hatte sich durch die einsetzenden Krämpfe auf die Zunge gebissen. Es dauerte einige Zeit, bis sich ein Bulle bereitfand, die Türen bis zum Krankenhaus aufzuschließen. Vier Häftlinge schleppten den Bewußtlosen wie einen schweren Sack an vier Ecken in den Untersuchungsraum. Er erhielt zunächst intravenös ein Beruhigungsmittel. Seine Atemrhythmik wurde gleichmäßiger, die Verkrampfungen ließen nach. Wieso hatte der Mann diesen Anfall gehabt? Laut Behandlungsprotokoll erhielt der Mann seit Monaten seine täglich einzunehmende Lepsiral-Tablette vom Sani verabreicht. Als er wieder ansprechbar war, kam heraus, daß er ein notorischer Spieler war. Erst war der geringe Monatslohn, dann das wegen seines Magenleidens ärztlich verordnete Diätessen verspielt. Um wenigstens noch rauchen zu können, blieb ihm nichts anderes übrig, als seine Pillen zu verhökern.

Als unser Epilepsiepatient schließlich feststellte, daß man

ihm während des Transports zum Krankenhaus Zigaretten und Börse gestohlen hatte, war er völlig am Boden zerstört. Er bettelte darum, in ein anderes Zuchthaus verlegt zu werden, um den Schulden zu entgehen. Es ging ihm gesundheitlich sehr schlecht, denn er hatte schon seit Monaten auf seine Medizin verzichtet.

Zur Praxis gehörte auch ein kleiner Röntgenraum. Das zahntechnische Labor zur Anfertigung von Prothesen befand sich eine Etage tiefer im Keller und war für damalige DDR-Verhältnisse recht modern eingerichtet. Zwar gab es weder Gold- noch Silberlegierungen für die Anfertigung von Kronen und Brükken, aber eine nagelneue Gußschleuder für Nichtedelmetalllegierungen. Welches ostdeutsche Provinzlabor konnte Anfang der achtziger Jahre schon solch eine Devisenanschaffung vorweisen? Damit waren wir quasi in der Lage, stabile, mundbeständige und ästhetisch optimale Prothesen für unsere Patienten herzustellen. Meine Freude darüber wurde allerdings gedämpft, als ich merkte, nach welchen Auswahlkriterien die Patienten diesen besseren Zahnersatz erhielten und vor allen Dingen, wer darüber verfügte.

Der offizielle Leiter des Zahnlabors war Leutnant Schmelzer, ein mit Minderwertigkeitskomplexen beladener Mensch, der seine fachliche Unfähigkeit und Faulheit hinter Befehlstönen und dicker Hornbrille versteckte. Irgendwie hatte er im x-ten Anlauf seine Zahntechniker-Meisterprüfung geschafft. Darauf war er sehr stolz. Leider erwiesen sich seine Kronenmodellationen und Prothesenaufstellungen als katastrophal und kaum einsetzbar. Er war ein wirklicher Meister der Material- und Zeitverschwendung und der häufigen Fehlgüsse. Deshalb überließ Schmelzer die Arbeit mehr und mehr seinen lieben Laborganoven. Der eine, ein endvierziger Spielbetrüger mit Gehfehler und Bierwampe aus Leipzig, war schon über zwanzig Jahre aus dem Fach raus, wie er meinte. Aber zumindest hatte er die Zahntechnikerlehre abgeschlossen. Auch er war nicht der Fleißigste. Lieber ordnete er sich der Willkür seines Kollegen Schuster unter. Der hatte schon zehn Jahre Knast hinter sich und galt als privilegiert. Schuster war knapp dreißig Jahre alt, wirkte aber viel jünger, war sportlich und schlank, sehr gepflegt. Mit seinen glatten dunklen Haaren, dem runden Gesicht, dem braunen, feinen Teint und den großen blaugrauen Augen war er genau der Typ, der mit unschuldigem Blick so manches Teenager-Herz höherschlagen lassen konnte. Als er merkte, daß er mich nicht für seine dunklen Geschäfte einspannen konnte, wich seine anfänglich schmierige Kumpelhaftigkeit schnell einer arroganten, wichtigtuerischen Art. Obwohl er nie eine Lehre als Zahntechniker absolviert hatte, war es Schuster, der die Prothesen anfertigte und mit der Gußschleuder umgehen konnte. Weiß Gott, wer ihm diese Fähigkeiten beigebracht und ihm diesen privilegierten Job zugeschanzt hatte. Jedenfalls war er der eigentliche Boß des Labors.

Das erste Mal gerieten wir aneinander, als ich einem Patienten, der wegen sogenannter staatsfeindlicher Hetze sechs Jahre einsaß, eine Zahnprothese verordnet hatte und Schuster die Abdrücke präsentierte. Umgehend beschwerte er sich bei Schmelzer, daß ich diese Leute bevorzugte. Politische konnte er absolut nicht leiden, und außerdem war er es gewohnt, daß ihm seine Kumpels für seine Dienste etwas »rüberwachsen« ließen: Geld, Tee, Kaffee oder Westseife.

Schuster war hochgradig tablettensüchtig. Mit ein paar Dormutil oder Copyrcal ließ sich seine Arbeitsmoral schon mal aktivieren, wenn kein anderer Weg zum Erfolg führte. Über sein Verbrechen redete er nie. Er war ein wahrer Künstler beim Verdrängen. Es schien, als hätte er den miesen Sexualmord aus seinem Gedächtnis gestrichen.

August 1972. Der frischgebackene Familienvater Schuster arbeitete tagsüber als Zerspanungsfacharbeiter und abends als stellvertretender Leiter des Jugendclubs. Am Wochenende sollten die Puhdys auftreten, und Schuster konnte unter seinen Freunden Karten verteilen. Nach einer Klubratsversammlung ließ er sich vollaufen. Auf dem Nachhauseweg traf er ein sechzehnjähriges Mädel, das er vom Jugendklub her kannte. Sie war gerade auf dem Weg zur Nachtschicht in eine Fabrik, wollte sich in den Ferien etwas Geld verdienen. Zuerst versprach er ihr Karten fürs Puhdys-Konzert. Als er sie zu küssen versuchte, wehrte sie sich. Er hielt ihr den Mund zu, verdrehte ihr den Arm auf den Rücken und zerrte sie auf den naheliegenden Friedhof. Dort fiel er über sie her, zerriß ihre Kleidung und vergewaltigte sie. Das Mädchen schrie aus Leibeskräften um Hilfe. Von Panik erfaßt, würgte er sie so heftig, daß der Kehlkopf zerbrach. Als das Mädchen tot war, ließ er von ihm ab und beseitigte seine Fußspuren. Dann schwankte er heim und ließ sich nichts anmerken.

Merkwürdigerweise hatte niemand die Hilferufe des Mädchens gehört. Auch am nächsten Morgen blieb die Leiche zwischen den Grabsteinen noch unentdeckt. Erst einen Tag später, von Angst geplagt, anhand seiner Fingerabdrücke überführt zu werden, ging Schuster zur Polizei und meldete das Auffinden einer Leiche. Doch mit Hilfe von Spürhunden fand man weitere Indizien und überführte ihn schließlich der Tat.

Obwohl er, wie gesagt, nie darüber sprach, kannte jeder im Haftkrankenhaus seine schreckliche Story in allen Details. Zuweilen wurde auch etwas weggelassen, politisch motiviert oder dazugedichtet.

Schuster war im Grunde ein sehr unsicherer Mensch. Er mied den direkten Blickkontakt mit dem Gesprächspartner, begleitete aber seine Rede stets mit wichtigtuerischen Handbewegungen. Ich wurde gewarnt vor ihm. Er galt als gefürchteter Denunziant und hatte nicht von ungefähr den Vorzugsposten im Dentallabor erhalten. Obwohl er bei jeder passenden Gelegenheit Stahmer und den Erziehern in den Hintern kroch, hatte er die weitaus besten Kontakte zur Staatsmacht. Jemand hielt seine schützende Hand über ihn.

Für seine monatlichen, etwa einstündigen Geheimtreffen mit einem grauhaarigen, elegant gekleideten Herrn mit feinem Aktenkoffer im von Lauschern geräumten Labor des Haftkrankenhauses gab's nur eine Erklärung: Die Stasi interessierte sich für ihn. Der Zufall wollte es, daß ich einmal genau in solch einem Moment mit Zahnabdrücken ins Labor hineinplatzte. »Raus hier!« herrschte mich der Grauhaarige im Präsentanzug an, während er empört die Kaffeetasse auf den Teller klirren ließ und mit der anderen Hand den Aktendeckel zuklappte. »Verpiß dich, Garve!« schoß Schuster hinterher und knallte die Tür von innen zu.

Als Bewährungshelfer schied der Grauhaarige aus. So etwas gab's hier nicht. Aber solch private Vorzugsbehandlung wurde auch nicht jedem kleinen Spitzel zuteil. Einen billigen Informanten konnte sich die Stasi ganz einfach unter irgendeinem Vorwand ins Verwaltungsgebäude bringen lassen. Hier bestand ein ganz besonderes Vertrauensverhältnis. Wir vermuteten, daß die

Firma Horch und Guck mehr mit Schuster vorhatte und ihn vielleicht, als Gegenleistung für vorzeitige Haftentlassung, mit geänderter Identität in den Westen schicken wollte. Genaueres erfuhren wir nie.

Für die Blutentnahme und anschließende Kontrolle bei allen Neuzugängen war kein Arzt, sondern ein Lebenslänglicher verantwortlich. Er war derjenige, der seinerzeit auch mir Blut abgezapft hatte.

Ich nehme an, daß man ihm hier diesen Superposten zugeschanzt hatte, weil er draußen ein paar Semester Chemie und Biochemie studiert hatte und außerdem aus einer der Partei treu ergebenen Familie kam. Mit Kittel, intelligenter Doktormiene, leicht ironischem, aber autoritärem Ton gegenüber den Neuzugängen und einer erstaunlichen Geschicklichkeit beim Einstechen der Kanülen in die Vene ging er auf den ersten Blick als Arzt durch.

Er war damals Ende Zwanzig, erschien aber durch ein paar graue Strähnen in seinem schwarzen Lockenkopf etwas älter. Um seine Mundwinkel spielte ständig ein kleines Lächeln. In knallhartem Kontrast dazu stand sein Verbrechen. Er hatte einen dreifachen Mord begangen. Aus guten Familienverhältnissen stammend, hatte er sein Abitur gemacht, den Wehrdienst hinter sich gebracht, anschließend geheiratet und mit dem Studium in Rostock begonnen. Dann kam es zur Scheidung. Doch daß seine geschiedene Frau den Kontakt zu anderen Männern suchte, wollte er nicht dulden. In einem Wutanfall brachte er sie einfach um. Da er sich später von seinen beiden Kindern keine Vorwürfe über den Mord an ihrer Mutter machen lassen wollte und sie außerdem nicht bei anderen Menschen groß werden sollten, ermordete er kurz entschlossen auch sie. Anschließend packte er alle drei Leichen in seinen Wagen und fuhr in Richtung Polen, um sie dort irgendwo zu verscharren.

Bei einer Routinekontrolle an der Grenze wurden die Leichen entdeckt. Matthias erhielt trotz alledem nicht die Todesstrafe, sondern lebenslänglich und, wie gesagt, diesen Vorzugsposten im Krankenhaus. Eine Sache, die nichts mehr mit Logik und Ethik zu tun hatte.

Eines Tages wurde Matthias am ganzen Körper gelb wie eine Zitrone. Gelbsucht! Natürlich hatte er ohne Handschuhe arbeiten müssen. Beim täglichen Kontakt mit Blut hatte er sich eine schwere Hepatitis eingefangen. Er wurde in eine Infektionszelle gesperrt. Außerdem ordnete man strenge Geheimhaltung des Falls an. Niemand in den Haftkommandos sollte erfahren, daß im Haftkrankenhaus akute Seuchengefahr bestand.

Die Zellentür war nicht verriegelt, nur angelehnt. Alexander war allein in der Zelle, und so konnten wir ungestört über unsere Zukunftspläne im Westen plaudern. Das munterte im tristen Knastalltag etwas auf. Das Thema war zwar verboten und wurde stets als Provokation aufgefaßt, aber was hatten wir schon zu verlieren. Wichtig war zu erfahren, ob im letzten Brief verschlüsselte Nachrichten standen, ob der Westanwalt schon grünes Licht signalisiert hatte. Hätte ja sein können, daß die Stasi uns schon verhökert hatte, ohne daß wir etwas davon wußten. Oder man hatte uns einfach vergessen! Die Phantasie spielte manchmal verrückt.

»Hier haben die Wände und Türen große Ohren«, sagte Alexander plötzlich, als es an der Tür raschelte. Wir erhoben uns vom Tisch und schlichen, weiter belangloses Zeug plaudernd, türwärts.

»Weißt du, uns bei der Stasi zu denunzieren ist eine der wenigen Chancen der Killer, Punkte zu sammeln, um vom Lebenslänglich runterzukommen. Der Franz zum Beispiel klebt wie eine Scheißhausfliege an mir und meldet jeden Pup weiter«, sagte Alexander und trat kräftig mit dem Fuß gegen die Zellentür. »Wums!« machte es, dann ertönte ein leises »Auaah!« und ein schnelles tap-tap-tap! Weg war unser stiller Horcher.

Am nächsten Tag traf ich Franz, den OP-Gehilfen. Auch er war ein Mörder. Eigentlich hatte er nur jemanden berauben wollen, ihn dabei aber gleich umgebracht. Da dessen Ehefrau hinzukam, fiel Franz nichts besseres ein, als auch sie noch abzustechen. Sie wäre ja Zeuge seiner schrecklichen Tat gewesen. Heute hatte Franz auf der rechten Stirn über dem Auge eine Beule.

»Nanu, ist dir was auf den Kopf gefallen?«

»Nee, nee, hab' mich nur gestoßen«, murmelte er und verschwand mit einer Harke in der Hand. Franz war nämlich neben seiner Lieblingsbeschäftigung als Denunziant und seiner Arbeit als OP-Gehilfe auch noch Reinigungskraft und Hofgärtner. Gott weiß, wer ihn zum OP-Gehilfen ausgebildet haben mochte. Wahrscheinlich niemand. Wenn sich also unser sich Chefarzt nennender Bullenarzt mal befleißigte zu operieren, mußte Franz sofort den Feudel aus der Hand fallen lassen und fachkundig nach dem Motto »Steril bleibt steril, auch wenn es aus den Händen fiel« die Wundhaken halten. Zum Flurwischen gab's schließlich genügend gelbgestreifte Fachärzte.

Franzens Denunziationen waren zum Teil recht unangenehm. Ich hatte zum Beispiel auf dem Dachboden des Haftkrankenhauses zwei kleine selbstgebaute Hanteln versteckt. Jeden Abend nach Arbeitsschluß versuchte ich, mich dort durch Eisenstemmen körperlich abzureagieren. Das war zwar auch hier verboten, aber da ich ja nicht die Absicht hatte, eine Wehrsportgruppe auszubilden, und nur alleine trainierte, wurde es geduldet. Als Franz die Sache aber meldete, mußte man reagieren, und schon war ich meine Hanteln los. Sogar die Dachtür wurde verschlossen. Am liebsten hätte ich Franz dafür verdroschen, aber auch das wäre ein Pluspunkt für ihn gewesen.

Schließlich beschwerte sich selbst unser Erzieher bei uns über ihn und meinte, wir sollten dem doch nicht immer so böse Sachen erzählen. Die ständigen Meldezettelchen und die Berichte, die er dann tippen und weiterleiten mußte, gingen ihm auf den Geist.

Alexander hatte neben seinem obligatorischen Mörderassistenten noch einen zweiten Gehilfen für die Schreibarbeiten, genannt Theo die Ratte, weil er stets überall herumschnüffelte und intrigierte. Sechzig Jahre alt, klein von Wuchs, schmächtig, mit eingefallenem Rauchergesicht, war er unscheinbar wie ein Buchhalter. Auffällig an ihm war nur sein knarriger fränkischer Dialekt. Theo stammte aus Erlangen und war gewissermaßen in entgegengesetzter Richtung geflohen. Er behauptete, er habe das wegen einer Frau gemacht. Wahrscheinlicher war, daß er im Westen irgend etwas auf dem Kerbholz hatte und ihm damals nichts anderes übriggeblieben war, als in den Osten zu türmen. Hier war er jedenfalls wegen Eigentums- und Betrugsdelikten einschlägig vorbestraft. Jetzt saß er wegen Autoschiebereien acht Jahre ein, genoß aber das Privileg, als einer der wenigen Nichtmörder im Krankenhaus arbeiten zu dürfen.

Theo war ein schmieriger, egozentrischer Typ, der er auch

von den meisten Mörderkollegen gemieden wurde. Natürlich arbeitete er auf eine vorzeitige Entlassung wegen guter Führung hin und sammelte durch Denunziationen Punkte dafür. Während der Arbeit klebte er förmlich wie ein Schatten an Alexander, obwohl er keine medizinischen, sondern nur die schriftlichen Arbeiten erledigte.

Der einzige, der es gelegentlich mit Theo aushielt, war der Kalfaktor Manschke. Da dieser ohnehin nicht viel Grips besaß, war er für Theo zumindestens ein guter Zuhörer. In der Regel ging es in den Monologen darum, jemand gerade nicht Anwesenden schlechtzumachen.

Während der Arbeit wehte mir von meinen Mörderkollegen oft eine Alkoholfahne entgegen. Einmal im Suff klärte Franz mich auf.

Das Nahtmaterial für Operationen wurde, um es keimfrei zu halten, in einem mit hochprozentigem Alkohol gefüllten Glasbehälter aufbewahrt. Die Konzentration von medizinischem Alkohol erkennt man weder durch den Geruch noch durch die Farbe, lediglich am Aufdruck auf der Flasche. Für das Personal war es einfach, unbemerkt etwas für den Eigenbedarf oder zum Weiterverkauf abzuzapfen und den Rest mit Leitungswasser zu verdünnen. Obwohl Chefarzt Bader davon wissen mußte, operierte er weiter. Eine Kontrolle hatte er nicht zu fürchten.

Überhaupt verstand sich Bader mit seiner Killercrew prächtig. Es war kein Problem für ihn, sich bei Operationen von Gefangenen assistieren zu lassen, die einsaßen, weil sie Menschen den Bauch aufgeschlitzt oder die Gurgel durchgeschnitten hatten. In den verschiedenen Zuchthauskomplexen von Brandenburg gab es approbierte Ärzte zur Genüge. Aber Bader verzichtete auf deren Wissen und Können und setzte nur wenige in seinem Haftkrankenhaus ein. Zum Beispiel wurden ein Orthopädie-Professor aus Erfurt und ein Neuroanästhesist aus Berlin-Buch jahrelang bis zu ihrer Abschiebung nur mit Besen und Schrubber beschäftigt. Bei komplizierten Eingriffen freilich, wenn er ihre spezielle Hilfe brauchte, erinnerte sich Bader an sie. Aber wenn er in ihren Augen nur den kleinsten Anschein von Kritik an seinem Vorgehen bemerkte, begann er sofort zu brüllen und schickte sie umgehend in ihre Zellen zurück.

Aus seinem Haß gegen uns Vaterlandsverräter machte Bader

kein Hehl. Andi erzählte mir, daß Bader mal wörtlich zu ihm gesagt hatte: »Ich würde lieber drei anständige Mörder behandeln als einen von eurer Sorte!«

Unliebsame Querulanten unter den Ausweiserärzten pflegte Bader generell hart zu bestrafen. Kurz vor meiner Verlegung ins Haftkrankenhaus hatte er Tobias Unmuth, einen Rostocker Kinderchirurgen, der wegen Republikflucht und Schleusung einsaß, mit zehn Tagen Arrest bestraft und anschließend ins Stahlwerkkommando verbannt. Im Haftkrankenhaus war Tobias als Pfleger eingesetzt gewesen. Er hatte sich darüber gewundert, daß Bader die ärztlichen Sprechstunden selten selbst verrichtete, sondern meistens seine angelernten Assistenten einsetzte, die keinerlei medizinische Qualifikation hatten. Das war auch nach geltendem DDR-Recht ein unverantwortliches Vorgehen. Nachts aber, wenn Bader schon zu Hause war und nicht extra zur Notoperation der Opfer einer Prügelei oder Messerstecherei kommen wollte, holten die Bullen Tobias. Tagsüber mußte er also die Gänge und Toiletten wischen und nachts Baders Arbeit im OP übernehmen. Er verfaßte ein Beschwerdeschreiben, in dem er darauf aufmerksam machte, daß jedem Strafgefangenen laut Strafvollzugsordnung acht Stunden Schlaf zustünden. Er sei offiziell nicht als Arzt eingesetzt, und die Sprechstunden würden gesetzeswidrig von uniformierten Krankenpflegern abgehalten. Das war für Bader Gefängnismeuterei. Mit Arrest und Strafverlegung demonstrierte er seine uneingeschränkte Macht. – Nach der Wende machte Tobias sich auf die Suche nach seinem Peiniger. Bader war längst aus Brandenburg verschwunden und hatte inzwischen einen hochbezahlten Führungsposten im Medizinischen Dienst der gesetzlichen Krankenkassen übernommen, den er bis heute innehat.

Auch Baders Frau, eine Ärztin für Innere Medizin und Majorin der Deutschen Volkspolizei, hatte zeitweilig im Haftkrankenhaus gearbeitet. Zwar war sie weder attraktiv noch beliebt, aber immerhin weiblich. Genauer gesagt: Sie war die einzige Frau im Zuchthaus. Unter den Ganoven, die sich darum rissen, von ihr untersucht und behandelt zu werden, galt sie deshalb als »meistbenutzte Wichsvorlage«, wie sie sich ausdrückten. Sie wurde ständig belästigt und hat wohl deshalb ihren Dienst quittiert.

Gelegentlich hielten zivile Ärzte und Pfleger, die das volle Vertrauen der Staatsmacht genossen, ihre Sprechstunde im Haftkrankenhaus ab. Diese Zuchthaus-Stellen waren in der DDR bei Ärzten wegen des zusätzlichen Honorars begehrt, aber eben nicht für jeden erreichbar. Absolute Schweigepflicht war eine der Mindestvoraussetzungen, die man erfüllen mußte. Unter ihnen soll es einen Augenarzt, Orthopäden und sogar einen Psychologen gegeben haben, die ich während meiner Haftzeit allerdings nie zu Gesicht bekam.

Der zweite Polizistenarzt, der als gemäßigt im Umgang mit den Gefangenen galt, jedoch sehr selten in Erscheinung trat, war ein gewisser Major Weigel. Er hatte ein distanziertes, aber stets freundliches Verhältnis zu den Ausweiserärzten und litt selbst unter der Willkür seines Chefs Bader. Als Tobias Unmuth nach seiner Verlegung ins Stahlwerkkommando wegen angeblicher Arbeitsverweigerung von dem berüchtigten Polizistenmörder Bruno Lex brutal zusammengeschlagen worden war und bewußtlos ins Haftkrankenhaus eingeliefert wurde, hatte Bader glücklicherweise gerade Urlaub, und Weigel kümmerte sich persönlich um ihn. Er ermunterte ihn sogar, eine Anzeige gegen den Schläger einzureichen, und bot seine Unterstützung an. Es war nur Weigels Hilfe zu verdanken, daß es überhaupt zum Prozeß kam, Lex ein Jahr Nachschlag auf seine ohnehin schon lebenslange Haftstrafe erhielt und Tobias aus Sicherheitsgründen in ein anderes Arbeitskommando verlegt wurde. Die Schicksale der vielen wegen Fluchtversuchen zu jahrelangen Haftstrafen verurteilten Kollegen, die er kommen und gehen sah, stürzten Weigel in so arge Gewissenkonflikte, daß er schließlich selbst die Flucht in den Westen ergriff. Während einer Urlaubsreise ins sozialistische Bruderland Kuba nutzte er die kurze Zwischenlandung in Kanada und machte sich aus dem Staub.

Künstlerische Arbeiten

Jonas erklärte mir, saß er stockschwul sei. Mit den Knastschwulen, die nur aus der Not eine Tugend machten und draußen ihre Ehefrauen hatten, komme er überhaupt nicht zurecht. Die würden sich auf eine gefühlsmäßige Beziehung überhaupt nicht einlassen und ihn nur ausnutzen. Insofern war er ganz zufrieden, hier im Krankenhaus arbeiten zu können. Er hatte Serbokroatisch studiert, aber das Studium abgebrochen und dann in der Berliner Charité Krankenpfleger gelernt. Jonas war im Haftkrankenhaus der einzige Krankenpfleger mit Abschluß. Er versicherte mir, nicht in der Partei gewesen zu sein. Daß er diesen Vorzugsposten erhalten hatte, lag wahrscheinlich daran, daß sein Vater ein hohes Tier im Außenministerium der DDR war. Seine Kindheit hatte er mit seinen Geschwistern in verschiedenen Schulinternaten im sozialistischen Ausland wie Rumänien, der Tschechoslowakei oder Jugoslawien verbracht. Eine Zeitlang hatte er als Botschaftskind in Frankreich gelebt. Sein Bruder war dort sogar mit Billigung der DDR geblieben, arbeitete in Paris bei der Air France als Steward und war verheiratet. Das war für mich eine unglaubliche Geschichte, die ich erst einmal verarbeiten mußte. Offensichtlich wurde in der DDR nicht immer mit dem gleichen Maß gemessen. Alle waren gleich – einige mehr, andere weniger.

Jonas schämte sich für seine Selbstmordversuche, hatte aber noch immer wenig Willen weiterzuleben. Ich merkte, daß er sich nur mit Tabletten über Wasser hielt. Eigentlich war es mir egal, was er getan hatte, aber er legte gleich von Anfang an die Karten auf den Tisch. Zwischen ihm und seinem Freund, mit dem er sich in Berlin eine Wohnung geteilt hatte, war es zu einem handfesten Eifersuchtsstreit gekommen. Da der Partner größer und kräftiger war, wußte sich Jonas nicht anders zu helfen, als ihm dessen große chinesische Porzellanvase auf den Kopf zu schlagen. Jonas trug Würgemerkmale und Schnittverletzungen davon. Doch auch sein Freund lag blutüberströmt am Boden. Schließlich wurden beide ins Krankenhaus eingeliefert. Zwei Tage später erstattete der Freund Anzeige wegen schwerer Körperverletzung. Der Fehler war, daß Jonas nicht sofort das gleiche tat. Außerdem hatten Nachbarn gehört, wie er im Affekt gebrüllt hatte: »Ich bring' dich um, du Schwein!« Da Jonas keinen Anwalt hatte und beim ersten Polizeiverhör diese Äußerung bestätigte, wurde die Anklage wegen schwerer Körperverletzung zu einem Mordversuch umformuliert. Nach einwöchigem Krankenhausaufenthalt wanderte Jonas in den Knast. Der Freund, ein Kunstliebhaber, der besonders sauer über die kaputte Vase war, wurde nach drei Wochen entlassen. Der Verdacht auf Schädelbruch und innere Blutungen hatte sich nicht bestätigt. Beim Lesen der Urteilspapiere hatte ich den Eindruck, daß bei der Festlegung des Strafmaßes die Einstellung von Richter und Staatsanwalt gegen Homosexuelle eine Rolle gespielt hat. Normalerweise hätte Jonas allenfalls eine kurze Bewährungsstrafe erhalten sollen.

Er zeigte mir Briefe und Fotos seines Bruders, der sich im fernen Frankreich über einen Westanwalt für ein Wiederaufnahmeverfahren des Prozesses einsetzte. Allerdings war die Berufung bereits abgelehnt worden.

Jonas reagierte oft wie eine Frau. Schaute man ihm längere Zeit in die Augen, konnte es schon mal passieren, daß er errötete. Abends, beim Entkleiden, stellte er sich immer hinter die Spindwand. Es war ihm unangenehm, von anderen nackt gesehen zu werden. Er genierte sich einfach. Wenn Jonas sich bei mir ausheulte, war es am besten, ihn wie ein kleines Kind in den Arm zu nehmen. Dann leuchteten seine Augen schnell wieder. Er war, glaube ich, traurig darüber, daß ich nicht auch homosexuell war. Bei den Patienten auf der Krankenstation war er beliebt. Allerdings gab es auch 'ne Menge Männer, die ihn einfach nur ins Bett kriegen wollten. Aber dafür war er sich zu schade.

Der zweite nette Mensch in der Zelle hatte mit seiner Glatze verblüffende Ähnlichkeit mit Ernst Thälmann. Er hieß Uwe, war von Beruf Fotograf und kam aus Leipzig. Wie ich erfuhr, hatte er für die DEWAG gearbeitet und zum Beispiel großflächige Gebrauchswerbung für Fußballstadien gestaltet. In Leipzig mit seiner Messe und den vielen internationalen Gästen konnten auch ausgesuchte Westfirmen gegen harte Währung für ihre Produkte werben. Uwe trat als Vermittler auf, und als er einmal die erhaltene Provision nicht an den Staat abführte, geriet er zwischen die Fronten. Wegen Steuerhinterziehung und Devisenvergehen in sechsstelliger Höhe erhielt er acht Jahre. Natürlich steht einem Vermittler von Geschäftsabschlüssen bei Erfolg eine Provision zu. Das sah die devisengierige DDR-Staatsmafia freilich anders. Doch Uwe meinte, er habe das Geld gar nicht behalten wollen. Sein einziger Fehler sei es gewesen, das erhaltene Geld nicht sofort weitergeleitet zu haben. Später wurde übrigens seiner Berufung stattgegeben und die Strafe um vier Jahre reduziert. Vielleicht war es das schlechte Gewissen vor den westdeutschen Geschäftspartnern, die sich nach Uwes Verbleib erkundigten und für seine Freilassung einsetzten, daß man ihm einen Posten im Haftkrankenhaus zugeschanzt hatte. Er hatte die Funktion des Bettwäsche-Verwalters auf der Krankenstation inne. Gelegentlich wurde er auch als Krankenpfleger oder Schreiber eingesetzt.

Uwe litt an einer Hautkrankheit. Die Behandlung von Hautkrankheiten war inzwischen zu einer Art Hobby für Alexander geworden, und sie erprobten die verschiedensten Therapien. Doch trotz dieser häufigen Kontakte hielt er zu uns Ausweiserärzten eine gewisse Distanz. Um eine gute Beurteilung für seine vorzeitige Entlassung zu erhalten, wäre es allerdings auch nicht ratsam gewesen, als Sympathisant von Staatsverbrechern zu gelten. Er wollte schließlich nicht in den Westen, sondern zu Frau und Kind zurück nach Leipzig.

Da er im Oberkiefer eine große Zahnlücke hatte und deshalb nicht richtig kauen konnte, bat er mich, ihm zu helfen. Bevor ich mit dem Eingliedern des Zahnersatzes begann, hatte ich eine Idee. Mir war ein vor kurzem veröffentlichter »Verbesserungsvorschlag« eingefallen, den Stomatologen und Zahntechniker zu Ehren des dreißigsten Geburtstages der Republik entwickelt hatten. Die nicht ganz neue Idee war, in Prothesen, Kronen oder Brücken entweder die Personenkennzahl, die Blutgruppe oder sogar das Geburtsdatum und den Namen des Trägers einzustanzen. Damit wäre man als Leiche leichter zu identifizieren oder als Schwerverletzter schneller mit dem richtigen Bluttropf zu versorgen gewesen. Bei einer Personenkontrolle durch die Volkspolizei hätte man anstelle des Personalausweises auch seine persönliche, fälschungssichere Zahnprothese herausnehmen und vorzeigen können ... Die Erfinder wurden wohl mit dem Titel »Kollektiv der sozialistischen Arbeit« ausgezeichnet, aber wie so oft, wurde auch diese Neuerung nicht in die Tat umgesetzt. Ich beschloß, das zu ändern. Unter einem Vergrößerungsglas gravierte ich mit einem sehr feinen Zahnbohrer ein Gitterfenster, das Datum und meine Initialen in die Innenseite der Metallbrücke ein. Uwe war mit der kleinen Verzierung einverstanden. Mein Nachfolger – bestimmt hatte die Stasi schon wieder einen eingefangen – würde den kleinen Scherz per Mundspiegel bemerken und verstehen.

Auch Manschke, der grobschlächtige untersetzte Typ aus meiner Zelle, hatte Probleme mit seiner Prothese. Das eigentlich nur als Provisorium gedachte Stück Plaste mit handgebogenen Klammern war zerbrochen und nicht mehr reparabel. Manschke stand ein halbes Jahr vor seiner Entlassung und hatte Angst, zu Hause in seinem Heimatort, wo man seine Tat bestimmt noch nicht vergessen hatte, keine ordentliche Prothese zu bekommen. Anstatt gleich zu mir zu kommen, schleimte er zunächst um die Gunst von Schuster, von dem er sich eine neue Prothese erhoffte. Nachdem der Deal ausgehandelt war, tauchten beide bei mir auf, damit ich die nötigen Abdrücke fertigte.

Für mich war klar, daß bei seinen stabilen Eckzähnen eine festsitzende Brücke viel sinnvoller war. Außerdem reizte mich die Aufgabe, endlich einmal wieder eine hochwertigere prothetische Arbeit zu machen und fachlich gefordert zu sein.

»Weißt du«, sagte ich zu Manschke, »eine richtig feste Brücke brauchst du abends nicht mehr rauszunehmen, und du kannst sie auch nicht verschlucken. Ich bin mir nur nicht sicher, ob das Labor die Arbeit auch hinkriegt.«

Manschke schaute zu Schuster. Der nickte überheblich und meinte nur: »Klar, kein Thema! Mit der neuen Gußschleuder kein Problem! Bloß Edelmetall kriegen wir keins.«

»Dann nimmst du die Modellgußlegierungen aus Nichtedelmetall und verblendest alles mit Kunststoff. Ist zwar stahlhart, aber mundverträglich. Das hast du doch bestimmt schon mal gemacht, oder?«

»Naja, macht man ja nicht jeden Tag, wa!«

Das hieß also, es war das erste Mal.

Beiläufig fragte ich Manschke, wie er denn die Schneidezähne verloren habe. Die Frage war ihm äußerst peinlich, und er grinste nur gespielt geheimnisvoll. Später erfuhr ich, daß ihm vor ein paar Jahren ein Mithäftling wegen seiner Kinderschändung die Zähne rausgekloppt hatte.

Die Abdrücke landeten im Labor, und Schuster machte sich ans Modellieren und Ausgießen. Der erste Versuch schlug fehl. Aber der zweite sollte klappen. Selbst Schmelzer schaute Schuster neidisch über die Schulter, als der sein Werk ausarbeitete. Mit der Gerüsteinprobe einige Tage später war ich zufrieden. Manschke jammerte inzwischen schon, daß man ihn ständig wegen seines Lispelns verarschte und er gerne wieder mal richtig abbeißen würde. Ich vertröstete ihn bis zur endgültigen Fertigstellung der Brücke. Leider war das vorhandene Farbsortiment an Plastezähnen nicht sehr breit gefächert. Außerdem mußte man ein leichtes Durchschimmern der Metallbasis in Kauf nehmen. Aufbrennkeramik gab's in der DDR damals so gut wie gar nicht. Trotzdem war ich mit dem optischen Ergebnis zufrieden. Ich setzte die Brücke zunächst provisorisch ein. Auch Manschke schien happy zu sein. Endlich konnte er wieder sprechen, lachen und seiner Lieblingsbeschäftigung, dem Essen, nachgehen.

Einen Tag später begannen die ersten Sticheleien. »Manschke, du siehst ja aus wie'n Roboter«, konnte sich Manne, unser glatzköpfiger Küchenmörder, nicht verkneifen zu bemerken. Theo die Ratte meinte: »Das sind ja Leichenzähne, die der dir da eingebaut hat! Auf Schadensersatz und Schmerzensgeld mußt du den verklagen wegen Verunstaltung! Deine Frau erkennt dich ja so gar nicht wieder, wenn du rauskommst!«

Manschke stand nur noch vor dem Spiegel und verzog das Gesicht zu Grimassen. Schließlich fühlte er sich derart häßlich mit der Brücke, daß er sie während der »Aktuellen Kamera« demonstrativ von den Zahnstümpfen riß und danach mit schmerzverzogenem Gesicht vor sich hinstarrte. Alle Killerkollegen sollten ihn nun bedauern, und ich sollte der Bösewicht sein.

»Was soll denn das, Manschke«, fuhr ich ihn aufgebracht an. »Wenn du Probleme mit deiner Brücke hast, dann sag doch was!«

»Halt die Fresse, du Kurpfuscher!« schnaubte er zurück. Hunderte Speicheltröpfchen schossen mir entgegen. »Du wolltest mich nur häßlich machen, du Schwein! Jetzt mach' ich dich fertig. Ich hab' schon 'ne Meldung geschrieben!«

Mit seinen abgeschliffenen Zahnstümpfen sah er aus wie ein bißwütiges Raubtier, wie ein Vampir. Außerdem lispelte er schrecklich.

Ich fand nach wie vor die Brücke völlig in Ordnung. Trotzdem war mir nicht ganz wohl in meiner Haut.

Drei Tage war Funkstille zwischen mir und Manschke. Er hatte tatsächlich eine Meldung an den Chefarzt geschickt. Theo hatte sie geschrieben. Manschke war der deutschen Rechtschreibung leider nicht mächtig. Der Chefarzt reichte das Pamphlet an die Zivilzahnärzte, die gelegentlich im Haftkrankenhaus für drei Stunden arbeiteten, weiter.

Dr. Kärger, ein Oberarzt aus der Kreispoliklinik Brandenburg, sprach mit mir über die Angelegenheit. Ich schilderte ihm den Vorfall, und er zeigte mir den Beschwerdebrief. Das war ein großer Vertrauensbeweis!

Haarsträubend, was Theo sich da aus den Fingern gesogen hatte. Eigentlich ging's nicht um eine neue Brücke, sondern darum, daß Manschke Geld als Entschädigung für die angefeilten Zähne forderte. Kärger griente: »Wissen Sie, ich mach' das hier schon bald zehn Jahre und kenn' meine Pappenheimer. Sie sollten sich Ihre Energie für später aufbewahren und hier nicht Perlen vor die Säue werfen!«

Er hatte Bohnenkaffee mitgebracht und bot mir eine Tasse an. Mit Strafgefangenen einen Kaffee zu trinken, das war absolut verboten. Und dann noch mit einem Republikflüchtigen! Damit riskierte der Mann seinen Job.

»Schmelzer«, rief er dann, »holen Se mal das Krankenblatt von – wie heißt der? Manschke, ach ja.«

»Jawohl, Herr Doktor!«

In Windeseile lag ein Stapel von Karteikarten in Kärgers Hand. Ihn interessierte nur das Deckblatt. »Aha, Paragraph 121 und 148. Vergewaltigung und sexueller Mißbrauch von Kindern. Acht Jahre. Alles klar. Danke, Schmelzer. Holen Sie den Mann mal rein!«

Mit militärischer Anmeldung und bösem Seitenblick zu mir betrat Manschke das Zimmer. Auf dem Behandlungsstuhl schnaubte er noch einmal gegen mich los: »Scheiß Zähne! Haben 'ne Leichenfarbe, sind viel zu groß und klobig!«

Kärger schob die Brücke über die Stümpfe. »Alle Achtung, hätte ich gar nicht gedacht, daß Sie sowas Gutes hinkriegen, Leutnant Schmelzer!«

»Hab' ich nur beaufsichtigt. Schuster hat die gebaut«, entgegnete Schmelzer.

Manschke wollte losblubbern.

»Sagen Sie mal ›Mississippi‹«, schnitt Mayer ihm das Wort ab. »Mit Brücke haben Sie also keine Sprachstörungen mehr? Tut das weh?«

»Nö!«

»Na also! Die Brücke ist völlig in Ordnung. Zahnform und Farbe passen genau zu Ihrem Gesicht. Wir können aus Ihnen doch nicht Gojko Mitic machen. Draußen würden Sie bei unserem Materialmangel nur mit großem Glück eine solche Brücke bekommen! Ich geb' Ihnen jetzt zwei Sekunden, sich zu entscheiden, ob Sie sie behalten wollen oder nicht. Etwas anderes werden Sie bis zu Ihrer Haftentlassung von uns nicht bekommen!«

Manschke wagte keinen Gegenton mehr, und Hotz rührte den Zement an.

Der Wechsel ins Haftkrankenhaus war für mich in jeder Hinsicht eine große Erleichterung. Ich war der Elmo-Hölle entkommen und konnte in meinem Beruf arbeiten. Ich hatte gleichgesinnte Freunde um mich. Die hygienischen Bedingungen waren besser, das Essen schmeckte, und die schmutzigen, grau-grünen Uniformfetzen hatte ich gegen saubere weiße Hosen und Arztkittel eintauschen können. Nur etwas an der Kleiderordnung störte mich noch: die diskriminierenden gelben Streifen, die seitlich aufgenäht waren und uns damit zu Kriminellen abstempelten.

Eines Tages fand ich während des Rundgangs auf dem Gefängnishof des Haftkrankenhauses einen großen toten Käfer. Beinahe hätte ihn mein Vordermann aus Versehen zertreten. Ein sanfter Schubs, und schon war er in meiner Hand. Oh, welch eine Freude für mich, der als Junge begeistert Insekten gesammelt und die verschiedenen Arten bestimmt hatte! In einer Pfütze reinigte ich den Käfer.

»Wat soll'n dat, Stra Garve, Mann, gehn' Se weiter!« hörte ich Kurzes knarrende Stimme.

»Der dachte wohl, du wolltest dir ein Loch nach draußen graben«, spottete mein mittäglicher Nachbarspazierer.

Dieses kleine tote Wesen in meiner Hand, das sogar freiwillig in den Knast geflogen war, um hier zu sterben, war für mich so etwas wie ein Zeichen, daß auch unabhängig von Politik, Religionen, Gefängnissen und anderen menschlichen Erfindungen das Leben in der Natur weitergeht. Und der deutliche gelbe Streifen am Rand seines Chitinpanzers brachte mich auf eine Idee.

Zunächst präparierte ich den Gelbrandkäfer in der Knastpraxis mit Pinzette und Nervnadeln und versteckte ihn zum Trocknen in einer Zigarettenschachtel. Da im Labor ausreichend transparenter Prothesenkunststoff vorhanden war, baute ich mir eine kleine Form und umgoß den Käfer damit. Als krönenden Abschluß des »Kunstwerkes« brachte ich eine kleine goldene, aus Schokoladenpapier gefertigte Inschrift, die unser lyrisch veranlagter Anästhesist James eigens dafür kreiert hatte, mit ein. Folgenden Vers hatte er in liebevoller Mikroschrift verewigt:

»Du armes und gequältes Tier,
bist gelbgestreift genau wie wir –
und gleich dreifach eingesperrt.«

Stundenlang schliff und polierte ich meinen »Bernstein« und war stolz auf mein provokantes Werk. Wochenlang diente er mir als Talismann und Mutmacher. Doch irgendwann war er, gemeinsam mit meinem kleinen Transiradio, verschwunden, geklaut oder für die Asservatensammlung der Stasi konfisziert worden. Schade!

Poker um einen Goldzahn

Auch Polizisten sind nur Menschen und haben gelegentlich Kopf-, Bauch- oder Zahnschmerzen. Es war kurz vor Mittag. Hotz sollte den letzten Patienten reinholen.

»Ist keiner mehr da. Nur ein Bulle mit dicker Backe sitzt draußen. Aber den darfst du nicht behandeln«, sagte er.

»Quatsch«, erwiderte ich, »hol den rein. Er wird sich schon nicht ins Hemd machen.«

Etwas widerwillig verschwand Hotz. Als er wiederkam, folgte ihm ein uniformierter dickbäuchiger Fünfziger.

»Ist Hauptmann Burmeister schon da?« zischte er durch seine fast geschlossenen Zahnreihen. »Ich krieg' meine Gusche nicht mehr auf.«

»Nö, aber nehmen Sie schon mal Platz. Ich kann's mir ja schon mal anschauen.«

Es schien ihn nicht zu stören, einen Strafgefangenen vor sich zu haben. Ich wollte ihn untersuchen, doch der Mund ließ sich aufgrund eines vereiterten Weisheitszahnes kaum öffnen.

»Wat machen Sie denn da? Det is mein Patient!« herrschte mich auf einmal Bubi, der Möchtegerndoktor, von hinten an. »Sie dürfen doch keine SV-Angehörigen behandeln. Das ist absolut verboten!«

Bubi ließ sich von Hotz, gebieterisch wie ein Chirurg die Arme zum Himmel ausstreckend, den Rückenkittel zuknöpfen.

»Nun, Genosse, wat ham wer denn?«

»Tja, Herr Doktor – äh – Genosse Hauptmann – äh – hab' das schon 'n paar Tage. Jetzt kann ich nicht mehr schlucken, habe Dauerschmerzen und krieg' die Gusche nicht mehr auf.«

»Hotz, holn Se ma Leutnant Schmelzer zum Assistieren!«

Ich war gespannt, was passieren würde. Bubi forderte Schmelzer auf, den Kopf des Patienten gut festzuhalten. Dann griff er mit beiden Händen in den fest geschlossenen Mund des Patienten und versuchte mit Leibeskräften, die Kiefer auseinanderzureißen. Der Polizist bäumte sich auf und brüllte wie ein Bär. Allen drei Kämpfern standen dicke Schweißperlen auf der Stirn. Bubi schien mit der gewaltsamen Öffnung der Kieferklemme zufrieden zu sein.

»Hotz, geben' Se mir mal 'n Tupfer und die dreißigprozentige H_2O_2-Lösung!«

Um Gottes Willen, dachte ich. Der will doch nicht etwa das Zeug so hochprozentig auftragen?! Genau das tat er. Die Schleimhaut wurde plötzlich schneeweiß, war völlig verätzt. Wie Schaum lief der austretende Sauerstoff dem Patienten aus dem Mund. Der bekam kaum noch Luft vor Schreien und Heulen.

»So, und nun zusammenbeißen! Morgen stelln Se sich noch ma vor, Genosse Hauptwachmeister!«

Der Dicke verschwand mit beiden Händen vor seinem Mund, und ich bekam meinen nicht wieder zu angesichts solcher Dreistigkeit.

»SG Garve, komm' Se mal schnell mit, Mann. Da is eener oben uff de Intensivstation mit Zahnschmerzen, aber ick globe, der simuliert bloß!« rief Kurze.

»Können Sie ihn nicht runterschicken? Sie sehen ja selbst, ich habe im Moment viel zu tun«, erwiderte ich und deutete auf den Haufen von Karteikarten auf dem Tisch.

»Nee, det jeht nich, der is jewissermaßen bettlägerig«, grinste er vielsagend.

Ich nahm ein Zahnbesteck und eine Nierenschale und folgte dem Oberleutnant. Auf dem Weg zur Treppe erklärte er mir im Flüsterton, um welche Art von Patient es sich dabei handelte: »Sein Se vorsichtig, Garve, der is nämlich allgemeingefährlich, wir haben ihn ein wenig ruhiggestellt.«

Nach mehrfachem Türenauf- und -zuschließen waren wir auf der Intensivstation angekommen. Ich erwartete irgendein unbändiges Monster und hielt das Zahnbesteck fester als sonst in der Hand, um nicht selbst Opfer dieser Geräte und einer schnellen Hand zu werden.

Am Spion einer Krankenzelle hing ein Vorsichtsschild. Kurze nahm den Spion zur Seite und glotzte mit zufriedener Miene in das Innere. Erst dann schloß er auf und schob den Riegel beiseite. Als ich eintrat, wollte ich meinen Augen nicht trauen:

Weder ein tobsüchtiger Killer noch ein durchgedrehter Schlägertyp wartete dort auf uns. Nur ein festgeschnalltes Häufchen Unglück lag in unbequemer Zwangshaltung auf einem Krankenbett. Der Junge war vielleicht neunzehn Jahre alt und recht kleinwüchsig. Er hatte tiefe dunkle Augenhöhlen wie ein Magenkranker. Beide Hände waren einzeln mit einer Handschelle am Bett festgeschnallt, so daß er sich kaum mit den Fingern am Kopf kratzen konnte. Das linke Bein war am unteren Bettende ebenfalls mit einer Handschelle fixiert. Der einzige frei bewegliche Körperteil war das rechte Bein. Offensichtlich lag der Junge schon mehrere Tage so gefesselt da, denn die wundgescheuerten Handgelenke waren bereits mit Schorf überzogen. Mein Gott, dachte ich mir, was muß man wohl verzapfen, um so angeschnallt zu werden?

Kurze fing meinen fragenden Blick auf und rang sich eine Erklärung ab: »Tja, so jeht's einem, der simuliert und nich arbeeten will, wa. Na, ham Se es sich schon anders überlegt, Merkel, he?«

Der Junge reagierte überhaupt nicht auf Kurzes Geplapper.

»Du hast Zahnschmerzen?« fragte ich.

Er nickte: »Hinten, rechts unten.«

»Mach mal den Mund auf!«

Wegen der Fesseln konnte er sich nicht aufsetzen. Seine Körperhaltung wurde noch verkrampfter.

»Ich kann nichts sehen, Herr Oberleutnant«, sagte ich zu Kurze.

»Simuliert doch, wa?« war die Reaktion.

»Nee, ich kann nichts erkennen, weil er so ungünstig liegt und keine Lampe hier am Bett ist. Schnallen Sie ihn doch mal ab!«

»Aber uff de Zahnabteilung kommt der mir nich, wa!«

Kurze schloß die Schellen auf. Der Junge warf mir einen kurzen dankbaren Blick zu und rieb sich die Handgelenke.

Kaum zu glauben, daß dieses magere Würstchen nun allgemeingefährlich sein sollte. Kein Mucks kam aus ihm heraus. Er öffnete den Mund. Es schien, als ob ihm das Schmerzen bereitete. Dicker Zahnbelag war zu erkennen. »Putz dir erst mal die Zähne! Wie lange bist du denn schon hier im Krankenhaus?«

»Seit letzten Montag.«

»Und die ganze Zeit in diesem Bett?«

Er nickte, während er seine Zähne schrubbte.

Der linkere untere Weisheitszahn, der sich gerade im Durchbruch befand, war die Ursache des Schmerzes. Das Zahnfleisch und die Mandel auf der linken Seite waren feuerrot und geschwollen. Ein paar Minuten später hatte ich mir aus der Praxis einen für diese Fälle nötigen, stark nach Kampfer riechenden Wundstreifen geholt und dem Patienten in die entzündete Zahnfleischtasche gesteckt.

Kurze war sofort wieder am Hand- und Fußschellenanlegen. Ich erklärte ihm, daß zumindest eine Hand frei bleiben müsse, mit der sich der Patient den Streifen selbst entfernen könne, falls er ihm in den Hals rutschen sollte. Das leuchtete ihm ein.

Ich tippte noch unauffällig auf das Kopfkissen und zwinkerte dem Jungen beim Verlassen der Zelle kurz zu. Ich hatte ihm zwei Zigaretten und Steichhölzer unters Kissen geschoben. Vom medizinischen Standpunkt aus durfte er jetzt natürlich nicht rauchen. Aber es war klar, wenn man in solch einer Scheißsituation steckt und absolut nichts Aufmunterndes mehr um sich hat, dann ist eine Zigarette die Welt.

Dieser Patient war trotz der getroffenen Sicherheitsvorkehrungen harmlos gewesen. Aber das mußte nicht immer so sein. Einmal brachte Hotz einen Patienten, dessen Tätowierungen an den Armen und im Gesicht darauf hindeuteten, daß er schon längere Zeit Zuchthausluft schnupperte. Seine Kleidung bestand aus einer hautengen, jeansähnlichen Streifenkombination, wie sie die jüngeren Lebenslänglichen meistens trugen. Sein Haarschnitt war für Knastverhältnisse ziemlich lang. Seitens der Obrigkeit drückte man bei kriminellen Langstrafern in puncto Haarschnitt und Mode schon mal ein Auge zu.

Er nahm mit einer sportlichen Drehung auf dem Behandlungsstuhl Platz, und ich rückte, mit Spiegel und Sonde bestückt, an ihn heran. Mir kam der intensive Duft irgendeines Damenparfüms wie »Schwarzer Samt« oder so entgegen. Das jugendliche Gesicht mit den kunstvoll grün tätowierten Augenliedern, der glatten Nase und einem kleinen Mund hatte etwas Weibliches an sich. Sein fast hingebungsvoller Blick war mir unangenehm. Also konzentrierte ich mich sofort auf seine Zähne. Einer der Frontzähne fehlte: »Wie is'n das passiert?«

»Ach, hat mir mal eener rausgekloppt!«

»Und warum bist du jetzt hier?«

»Du, eh, ick hab' Schmerzen an dem Zahn hier.« Er zeigte auf einen Backenzahn mit einem großen Loch: »Am besten gleich raus mit dem Scheiß!«

»Na, na, so viele Zähne hast du doch nicht mehr, daß ich dir gleich den nächsten ziehen kann.«

»Mensch, ist doch sowieso alles scheißegal!« Sein Gesicht nahm leicht depressive Züge an: »Alter, ick hab' LL!«

»Na und, lebenslänglich haben hier doch fast alle, und irgendwann kommst du auch mal wieder raus«, versuchte ich ihn aufzumuntern. »Du bist doch noch nicht mal dreißig.«

»Nee, Mensch, ick hab' LL und fuffzehn Jahre. Kapierst du jetzt?!«

»Oh Gott«, rutschte es mir raus, »wie haste denn das hingekriegt?« Ich erwartete nicht, daß er ehrlich antworten würde.

»Mit LL bin ick hier eingeritten, und denn hab' ick vor paar Jahren hier drin einen umgelegt. Tja, und fünfzehn Glocken Nachschlag abgefaßt. Alles klar?«

Ich erinnerte mich an diesen Streit um die Mieze des Gitarristen der »Mörderband«. Wahrscheinlich war er es gewesen, der sie mit einer Dreikantfeile abgestochen hatte. Ich war heilfroh, als er die Praxis wieder verlassen hatte, ohne in seinem Unwillen über meine Behandlung handgreiflich zu werden und sich dabei etwa an meinen Geräten zu bedienen.

Immer wieder wurden uns Patienten in Handschellen vorgeführt. Einer davon kam öfter. Da er offensichtlich ein Sicherheitsrisiko fürs Wachpersonal darstellte und außerdem jegliche Arbeitsverrichtung verweigerte, hatte man ihn in eine Absonderungszelle gesperrt. Damit war für ihn auch jeder Kontakt zu anderen Gefangenen unterbunden. Um so mehr genoß er trotz der Zahnschmerzen seine kurzen Aufenthalte bei uns. Jedesmal, wenn er in Bullenbegleitung erschien, sprudelte es aus ihm nur so heraus.

Seine Story klang so unwahrscheinlich und spannend, daß sie schon filmreif war. Erst einmal hatte er den passenden Namen zur Geschichte: Eisenbieger. Er war erst neunzehn Jahre alt und sehr schmächtig. Obwohl sein Kopf auf dem dünnen Hals unproportioniert groß erschien, reichte ihm sein Käppi vom Nasenansatz bis tief in den Nacken. Eisenbieger hatte ursprünglich wegen Republikflucht zwei Jahre bekommen, die er in Cottbus absitzen sollte. Von der Existenz des Anwalts Vogel oder dessen Vertretern, die nahezu alle Ausweiser, die in Cottbus einsaßen, verteidigt hatten und für deren Freikauf sorgten, hatte er erst dort gehört. Er machte sich nun große Sorgen, nicht auf die Abschiebeliste zu kommen. Deshalb plante er einen Ausbruch aus dem Gefängnis und eine erneute Flucht in den Westen. Diesmal sollte es via Polen klappen.

Was sich niemand vorstellen konnte, vor allem die strengen Bewacher des gut gesicherten DDR-Zuchthauses in Cottbus nicht, gelang schließlich. Der Junge brauchte weder Eisensäge noch Bärenkräfte, um die Gitter zu überwinden. Jemand hatte ihm einmal erzählt, daß dort, wo einmal der Kopf durchpasse, auch der ganze Körper durchginge. Er hatte sich von oben bis unten mit Maschinenfett eingerieben, und es gelang ihm tatsächlich, durch das Fenstergitter seiner Zelle zu entwischen. Wie er aber die äußere Sicherheitszone überwunden hatte, blieb sein Geheimnis. Jedenfalls wurden erst Stunden später, als man bei der morgendlichen Zählung seine Abwesenheit feststellte, Großalarm und Fahndung ausgelöst.

Auf der Flucht wollte er sich ein paar Tage in einem Pfarrhaus verstecken. Er hatte dem Pastor seine Geschichte erzählt und um Hilfe gebeten. Er war zwar kein Christ, aber der Meinung, der Mann würde seiner Pflicht zur Nächstenliebe schon nachkommen und ihn nicht verpfeifen. Der Pastor lud Eisenbieger zum Abendessen ein und fragte ihn nach seiner Familie. Noch während sie sich über private Dinge unterhielten, hörte Eisenbieger vor dem Haus lautes Reifenquietschen. Der Pfaffe hatte sofort, als Eisenbieger ins Haus gekommen war, bei der Stasi angerufen.

Für seinen Ausbruch kassierte Eisenbieger noch mal dreieinhalb Jahre Nachschlag. Stasi und Richter waren nicht zimperlich. Auch der Anstaltsleiter von Cottbus erhielt einen amtlichen Rüffel. Die Sicherheitsmaßnahmen wurden drastisch verschärft, und Eisenbieger, der lustige Geselle, kam ins Mördergefängnis Brandenburg-Görden. Aber er schien darüber nicht traurig zu sein, denn immerhin hatte er jetzt Vogel als Anwalt, und er vertraute darauf, so schnell wie möglich abgeschoben zu werden.

Seine Geschichte machte in Brandenburg schnell die Runde. Viele Ganoven gaben damit an, ihn persönlich zu kennen, obwohl ihn die meisten noch nicht einmal gesehen hatten. Eisenbieger hatte den geheimen Wunsch aller hier in die Tat umgesetzt. Darauf war er mächtig stolz.

Nun war es schon wieder Winter. Ich war schon fast ein Jahr hier. Der Wind wirbelte ab und zu ein paar große Schneeflocken durch die Luft. Draußen war es eiskalt. Ich verspürte nicht gerade große Lust zur Freistunde an diesem frostigen Tag. Aber schon kam Stahmers tägliche Anordnung. Ich wickelte mich in meine Uniformjacke, klemmte mir die Pelzmütze unter den Arm und ging zur täglichen Strammstehzeremonie. Hagen und Alexander fehlten, waren wohl noch im OP. Ich begann, die beiden ihrer warmen Umgebung wegen zu beneiden.

Da knarrte plötzlich die Preußenstimme von Kurze: »SG Garve und Hotz zurückbleiben!« Wir sollten sofort in den OP kommen.

Dort angekommen, sahen wir auf dem Tisch einen riesigen dicken Fleischkloß liegen, der abwechselnd jammerte und herumzappelte. Sein Gesicht zierten geschwollene, aufgeplatzte Lippen, an denen sich Hagen und Alexander mit Schere, Nadel und Faden zu schaffen machten. Der Hals, die Ohren und die angrenzenden Haare des Patienten waren mit einer dicken Blutkruste überzogen. Das Gesicht selbst war bereits gereinigt. Außer dem Lippenwulst mit den wie Bartstoppeln abstehenden Fäden fiel mir an der rechten Augenbraue eine kleine Platzwunde mit sich entwickelndem Orbitalhämatom auf.

»So«, grinste Hagen mich an, »jetzt könnt ihr weitermachen. Was gibt's denn heut zu essen?«

Ich schob die Oberlippe des Patienten ein wenig hoch und sah die Bescherung. Die ganze Oberkieferfront samt den Vorderzähnen ließ sich mit lautem Knirschen bewegen. Der Alveolarfortsatz war in halber Höhe durchgebrochen.

»Bist wohl einem direkt in die Faust gelaufen, was?«

»Scheiße, das Schwein hat ohne Warnung einfach zugedroschen!«

»Na okay, Hotte, wir werden ihn mal in unseren Laden bringen. Sag mal, wie ist denn das Ganze passiert, versuch, dich zu erinnern. Hier sind keine Bullen.«

»Ich weiß nicht mehr so genau, was los war, aber wer es war. Das hat der nicht umsonst gemacht.«

»Und war dir danach übel?«

»Ich hab' vorhin erst mal gekotzt.«

»Mach mal die Augen zu. Und nun öffnen und auf meine Finger schauen!« Deutliche Pupillendifferenzen waren zu erkennen. Er hatte also eine Gehirnerschütterung.

Auf dem Röntgenbild war zu erkennen, daß die Frontzähne mit Ausnahme der Eckzähne alle im unteren beziehungsweise mittleren Wurzeldrittel gebrochen waren. Da wurde es nichts mit eventuellen Resektionen, Refixationen oder Stumpfaufbauten, geschweige denn Stiftverbolzungen. Das dafür nötige Metall war ohnehin nicht vorhanden. Also pumpte ich ihn noch einmal mit Xylo infraorbital voll und klappte dann die gesamte Oberkieferfront auf. In diesem Umfang hatte ich so etwas noch nie machen müssen. Aber was soll's, dachte ich mir. Wenn nicht ich, wer sollte sonst die Wurzelsplitter rausholen.

Die Zahnkronen hingen nur noch am seidenen Faden, dagegen waren die Wurzelspitzen bombenfest. Nach fast einstündiger Arbeit hatte ich schließlich alle Teile entfernt und konnte den Alveolarfortsatz wieder mit Zahnfleisch überziehen. Der Dicke hatte die ganze Zeit über gejammert. Offenbar hatte die Lokalanästhesie nicht viel bewirkt.

Börner war in Wismar Gastwirt gewesen und wegen Preisvergehen und Steuerhinterziehung hier gelandet. Er brummelte mir in seiner Dankbarkeit irgendwas über seine Schwägerin vor, die auch Zahnärztin sei und ebenfalls in Greifswald studiert habe. Ob ich die kenne? Ich bejahte, obwohl ich den Namen noch nie gehört hatte. Er freute sich. Ich versprach ihm, nach der Abheilung die große Zahnlücke irgendwie zu schließen. Er tat mir furchtbar leid, wie er so dalag, blutverschmiert, mit schmerzverzogenem Gesicht und feuchten Augen.

Nach einer Woche ging es ihm schon merklich besser, die Fäden konnten gezogen werden, die Schwellungen waren weg, nur das blaue Auge fiel noch auf. Und wenn er sprach, kamen die Zischlaute natürlich sehr komisch heraus. Ich zögerte nicht lange und beschliff seine Oberkiefereckzähne für eine Brücke. Ich wußte, daß der insuffiziente und faule Schmelzer sich zwar auf die Hinterbeine stellen würde, wenn ich ihm einen Patienten brachte, der ihn nicht schmierte. Aber irgendwas mußte er schon unternehmen, wenn ich ihm mit vollendeten Tatsachen kam. Tatsächlich verzögerte Schmelzer den Bau der Brücke um Monate. Erst nach meiner Entlassung bekam der Ärmste das gute Stück eingegliedert und mußte dann auch noch, obwohl das nicht zulässig war, Geld dazuzahlen. Außerdem lastete man ihm die Hauptschuld für die Prügelei an, dabei hatte er sich gleich den Volltreffer gefangen und danach nicht einmal mehr wehren können. Irgend jemand hatte daran gedreht. Ich tippte auf Schuster, denn der hatte einen guten Draht zu Schmelzer und war außerdem der Freund des Schlägers, der nicht mehr als ein paar Tage Arrest erhielt.

Dieser Typ war mir übrigens bestens bekannt. Er stammte aus meiner Heimat und hatte sieben Jahre wegen Brandstiftung bekommen, die jetzt so langsam dem Ende entgegengingen. Später traf ich ihn einmal zufällig wieder, und er bestätigte, was ich mir zu dieser Geschichte gedacht hatte.

Um mal beachtet, bedauert und umsorgt zu werden oder einfach einen erholsamen Krankenhausaufenthalt oder Tabletten zu ergattern, waren manche Ganoven recht erfinderisch und freizügig mit ihrem Organismus. Selbst das Risiko schwerwiegender Operationen wurde im kindlichen Glauben an die Unfehlbarkeit ärztlicher Kunst in Kauf genommen. Eigenschädigungen bis hin zu Selbstverstümmelungen standen ganz oben auf der Liste der fast täglich erscheinenden Simulanten. Das Problem war: Hatte jemand seinen erhofften Krankenhausaufenthalt ohne Bestrafung durchgesetzt, Schonkost und einen leichteren Arbeitsplatz erhalten, konnte die Methode schnell Schule machen. Besonders beliebt waren Bindehautentzündungen. Einseitig, versteht sich. Etwas wollte man ja noch sehen können. Kleine Seifenkrümel wurden unter das Augenlid geschoben, und dann rieb man das Auge solange, bis es blutunterlaufen und der Ausführungsgang der Tränendrüse verstopft war. Einen Tag später ließ man sich mit seinem Matschauge ins Krankenhaus durchschließen.

Ein Patient erschien in regelmäßigen Abständen, um uns seine Stopfnadelsammlung zu präsentieren. Er schob sich die Nadeln verschiedener Größe in den linken Brustmuskel, so daß es bei einer Thorax-Röntgenaufnahme aussah, als ob sie direkt im Herz steckten. Beim ersten Mal hatte es noch geklappt. Er war ins Krankenhaus eingewiesen worden, und ein Operateur hatte sich die Mühe gemacht, die Nadel zu suchen. Später gab man es auf. Immerhin hatte unser Pappenheimer lebenslänglich und damit noch viel Zeit vor sich. Die eingeheilten Nadeln schienen die Funktion des Muskels nicht zu beeinträchtigen. Infektionen traten seltsamerweise nicht auf. Also konnte und mußte er mit seinem »Nadelkissen« weiterleben und -arbeiten.

Auch der Magen-Darm-Trakt konnte die seltsamsten Manipulationen überstehen. Einmal sah ich auf einem Röntgenbild ganz deutlich eine Rasierklinge im Bereich des Dünndarms. Der Patient wollte auch unbedingt operiert werden. Chefarzt Bader blieb ganz ruhig und ließ ihn nur zwei Tage bis zum natürlichen Abgang der Klinge beobachten. Anschließend wurde der Mann bestraft. Die Darmperistaltik geht merkwürdigerweise sehr behutsam mit scharfen und spitzen Fremdkörpern um. Und um sicherzugehen, konnte man ja auch Papier oder Isolierband um die Klinge wickeln, bevor man sie runterwürgte. Das war danach auf dem Röntgenbild unsichtbar.

Eines Tages während der mittäglichen Hofumrundungen wurden unsere Gespräche durch ein Gegröle, das aus einem der oberen Zellenfenster drang, unterbrochen. Kurze, der uns beaufsichtigte, reagierte sofort: »Ruhe da oben, Starke! Mann, reißn sich mal zusammen, sonst komm' ich hoch!«

»Schnauze, du Wichser – hi, hi, hi!« war die hämische Antwort aus der Zelle. Sofort gingen unsere Blicke zu Kurze. Ob er sich diese Beleidigung gefallen lassen würde? Kurze war puterrot angelaufen, brabbelte sich was unter seinen Offizierskragen, unternahm aber nichts.

Der Kerl erschien am Gitter und fing an, lauthals zotige Lieder zu singen. Kurze hatte sich wieder gefangen und versuchte, den Schreihals in versöhnlicher Art umzustimmen.

Mir fiel auf, daß der Ganove ungeniert eine selbstgedrehte Zigarette paffte, obwohl das Patienten streng verboten war. Offenbar genoß dieser Starke Narrenfreiheit. »Eh, Oberleutnant, ich will was zum Ficken! Verstanden? Ich brauch' 'ne Mieze!« brüllte er und pfiff den kriminellen Hofgängern hinterher.

Kurze kleinlaut: »Ruhe da oben!« und zu uns: »Gehn Se weiter!«

Seltsam, jeder andere Krachmacher hätte sofort Bekanntschaft mit dem Gummiknüppel gemacht. Warum durfte ausgerechnet der hier herumbrüllen? Aus seinen Krankenakten sollten wir mehr erfahren.

Starke, Ende Dreißig, Heimkind, sieben Mal wegen Diebstahl und Körperverletzung vorbestraft, hatte bereits über zwanzig Jahre seines Lebens hinter Gittern verbracht. Das Zuchthaus Brandenburg war quasi zu seiner ersten Heimat geworden. Der Mann galt als krankhafter Kleptomane und geistig unzurechnungsfähig. Er war vor zwei Monaten erst entlassen worden, und man erzählte sich, er habe in der kurzen Zeit bereits wieder über fünfzig Einbrüche in Kiosken und Gartenlauben begangen. Dann war er erneut in Untersuchungshaft gelandet. Doch die dauernden Verhöre der Polizei gingen ihm auf den Keks. Auch entsprachen Kost und Logis dort nicht seiner Ganovenehre als Berufsverbrecher. Seinen Forderungen, ihn entweder mit einem schwulen Zellenkameraden zusammenzulegen oder sofort nach Brandenburg zu bringen, kam man nicht nach. Da zerlegte Starke das Bettgestell und verschluckte kurzerhand eine etwa zehn Zentimeter lange Bettfeder aus Eisen. Sein Kalkül ging auf. Am nächsten Tag war er bei uns im Haftkrankenhaus.

Bader wollte Starke nicht operieren, nur abwarten, bis die Eisenspirale auf natürlichem Weg abging. Täglich wurden Röntgenbilder von seinem Bauch gemacht. Jeden Tag war das Ding ein Stückchen weiter Richtung Enddarm gerückt.

Starke nutzte nur jede denkbare Möglichkeit, Krach zu schlagen. Bei den Visiten, bei der Essensausgabe, auch nachts hielt er uns auf Trab. Nicht nur die Polizisten, auch die Pfleger und wir Ärzte wurden von ihm auf das Gröbste beleidigt. Er erhielt Tabak, Tee und besseres Essen als andere Patienten, nur damit er endlich sein Maul hielt und schnell wieder verschwand. Nach drei Tagen erwartete man den Abgang der Bettfeder. Aber nichts passierte. Vielleicht ein Darmverschluß? James untersuchte den ihn wie immer anpöbelnden Kerl. Der aber sah recht gesund aus, klagte lediglich über Magenschmerzen. Folglich mußte noch einmal geröntgt werden. Das Ergebnis war für uns frustrierend und erheiternd zugleich: Die Bettfeder befand sich wieder im Magen.

»Wie haste denn das gemacht, Starke?«

»Weeß jar nich, wat ihr von mir wollt, ihr Sackgesichter! Verpißt euch!« war Starkes aggressive Antwort, während er sich genüßlich eine Kippe zwischen die Zähne schob.

Jetzt reichte es uns. Am nächsten Tag wurde seine Hand am Bettgestell angekettet. Er veranstaltete ein heftiges Theater, drohte mit Selbstmord, Hungerstreik, sang lautstark, simulierte Bauchschmerzen. Die Patienten der Nachbarzellen beklagten sich bei uns und drohten Starke Prügel an. Aber wir fanden eine wirksamere Möglichkeit, ihn ohne Medikamente ruhigzustellen. Nach der abendlichen Visite, Starkes Zelle war noch nicht verschlossen, erschienen wir Weißkittel mit ernster Miene noch einmal an seinem Bett, sprachen aber nicht mit ihm. Akribisch vermaßen wir mit einem Zollstock Länge, Breite und Tiefe seines Körpers, nickten dann übereinstimmend und trugen die Daten für den Sarg, den wir vermutlich bald brauchen würden, auf eine schwarzgeränderte Karteikarte ein. Starke wollte wissen, wie es um ihn stünde. Gesenkte Blicke, leichtes Achselzucken, Handflächen nach oben, keine Antwort. Der Angstschweiß lief ihm über die Stirn. Mit weit aufgerissenen Augen stammelte er plötzlich, daß er noch nicht sterben wolle. Dann fing er an, wie ein kleines Kind zu wimmern und zu heulen. Wir ließen ihn allein mit seiner Verzweiflung. Kurz davor, sich selber aufzugeben, versprach Starke, nie wieder zu brüllen. Er klammerte sich an die Hoffnung, daß wir Ärzte sein Leben doch noch retten könnten. Zwei Tage später kam die Bettfeder raus, und Starke wurde verlegt.

Einen Fall werde ich aufgrund seiner für Brandenburg typischen Tragikomik bestimmt nie vergessen. Eines Tages erschien bei mir ein Patient mit schmerzverzerrtem Gesicht. Bevor ich überhaupt in den Mund schauen konnte, flehte er mich bereits an, ihm unbedingt sofort eine Spritze zu geben, da er es vor Schmerzen kaum noch aushalte. Tagelang ginge das nun schon so, er könne weder arbeiten noch schlafen. Der Zahn müsse endlich raus! Mit dem Zeigefinger tippte er dabei auf einen goldenen Backenzahn. Ich staunte, denn Goldkronen waren in der DDR eine Rarität. Ohne daß ich danach fragte, erklärte er stolz, daß er das Edelmetall von seiner Tante aus dem Westen zur Hochzeit geschenkt bekommen habe. Nun müsse er sich aber leider von dem Zahn verabschieden. Komisch, dachte ich, denn er hatte mit Mitte Dreißig noch alle Zähne, und alle waren gesund und ordentlich saniert.

»Na los, zeig mal, welcher ist es denn?« fragte ich und pochte dabei mit dem Mundspiegel vorsichtig die gesamte Zahnreihe ab. Jede Berührung löste ein lautes »Aua!« aus. Beim Goldzahn war es am lautesten. Um auf Nummer sicher zu gehen, führte ich noch einen Kältetest durch. Die gleiche Reaktion. Ich wunderte mich, denn unter der Goldkrone steckte offenbar noch viel Leben.

»Also wenn du die Kälte an diesem Zahn spürst, ist er noch vital. Ich kann ihn dann nicht rausziehen. Vielleicht bist du ja zur Zeit nur erkältet. Der Schmerz kann auch von der Kieferhöhle her kommen!«

»Nee, nee«, antwortete er hastig. »Ich hab' keinen Schnupfen. Mach das noch mal mit dem kalten Zeug! Bitte!«

Ich tat ihm den Gefallen. Und siehe da: Diesmal reagierte er nicht auf die zwanzig Grad minus. Ich wunderte mich noch mehr, also wiederholte ich die Prozedur noch einmal. Wieder das gleiche Ergebnis. »Na gut, dann müssen wir den Zahn mal röntgen.«

»Um Gottes willen«, fuhr Goldie, wie ich ihn später nur noch nannte, zusammen. »Wollt ihr mich entmannen! Röntgenstrahlen sind gefährlich. Das hab' ich grade in der ›Für Dich‹ gelesen!«

Das war wirklich einen Lacher wert. Selbst Hotte war nicht mehr zu halten.

»Nee, nee, das kann ich ablehnen. Ich will noch länger leben, verstehste?!« insistierte Goldie.

In der Wartezelle saßen mindestens noch zwanzig Patienten, also gab ich die Fragerei auf und ihm die gewünschte Spritze. Das Zahnfleisch im Kronenbereich erschien mir ohnehin leicht geschwollen. Damit beruhigte ich mein Gewissen.

Der Zahn saß bombenfest. Zwar merkte Goldie beim Ziehen nichts mehr, aber er hielt sich trotzdem so krampfhaft mit beiden Händen an meinem rechten Unterarm fest, als ob er Klimmzüge machen wollte. Hotte wiederum zerrte an ihm. Ich konnte kaum arbeiten. Nach etwa fünfminütigem Kampf hing der Goldzahn samt Wurzeln in der Zange. Sowohl Opfer als auch Täter standen große Schweißperlen auf der Stirn. Der Zahn aber sah völlig gesund aus. Ich schnupperte mal kurz daran. Er roch lediglich nach Blut. Keine Gangrän, kein Fäulnisgeruch. Hoffentlich war es nicht doch der Falsche, schoß es mir erstmal durch den Kopf. Aber die beiden Nachbarzähne konnten es auf keinen Fall gewesen sein. Sie hatten weder Karies noch Füllungen.

Goldie nahm sein Prachtexemplar in die Hand und versuchte, das Gewicht zu schätzen: »Bestimmt über fünf Gramm, wa? Kannst du mir auch noch die Wurzel da rausbohren?«

»Ich kann dir auch noch 'nen Storch backen«, antwortete ich. »Verschwinde jetzt, dafür haben wir keine Zeit. Draußen warten noch 'ne Menge Leute.«

Mit leicht beleidigter Miene erhob er sich, wickelte seinen Goldzahn umständlich in ein Taschentuch und verschwand wortlos.

Eine Woche später kam Susi, eine bunttätowierte, übel nach billigem Parfüm riechende Tunte. Susi galt als eine der Edelprostituierten von Brandenburg. Er, oder besser sie, lebte in der Hauptsache vom Anschaffen. Das Arbeiten in der Fabrik übernahmen andere für sie. Eberhard, so der richtige Name, soll auch mal verheiratet gewesen sein, aber nach seiner Verurteilung wegen Raubmord an einem Geldbriefträger hatte er die weibliche Seele in sich erkannt und sich sexuell den Männern zugewandt.

Trotz der kurzen Haare wirkte sie mit ihrer figurbetonten, maßgeschneiderten Knastuniform, dem hellblauen Lidschatten, den dezent geschminkten, hochgebogenen Wimpern und dem fast farblosen, aber kantenscharf nachgezogenen Lippen auffällig weiblich. Genau wie eine Frau schlug sie verlegen die Beine übereinander, als sie auf dem Behandlungsstuhl Platz genommen hatte, und zupfte an ihrer Hose.

Mich nannte sie »Doktorchen« und »mein Süßer«. Dabei klapperten mir ihre großen Unschuldsaugen entgegen. Susi war eitel und hatte schon seit Jahren einen Wunsch: Einer ihrer Ex-Lover hatte ihr einst die Ecke eines Vorderzahnes herausgeschlagen, und ihr größter Traum war es, dort einen in Gold gefaßten Brillanten tragen zu können. Nun, das mit dem Brillanten würde wohl noch ein paar Jahre bis zur Abschiebung in den Westen dauern. Susi war nämlich nicht nur LLer, sondern auch strammer Ausweiser und natürlich auch so was wie ein Politischer. Aber das Goldeckchen könnten wir schon mal in

Angriff nehmen, gewissermaßen um ihr Lächeln zu vergolden. Das sei immerhin ein Teil ihres Kapitals, erklärte sie mir. Ich zuckte mit den Schultern: »Natürlich könnte ich dir so ein Inlay modellieren. Nützt aber nichts. Erstens haben wir kein Gold, und zweitens weiß ich nicht, ob die Techniker mitspielen.«

»Kein Problem, mein Süßer«, raunte sie und hielt mir ein kleines Zückli-Döschen vors Gesicht. »Hat mein Schnucki letzte Woche beim Pokern gewonnen!« Ich dachte, ich spinne: In der Dose lag die Goldkrone, die ich vor ein paar Tagen Goldie rausgezogen hatte!

Natürlich hatte ich Lust, endlich mal wieder ein richtiges Inlay zu modellieren. Ich erfuhr, daß auch schon der Zahntechniker informiert und mit Westseife und einer Schachtel filterloser Gitanes geschmiert war. Schmelzer hatte Urlaub, und das Gold lag vor mir. Also begann ich, mit der Turbine die entsprechende Form in Susis Zahn zu präparieren. Ihre Parfümfahne konnte ich dabei nur schwer ertragen. Ich erwärmte blaues Wachs auf dem Spiritusbrenner und füllte damit das Loch. Nachdem das Wachs erstarrt war, schob ich eine heiße Büroklammer hinein und kühlte sie mit einem kalten Wasserstrahl ab. Jetzt bestand die Kunst darin, das Wachsinlay komplett mit dieser Klammer wieder aus dem Zahn zu ziehen. Beim zweiten Versuch klappte es. Schuster brachte anschließend diese Form in eine sogenannte Muffel mit einer gipsartigen Einbettmasse. Nach der Trocknung und dem rückstandslosen Verbrennen des Wachses in einem kleinen Brennofen konnte das geschmolzene Gold in den entstandenen Hohlraum geschleudert werden.

Das Inlay paßte auf Anhieb, und Susi starrte überglücklich in ihren kleinen Schmuckspiegel. Das Goldeckchen funkelte. Ich fragte sie, ob sie den ehemaligen Besitzer des Goldes kennen würde. Klar kannte sie ihn und fand ihn dazu auch noch sexy. Allerdings sei er eine arme Suppe, ein Loser und überhaupt unter ihrem Niveau. Jetzt erfuhr ich etwas mehr. Wie gesagt, hatte er seinen Goldzahn beim Pokern verloren, und der neue Besitzer hatte sein gewonnenes Goldstück eingefordert. Immerhin bestand ja die Möglichkeit, daß sich der Verlierer durch Verlegung in ein anderes Haus vor der Tilgung seiner Schulden drückte. Geld, Teeanspruch, Transi und Tabak hatte er bereits verspielt. Außerdem war er auch schon bei anderen Ganoven bis über beide Ohren verschuldet und stand somit auf der Abschußliste. Pakete, die er hätte verkaufen können, erhielt er leider keine, denn draußen wartete niemand auf ihn. Kein Wunder, denn seine Frau, das Kind und seine Schwiegermutter hatte er regelrecht massakriert. Nur mit dem Selbstmord hatte es nicht so recht geklappt. Die Polizei fand ihn sturzbetrunken in der Badewanne mit quer aufgeschnittenen Pulsadern. Auch das Gericht wollte ihm beim Ableben nicht behilflich sein und verdonnerte ihn nur zu lebenslänglich. Seitdem hatte er nicht nochmal versucht, sich umzubringen.

Nun trug Susi ihn zwar nicht in ihrem Herzen, aber zumindest stückchenweise in ihrem Mund.

Auch Alexander hatte gelegentlich seine fachlichen Erfolge. Eines Nachts zum Beispiel wurde er aus dem Schlaf gerissen.

»Was'n los, Meister?«

»Stra Metzler, komm' Se ma mit!« versuchte sich der wachhabende Bulle autoritär zu geben.

Alexander entgegnete unwillig: »Was ist denn los? Lassen Sie mich doch schlafen!«

Der von einem Bein aufs andere tapsende weißbekittelte Torschließer brauchte dringend einen Arzt und merkte, daß er sich im Ton vergriffen hatte. »Naja, da is'n Unfall aus der Tischlerei eingeliefert worden, viel Blut, verstehn Se? Was soll ich denn machen? Tut mir leid, Mann, wenn ich Se jetzt rausholen muß«, sagte er versöhnlicher.

Alexander rutschte in seine Latschen und folgte dem vorauseilenden Bullen in den Operationssaal.

Auf dem Tisch krümmte sich ein etwa fünfzigjähriger rundlicher Strafgefangener vor Schmerzen. Der gesamte Kopf schien in Blut getaucht. Über dem Gesicht hing ein seltsamer Hautlappen mit blutdurchtränkten grauen Haaren. Sein Kopf war fast komplett skalpiert. Das weiße knöcherne Schädeldach lag frei. Der Schädel selbst war nicht frakturiert.

Sofort begann Alexander mit der Arbeit, stillte die massiven Blutungen, anästhesierte, desinfizierte und zog die ins Gesicht hängende, aufgerollte Kopfhaut nach hinten über den Schädel. Glücklicherweise wurde sie noch mit Blutgefäßen versorgt und war nicht gänzlich abgerissen. Der Mann, ein LLer, sagte, er sei mit seinen letzten Nackenhaaren in eine Drechselmaschine geraten, als er sich mal bückte. Sein Silberkranz war erfaßt worden, die Nackenhaut komplett abgerissen und hatte sich bis zur Stirn hin ab- oder besser aufgewickelt. Im letzten Moment hatte jemand die Maschine gestoppt. Alexander hatte Schwierigkeiten, die Kopfhaut zu reponieren. Schließlich steht diese Hautmuskulatur unter enormer Spannung. Aber es sollte ihm schließlich doch gelingen. Mit etlichen meisterhaften Nähten konnte er die Haut wieder am Hinterkopf fixieren. Dabei fiel ihm etwas Merkwürdiges auf: Der Mann trug direkt auf der Mitte seiner Glatze eine bunte Tätowierung. Einen Marienkäfer.

Am nächsten Tag, als die typische Wundschwellung einsetzte, hatte sich nicht nur der rote Marienkäfer, sondern der ganze Kopf blau verfärbt. Durch die Nähte sah seine Tätowierung jetzt aus wie ein skalpierter Marienkäfer. Der Kopf wirkte durch das Hämatom fünf Zentimeter höher, etwa wie ein prähistorischer Turmschädel. Auf den ersten Blick hätte man ihn auch für einen Eingeborenen mit Turban halten können – vielleicht vom Stamm der Marienkäfer.

Und noch eine hübsche Geschichte: Einmal stürmte Alexander freudig erregt in die Zahnpraxis, um mir etwas mitzuteilen: »Ich hab' ihn! Endlich hab' ich ihn!«

»Wen hast du?« fragte ich verblüfft zurück.

»Na den Erreger von dem Patienten auf der Zwölf. Weißt du, der mit dem Exanthem.«

Ich erinnerte mich. Schon seit Wochen beschmierte Bubi die roten Flecke des Patienten mit Zinksalbe und irgendwelchen Tinkturen. Diese mittelalterliche Therapie ging nach hinten los. Der Patient, ein frischgebackener LLer, war schließlich am ganzen Körper von rötlichen Flecken übersät. Dazu bekam er noch eigenartige Warzen am Hintern. Obwohl die Geschichte hochgradig infektiös aussah, hatte Bubi dem Wunsch des Killers, der sich so einsam fühlte, entsprochen und einen zweiten Mann in die Krankenzelle gelegt. Als Bubi schließlich aufgab, hatte Alexander den Fall übernehmen dürfen.

»Sagt dir Treponema pallidum etwas? Gehört zur Familie der Spirochäten!« lächelte er mich vielsagend an.

»Na klar, der Erreger von Syphilis!« entgegnete ich stolz. Konnte ich noch aus dem ff herunterbeten. Aber dann zuckte ich zusammen. Der Rotgescheckte war erst gestern bei mir zur

Behandlung gewesen! Mein Gott, ich werde mich doch nicht angesteckt haben! schoß es mir durch den Kopf. Ich stürzte zum Karteischrank, da ich nicht mehr genau wußte, ob ich ihm nicht sogar einen Zahn gezogen hatte. Schon während des Studiums hatte ich dazu geneigt, mir alle in der Vorlesung erwähnten Krankheiten einschließlich Symptomatik einzubilden. Viele Medizinstudenten waren Hypochonder. Also bestand ich darauf, daß Alexander sowohl Hotz als auch mich untersuchte. Natürlich war es falscher Alarm. Bei dem zweiten Patienten in der Krankenzelle aber, dem, der die Langeweile des Rotpickligen hatte vertreiben sollen, wurde er fündig: Primäraffekt am Geschlechtsteil, also Syphilis im ersten Stadium.

Alexander konnte beiden mit Penicillinspritzen helfen. Sie hatten Glück gehabt, daß sie an einen gut ausgebildeten Universitätsarzt gekommen waren, und ich machte fortan einen Bogen um diese Zelle.

Im Gruselkabinett: Sexualstraftäter und Kriegsverbrecher

»Los, komm' Se, ab in den Verwahrraum. Los!« schnarrte uns Oberleutnant Kurze in der Zahnpraxis an. Es war Vormittag, also eigentlich keine Zeit, um schon wieder eingeschlossen zu werden, auch wenn der nächste Patient noch nicht da war.

»Warum denn das, Oberleutnant? Ist heute Feiertag?«

»Nee, eher das Gegenteil. Na, machen Se schon. Ich hol' Se hier nach'm Mittag wieder raus. Ach so, sagen Se mal, Stra Garve, wo is'n Dr. Kärger?« fragte er noch.

Ich zuckte mit den Schultern. »Weiß nicht, hat sich heute noch nicht vorgestellt.«

Hotz kleinlaut: »Der ist doch im Urlaub und wollte erst in zwei Wochen wiederkommen.«

»Auch das noch!« fluchte Kurze und schob mich in die Zelle. Ich machte mich auf der Pritsche lang. Was da wohl wieder passiert war, was wir nicht sehen sollten?

Etwa eine Viertelstunde später krachte das Türschloß. Kurze lugte in die Zelle: »Wat machen Se denn da, Mann!« herrschte er mich an.

»Na entspannen. Sehen Sie doch.«

»Das könn' Se nachts machen. Los, aufstehen und mitkommen!«

Wenn er Befehle geben konnte, war er in seinem Element. Ich folgte ihm. Niemand war mehr auf dem Gang. Sämtliche Behandlungsräume und Zugänge waren verschlossen. Nur die Tür zur Zahnabteilung stand offen. Merkwürdig.

»Was ist denn hier los?« fragte ich.

»Fragen Se nich so viel! Werden Se schon sehn! Da kommt gleich ein ganz spezieller Kandidat für Sie. Höchste Sicherheitsstufe. Verstehn Se?« erklärte Kurze mit wichtigtuerischer Chefmiene. »Eigentlich dürften Se den jar nich behandeln. Aber dat jeht jetzt nich anders.«

Das Haupttor des Haftkrankenhauses wurde aufgeschlossen. Ich vernahm näherkommende Stiefelschritte. Drei blauschwarz uniformierte Offiziere führten einen Strafgefangenen heran. Dessen Hände steckten in Handschellen, die jeweils an einen Bullen gekettet waren. Die Polizisten trugen Pistolen. Der Bursche galt also als allgemeingefährlich, obwohl er gar nicht so aussah: schlank, etwa 1,80 Meter groß, kahlgeschorener Schädel mit schwarzen, ungleichmäßigen Haarstoppeln, braune Augen, höchstens zwanzig Jahre alt.

Einer seiner siamesischen Zwillinge koppelte sich ab und drückte den Gefangenen etwas unsanft auf meinen Behandlungsstuhl. Der andere blieb angekettet und stellte sich hinter ihn.

»Quälen Se den mal schön«, sagte einer zu mir. Ich dachte, ich hätte mich verhört, doch der Befehlston war ernstgemeint. Mit weit aufgerissenen Augen starrte der Gefangene mich an und rutschte auf dem Stuhl abwärts. Selten habe ich wieder solch ein angstverzerrtes Gesicht gesehen.

»Nun reißen Sie sich aber mal zusammen, Mann!« brüllte ihn der angekettete Bulle an und zog ihn an den Schultern wieder hoch. Der andere Sicherheitsoffizier schloß die freie Handschelle am Stuhlgriff an.

Ich zwängte mich zwischen dem neugierigen Kurze und den Bewachern hindurch: »Zeig mal, wo tut's denn weh?« Er neigte den Kopf zur linken Handschelle und deutete mit dem Zeigefinger auf die linke Backe. Tatsächlich befand sich an der Stelle im Unterkiefer ein völlig verrotteter Backenzahn, der die Ursache des Übels war. Er war bereits angebrochen, und mir war klar, daß ich den nicht so einfach mit einer Zange herausziehen konnte.

»Ich brauche zwei Ampullen Xylo und 'ne Spritze. Wo ist denn Hotz?« Kurze reagierte nicht. Er wollte wohl nicht, daß Hotz mir assistierte. Er stellte mir Hauptmann Burmeister zur Seite, den umgeschulten Krankenpfleger, der Onkel Doktor spielen wollte. Das war mir gar nicht recht.

Bubi kramte im Medizinschrank und suchte die Ampullen. Natürlich fand er sie nicht auf Anhieb. Ich sagte erneut zu Kurze: »Ich brauche Hotz. Ohne den geht das nicht.«

Da Bubi weder die Spritze fand, noch wußte, wo die Zangen lagen, entschieden sich die Herren, die Liste der Anwesenden um Hotz zu bereichern. Obwohl ihnen jeder weitere Zeuge lästig war, mußten sie ihn holen.

Schnell hatte Hotz den operativen Eingriff vorbereitet und wollte die Personalien aufnehmen.

»Die Karteikarte brauchen Se nicht einsortieren. Die geben Se mir nachher gleich mit«, befahl Kurze. »Und noch eins: Kein Kommentar über diesen Strafgefangenen anschließend in Ihrer Zelle. Ham Se mich verstanden?!«

»Jawohl, Herr Hauptmann«, kuschte Hotz.

Nun war ich aber neugierig geworden und ging in die Offensive. »Wieviel Jahre haste denn abgefaßt?« fragte ich den Patienten.

Der angekettete Bulle kam ihm schroff zuvor: »Todesstrafe!« Anschließend sagte er etwas versöhnlicher: »Aber mehr brauchen Sie nicht zu wissen.«

Nachdem die Spritzen gewirkt hatten, zerteilte ich die Zahnwurzeln und hebelte sie einzeln heraus. Hotz assistierte recht gut und saugte das Blut ab. Trotz der Anweisung des Offiziers ging die Extraktion für den Patienten schmerzfrei vonstatten.

Später hörten wir, der Mann und ein Kumpel hätten bei einem Ausbruchsversuch aus dem Gefängnis in Frankfurt/Oder mit einer geraubten Maschinenpistole zwei Strafvollzugspolizisten erschossen. Die Opfer waren Kollegen, vielleicht sogar Freunde der drei Offiziere gewesen, und ihr Haß, fand ich, war irgendwie verständlich.

Die Jungs waren wegen irgendwelcher kleinen Delikte vorbestraft und wollten einfach nur türmen und untertauchen. Und jetzt saß unser neunzehnjähriger Patient mit einer neunundneunzigtägigen Galgenfrist in einer streng bewachten, von anderen Strafgefangenen abgeschotteten Isolationszelle und wartete auf seine Hinrichtung.

Meine kriminellen Mitgefangenen wollten mir immer einreden, die Todesstrafe gebe es in der DDR nur noch auf dem Papier, und sie sei schon seit etlichen Jahren nicht mehr vollstreckt worden. Inzwischen wissen wir es besser. Noch Anfang der achtziger Jahre wurden in der DDR mehrere Gnadengesuche von Honecker und Mielke abgelehnt und die Urteile durch Genickschuß vollstreckt.

Unser Patient sollte Glück haben. Er wurde begnadigt. Drei Monate später erschien er mit längeren Haaren und lebhafterem Gemüt, aber ohne Zusatzbewachung zur weiteren Behandlung. Auch seine Karteikarte war wieder aufgetaucht, und wir erfuhren seinen Namen. Hotz fragte nach seiner Haftlänge, und mit strahlendem Gesicht und einem Seufzer der Erleichterung antwortete er: »Lebenslänglich.«

Mit der Todesstrafe trieb man in der DDR seltsame Possen. Zu meiner Zeit gab es im Haus I einen sehr merkwürdigen Häftling. Ein jeder hier kannte ihn und seine obskure Strafe. Norbert war nicht nur eine Unperson, sondern galt offiziell als hingerichtet und tot. Wer es nicht glaubte, dem zeigte er gern einen in Plaste eingeschweißten Zeitungsausschnitt einer Magdeburger Zeitung aus den siebziger Jahren, wo eindeutig stand: »Das Todesurteil wurde vollstreckt.«

Norbert hatte in einem Eifersuchtsanfall zwei Frauen und einen Mann hintereinander abgestochen. Sie alle waren noch jung gewesen, knapp zwanzig Jahre alt, hatten gefeiert und Norbert zum Bierholen geschickt. Als er zurückkam, hatte er den Eindruck, seine Freundin hätte ihn betrogen. Außer sich vor Wut, richtete er ein regelrechtes Blutbad an. Es dauerte einige Zeit, bis er endlich durch Mithilfe der Bevölkerung gefaßt wurde. Der Fall war zu publik geworden, und die Leute forderten harte Sühne. Norbert saß seine neunundneunzig Tage Galgenfrist ab und wurde dann hingerichtet – jedenfalls offiziell. In der Realität allerdings beförderte ihn die Anstaltsleitung zum Brigadier des knasteigenen Elektromotorenwerkes.

An seinen Unterarmen fielen Narben auf: Resultate etlicher Suizidversuche. Ein knallharter Verbrechertyp war er nicht. Auch er versuchte, schwere Arbeit zu vermeiden und durch Anschisse Punkte zu sammeln, um in der Brandenburger Hölle zu überleben. Er war es übrigens gewesen, der mir damals bei Elmo in der Hoffnung, der Stasi etwas Verwertbares liefern zu können, die zweite Nachricht von Alexander überbracht hatte.

Irren ist menschlich, Irre sind es nicht unbedingt. Oftmals gelang es mir schon vom Ansehen und nach einem kurzen Gespräch mit einem Häftling, auf seinen Intellekt und die Ursache seines Hierseins zu schließen. Aber ich habe mich auch gründlich vertan. Einmal hatte ich ein interessantes Gespräch mit einem hochintelligenten, sympathischen Akademiker, der vor mir auf dem Behandlungsstuhl saß. Er konnte mehrere Sprachen fließend sprechen, war in einem Dresdner Verlag als Lektor tätig gewesen. Ich hielt ihn für einen politischen Gefangenen. Er ließ mich auch in dem Glauben, bis mich eines Tages meine Kollegen aufklärten. Er war der berüchtigte, lang gesuchte Autobahnmörder von Sachsen, der Anhalterinnen mitgenommen, vergewaltigt und dann umgebracht hatte. Kein Mädchen hätte bei diesem gut und solide aussehenden Familienvater Verdacht geschöpft. Umstritten war, wie viele Frauen er auf dem Gewissen hatte. Mindestens eine Leiche soll er mit dem Beil zerhackt und Stück für Stück im heimischen Herd verbrannt haben.

Ein anderer Irrtum: Auf dem Krankenhaushof existierten zwei Runden, die durch Blumenbeete voneinander getrennt waren. Während auf der äußeren die sogenannten Hausarbeiter, also die Krankenhausangestellten, zu gehen hatten, benutzten unsere gehfähigen Knastpatienten die innere Runde. Es war untersagt, die Runde zu wechseln.

Einmal versuchte es ein junger Neuzugang mit verbundenem Arm. Er war etwas über zwanzig Jahre alt, blond, gutaussehend, hatte eine norddeutsche Mundart. Er sprach mich höflich an, ob ich ihm einen Gefallen tun könnte. Im Glauben, einem anderen Ausweiser helfen zu können, nickte ich und fragte noch, in welcher Zelle er denn liege.

»Ruhe da! Keine Kontakte, bitte schön!« herrschte der dickbrillige Bimbo dazwischen. Neugierig geworden, fragte ich Alexander, der neben mir ging, für welches Delikt der Typ denn verknackt worden war.

»Der da? Rate mal!« lächelte er. Mir gefiel dieses gelegentliche Frage-Antwort-Spiel. War es doch eine willkommene Abwechslung.

»Flucht?« fragte ich.

»Nö.«

»Hetze?«

»Falsch. Einen Wurf haste noch.«

»Also kein Ausweiser?«

»Heiß.«

»Klemm und Klau?«

»Wieder falsch. Habe ihm vorhin gerade seine Hand verbunden«, erzählte Alexander. »Er ist damit in die Kreissäge gekommen. Eine Sehne war angeschnitten, aber das wird alles wieder. Hatte 'n bißchen Zeit, um mir sein psychiatrisches Gutachten zu Gemüte zu führen. Gräßlich, sag' ich dir.«

Ich hörte gespannt zu, und es lief mir eiskalt über den Rükken. Der Typ hatte mal eine Schlachterlehre angefangen. Immer, wenn er im Blut herumwühlen durfte, war er hochgradig sexuell erregt. Seine Blutgier steigerte sich soweit, daß er junge Frauen regelrecht massakrierte, in den Eingeweiden herumwühlte und in sie hineinejakulierte. Mehrere Frauen in seiner Heimatgegend wurden vermißt, zwei Opfer konnte das Gericht ihm nachweisen. – Ich wechselte kein Wort mehr mit ihm.

Immer wieder war ich darüber erstaunt, daß ein Großteil meiner Patienten wegen sexueller Verbrechen, die oft auch tödlich geendet hatten, einsaß. Das Repertoire umfaßte sämtliche Perversionen, zu denen Menschen fähig sein können. Zu den harmlosen Fällen zählten dabei Exhibitionisten, die ihr Geschlechtsteil in aller Öffentlichkeit vor Frauen oder Kindern entblößten und dabei onanierten. Sie kamen meist als rückfällige und nicht therapierbare Wiederholungstäter oder in Kombination mit härteren Sexualdelikten nach Brandenburg. Pädophilie, der sexuelle Mißbrauch von Kindern, kam sehr häufig vor. Seltener waren Fälle von Sodomie, dem »sexuellen Mißbrauch von landwirtschaftlichem Nutzvieh«, wie es amtlich hieß. Das gleiche galt für Nekrophilie, die sexuelle Befriedigung an Leichen. Allerdings saßen einige der perversen Mörder ein, weil sie ihre Opfer erst getötet und dann vergewaltigt hatten. Josef Wiesner zum Beispiel, ein pubertierender Schmächtling aus Haus I, hatte ein kleines Mädchen auf einem Waldweg vom Fahrrad geschubst, ins Gebüsch gezerrt, entkleidet und brutal vergewaltigt. Mit den Händen zerdrückte er dabei ihren Kehlkopf. Angeblich ein Versehen. Er habe sie nicht töten wollen, beteuerte er vor Gericht, aber sein Trieb habe ihn in dem Moment so beherrscht, daß das Zudrücken des kleinen zarten Halses ihm höchste Befriedigung verschafft habe. Im Nachhinein tue es ihm leid.

Er hatte die Leiche vergraben und auch das Fahrrad verschwinden lassen. Einen Tag später – die Polizei suchte bereits nach dem verschwundenen Kind – war sein Verlangen nach sexueller Befriedigung wieder derart stark, daß er alle Vorsichtsmaßnahmen vergaß und an die Stätte seines Verbrechens zurückkehrte. Erregt buddelte er die Leiche wieder aus, verging sich erneut an ihr und grub sie anschließend wieder ein.

Es vergingen nur ein paar Stunden, da fanden Spürhunde die frisch aufgewühlte Erde. Die Polizei sicherte die zahlreichen Fußspuren. Gerichtsmediziner ermittelten aus den Spermaresten die Blutgruppe des Täters. Wiesner war für die Polizei kein Neuling. Er war ihnen bereits durch mehrmaliges Stehlen von Damenunterwäsche bekannt und konnte so schnell dingfest gemacht werden.

Inzest oder Blutschande war in Brandenburg auch keine Seltenheit. Vergewaltiger hatten, so kam es mir vor, Hochkonjunktur. Aber nur die brutalsten Verbrecher und Wiederholungstäter landeten in Brandenburg. Hinzu kam oft der Vertuschungsmord. Die perversesten unter den Lustmördern waren diejenigen mit ausgeprägten sadistischen Neigungen, Leute, die mit Lustgewinn ihre Opfer grausam zu Tode gequält, sich an den Schmerzensschreien und Todeszuckungen geweidet oder regelrecht in einen ritualisierten Blutrausch verfallen und sich dann im Knast noch damit gebrüstet hatten. Die Phantasie dieser Triebgestörten kannte keine Grenzen, und im Grunde hätten sie in eine psychiatrische Anstalt, nicht ins Gefängnis gehört.

Ein kleiner schwarzer Lockenkopf mit großer Hornbrille über seinen weit auseinanderstehenden, unproportional schrägen Augen im vergreisten Kindergesicht gehörte zu diesem Täterkreis. Er erschien eine Zeitlang regelmäßig in unserer Sprechstunde. Wie wir mitbekamen, hatte er im Arbeitskommando einen schweren Stand. Seinen richtigen Namen sprach kaum ein Mitgefangener aus. Er hieß bei allen nur der Sackabschneider. Auffallend an ihm waren eine merkwürdige tolpatschige Gangart und ein ausgeprägtes Selbstbewußtsein, das in keinem Verhältnis zu seinem siebenjährigen Hilfsschulabschluß stand.

Einmal zog er wichtigtuerisch aus seinem Tragenetz eine »Wochenpost« und machte mich auf eine Heiratsanzeige aufmerksam. Da er nur mit seiner Mutter im Briefwechsel stand, wollte er sich bei der entsprechenden Dame als Heiratskandidat bewerben. Ich wußte nicht recht, was ich denken sollte. Immerhin hatte er eine lebenslängliche Freiheitsstrafe vor sich und galt trotz seiner Unscheinbarkeit als allgemeingefährlich und stark triebgestört.

Sackabschneider hatte einen elfjährigen Jungen mit dem Versprechen, er wolle mit ihm Kaugummibilder tauschen, in sein Zimmer gelockt. Einige zeigte er ihm wohl auch wirklich, denn obwohl er volljährig war, sammelte er noch Kaugummibilder. Dabei aber flößte er dem Jungen Alkohol ein. Das sollte eine Mutprobe sein, sagte er zu dem Kind. Dann fesselte er ihn ans Bettgestell und stopfte ein Taschentuch als Knebel in seinen Mund. Als er zum ersten Mal in den Jungen eingedrungen war, erregten ihn die schmerzhaften Zuckungen des Jungen so sehr, daß er diese noch steigern wollte, indem er das Kind mit Messerstichen in Bauch, Hals und Rücken regelrecht massakrierte. Er richtete auf dem Bett ein richtiges Blutbad an. Selbst als der Junge schon tot war, hörte er noch nicht auf. Wie im Wahn schnitt er ihm Ohren, Nase und das Geschlechtsteil ab, so als ob er sie als Trophäen aufbewahren wollte.

Nachdem der Rausch abgeklungen war, bekam er Panik. Er packte die Leiche in einen Sack, den er nachts aus dem Haus brachte und in ein nahegelegenes Gulliloch steckte. Allerdings ließ sich der Deckel danach nicht mehr richtig schließen. Zum Schluß versuchte er noch, das Zimmer sauberzumachen, dann wollte er in den Westen abhauen. Zuvor besuchte er aber noch mal seinen Bruder, um ihm den Schlüssel fürs Blumengießen zu geben und sich zu verabschieden. Dabei gestand er sein Verbrechen. Angeblich sei der Junge selbst schuld an seinem Schicksal, erzählte er seinem Bruder. Er fragte ihn sogar noch, ob er ihm vielleicht helfen könne, den Gullideckel wieder richtig zu schließen, bevor jemand drüber stolperte. Sein Bruder alarmierte sofort die Polizei.

Ein ähnlich perverser Sexualmörder lebte seit Jahren im Haus III. Von ihm war bekannt, daß er vor seiner Inhaftierung die getrockneten Brustwarzen seines Opfers lange Zeit in der Brieftasche mit sich herumgetragen hatte. Auch die Augen habe er der Frau noch herausgestochen, da er ihren starren Todesblick nicht ertragen konnte.

Nicht nur anhand von Fingerabdrücken, Blut, Speichel oder Sperma überführten Spezialisten der Kriminalpolizei die Sexualverbrecher. Gelegentlich führte auch der Gipsabruck einer tiefen Bißwunde am Opfer zum Erfolg. Stellung und Anzahl der Zähne ließen oftmals Rückschlüsse auf den Täter zu. Aber es gab auch noch ganz andere Tricks.

Einem Hallenser Hilfskellner und ebenfalls äußerst brutalen Kindermörder war seine grausige Geschichte bereits durch einen Presseaufruf der Polizei im vorigen Jahr vorausgeeilt. Der schmächtige, zurückhaltende Zwanzigjährige ohne Schulabschluß hatte einen sechsjährigen Jungen vom Kino weg in die Wohnung seiner angehenden Schwiegermutter gelockt und dort vergewaltigt. Aus Angst, später eventuell wiedererkannt zu werden, zertrümmerte er den Schädel des Kindes mit einem Hammer. Das erschien ihm aber noch nicht sicher genug. Er schleppte den leblosen Körper des Jungen in die Badewanne und stach ihn zusätzlich noch mit einem Küchenmesser ab. Anschließend überzog er die Leiche mit einem Plastikbeutel und zwängte sie in einen alten Pappkoffer, den er im Keller gefunden hatte. Um das Auslaufen des Blutes zu verhindern, stopfte er die Zwischenräume mit alten Zeitungen aus. Dann begab er sich mit dem Koffer zum Bahnhof und fuhr mit dem Regionalzug nach Leipzig. Unterwegs warf er den Koffer an einer Unterführung aus dem fahrenden Zug.

Aufgrund eines ausgefüllten Kreuzworträtsels auf einem im Koffer gefundenen Zeitungsrest stellte die Polizei Schriftvergleiche an, aber die im unmittelbaren Wohngebiet des Jungen gemachten Schriftproben reichten nicht aus, jemanden zu überführen. Die Untersuchungen gingen ins Leere.

Jetzt wurde die Stasi ins Geschehen eingeschaltet. Kreuzworträtsel-Wettbewerbe wurden veröffentlicht und auf diese Weise 'zig tausende Einwohner von Halle und Umgebung zu Schriftproben veranlaßt. Einige Ganoven, die kurze Zeit nach dem Mord wegen ganz anderer Delikte geschnappt, verurteilt und nach Brandenburg gekommen waren, konnten sich daran erinnern, daß sie bestimmte Sätze mit typischen Kreuzworträtselwörtern hatten schreiben müssen. Es dauerte einige Zeit, aber irgendwann wurde man fündig. Die Schrift gehörte zwar nicht dem Täter, aber der Mutter seiner Freundin. Und damit hatten sie nach monatelanger Puzzlearbeit endlich die richtige Spur.

Da seine Geschichte in Brandenburg schon bekannt war, hatte er anfangs keinen guten Stand im Arbeitskommando. Schließlich aber nahm sich ein anderer Killer schützend seiner an und benutzte ihn als Mieze. Später ist er wohl nach Bautzen verlegt worden.

Mein Entsetzen, wenn ich solche Geschichten hörte, hatte im Laufe der Zeit merklich nachgelassen. Die ständigen Kontakte mit Menschen, die derart Grausiges getan hatten, stumpften unweigerlich ab. Manchmal, wenn wir Ärzte zusammensaßen und über unsere Arbeit schwatzten, übertrumpften wir uns geradezu mit der Gefährlichkeit unserer Patienten. Ich weiß noch, daß wir auch über den »Koffermörder« gesprochen hatten. Als er zu mir in Behandlung kommen sollte, war ich nur neugierig, wie dieser Kerl wohl aussehen würde ...

Ganz gleichmütig wurde ich freilich nie. Immer wieder gab es Momente, in denen ich mich wie am Anfang mit der Frage quälte, wie gerade ich unter solche Leute geraten konnte.

Auch mit einer anderen Patientengruppe hatte ich meine Schwierigkeiten. Etliche meiner älteren und zu lebenslänglich verurteilten Patienten waren sogenannte KVer, Kriegsverbrecher. Sie selbst bezeichneten sich natürlich nicht so, sondern nannten sich Kriegsverurteilte. Das klang weniger nach SS, Gestapo, KZ oder Massenmord.

Viele von ihnen saßen schon zwanzig oder dreißig Jahre hier ein. Andere waren noch bis vor wenigen Monaten unauffällige und fleißige DDR-Bürger gewesen, die kurz vor der verdienten Rente standen. Es schien fast so, als ob die Stasi immer dann wieder einen »neuen« Kriegsverbrecher in der Bevölkerung ausfindig machte und mediengerecht verurteilte, wenn zur gleichen Zeit ein westdeutsches Gericht einen anderen mangels Beweisen freisprach oder für verhandlungsunfähig erklärte. Natürlich fühlte sich kaum einer von ihnen schuldig, egal wie viele Menschenleben sie auf dem Gewissen hatten. Alle beriefen sie sich auf Befehlsnotstand oder konnten sich an nichts mehr erinnern. Reden wollte keiner von ihnen über seine Taten. Jetzt waren sie armselige alte Männer, die mit fünfzehn Knastmark Rente pro Monat ihr Dasein fristeten.

Einige wollten auch ausreisen. Von der Bundesregierung floß in solchen Fällen kein Geld. Aber wenn alte Kameraden im Westen Geld für sie sammelten, konnten sie tatsächlich manchmal freigekauft werden.

Im Haus II saß der berüchtigte Henker von Glogau, ein kleiner Mann, dem man nicht ansah, daß er an Massenhinrichtungen teilgenommen und kurz vor Kriegsende eigenhändig mehrere Juden und Kriegsgefangene erschossen hatte. Auch ein ehemaliger Gestapomann, der in der DDR eine glänzende SED-Parteikarriere hinter sich hatte, befand sich hier. In Frankreich wurde er wegen mehrfachen Mordes steckbrieflich gesucht, hieß es. Erst als ein Auslieferungsersuchen der Franzosen vorlag, war die Stasi dem Fall nachgegangen. Immerhin handelte es sich um einen hochrangigen Genossen.

Von Fuchs, einem hageren, stets kerzengerade und in kurzen militärischen Schritten gehenden Mittsiebziger mit schlohweißem, nach hinten gekämmtem Haar, wurde erzählt, er habe einen hohen Offiziersrang bei der Waffen-SS bekleidet und sei sogar adlig. Seine linke Wange zierte eine alte tiefe Narbe – offenbar ein Studentenschmiß. Während ich seine Zahnprothese bearbeitete, sprach ich ihn darauf an. Für einen kurzen Moment leuchteten seine Augen auf. Er erzählte mir, daß er vor dem Krieg in Breslau und München an verschiedenen naturwissenschaftlichen Fakultäten studiert und dabei seine Frau, eine Ärztin, die inzwischen aber leider schon tot sei, kennengelernt habe. Stolz zeigte er mir ein Foto von seinen Enkeln aus Bayern. Fuchs unterhielt im Gegensatz zu den meisten Insassen noch brieflichen Kontakt zu seinen Verwandten. Offenbar hatte man ihn im Familienkreis nicht verstoßen. Mit seinem preußisch zakkigen Auftreten, seinen kurzen, nüchternen, aber wohlüberlegten Antworten machte der Mann unleugbar Eindruck auf mich. Was er im Krieg verbrochen hatte, wußte ich nicht. Er erzählte nichts, und ich wagte es nicht, danach zu fragen.

Fuchs beschäftigte sich mit klassischer deutscher Literatur von Jean Paul über Herder und Schiller bis zu Goethe. Wenn er zu uns in die Praxis kam, hatte er immer einen alten Schmöker bei sich, meistens in einem Einkaufsnetz. Ich hatte das Gefühl, ihm geistig nicht das Wasser reichen zu können, und es fiel mir schwer, ihn mit irgendwelchen Kriegsverbrechen zu identifizieren. Wenn ich in Fernsehberichten die bekannten Aufnahmen von Leichenbergen sah, hatte ich völlig andere Vorstellungen von der Persönlichkeit eines Massenmörders. Fuchs machte auf mich eher den Eindruck eines alternden, aber geistig regen Universitätsprofessors. Ausführlich sprach er über Philosophie und Zukunftsvisionen der Menschheit. Seltsamerweise betrachtete er nicht allein die russische Sozialismusvariante als Gefahr für die Menschheit. Er würde es zwar nicht mehr miterleben, aber die würde alsbald wirtschaftlich vor dem Westen kapitulieren und in sich selbst zerfallen, war er überzeugt. Um so gefährlicher war seiner Ansicht nach die zunehmende Amerikanisierung Europas und schließlich der ganzen Welt. Eine globale

Gesellschaftsordnung des Handels mit totalem Kulturzerfall, ohne Achtung und Rücksicht auf das eigene Volk wären die Folge. Alles auf der Welt würde käuflich und handelbar werden. Selbst die sogenannte Freiheit wäre dann ein käufliches Gut und würde dazu beitragen, die Welt zu zerstören.

Hotte hatte schon lange abgeschaltet, und auch ich schluckte die Worte nur, unfähig, sie zu verstehen, oder besser: verstehen zu wollen. Für mich bedeutete das Rauskommen in den Westen endlich meine Freiheit. Natürlich gab's dort auch Amerikaner, sonst wären womöglich schon die roten Brüder einmarschiert. Aber warum sollte es gleich zum Kulturzerfall kommen? Klar, die Rolle der USA im Vietnamkrieg war und blieb mir immer suspekt, aber ich wollte doch nicht in die USA, sondern nur in die Bundesrepublik. Differenzieren konnte ich später. Gleichzeitig klangen mir seine Vorbehalte zu sehr nach SED-Propaganda, und das von einem alten KVer. Waren seine Äußerungen nun sozialistisch oder nationalsozialistisch geprägt? Ich war völlig verwirrt. Fuchs brachte mein Zweifrontendenken ziemlich ins Wanken.

Im »Neuen Deutschland« lasen wir etwas über den Prozeß gegen einen ehemaligen Staatsanwalt des Dritten Reiches. Es stand natürlich nichts Konkretes in dem Bericht, zum Beispiel, was ihm genau zur Last gelegt wurde, nur daß er bereits seit 1919 im imperialistischen Justizwesen tätig gewesen war und sich mehrerer Verbrechen schuldig gemacht hatte. Im Bericht wurde nicht erwähnt, wie alt der Herr wohl inzwischen sein mochte. Er wurde nicht zu lebenslänglicher Strafe verurteilt, sondern erhielt »nur« dreizehn Jahre. Als der Mann ein paar Tage später vom Krankentransport ins Haftkrankenhaus eingeliefert wurde, stellte sich heraus, daß er bereits zweiundachtzig war. Also hatte er theoretisch die Chance, mit fünfundneunzig Jahren entlassen zu werden. Aber auch heute war er schon ein menschliches Wrack, nur noch aus Haut und Knochen bestehend und im übrigen völlig senil. Wie die Stasi aus ihm noch etwas für den Schauprozeß Verwertbares herausbekommen hat, war mir ein völliges Rätsel.

Opa Harder konnte anfangs noch in seiner Zelle auf- und abgehen. Ich sah ihn während des täglichen Mittagsrundgangs oft hinter dem Fenster stehen. Zuweilen wurde er etwas wunderlich und murmelte dem Krankenpersonal etwas zu wie: »Die wollen mich umbringen.«

Eines Tages rief mich Hotz plötzlich ans Fenster. Unten sahen wir einen Krankenwagen mit ziviler Nummer – etwas äußerst Ungewöhnliches –, aus dem eine hübsche, junge und zivil gekleidete Frau stieg. Ihr folgten zwei gepflegte kurzhaarige Herren. Opa Harder wurde auf einer Trage herausgebracht und umgehend im Wagen verfrachtet. Nur eine Firma kam hier in Frage: die Stasi. Was die wohl mit ihm vorhatte?

Nach einigen Tagen war Opa Harder über Nacht plötzlich wieder da. Er war verstörter und hilfloser denn je. Das nahende Ende war abzusehen. Die Krankenpfleger warteten förmlich auf seinen Abgang, denn sie mußten ihn ständig säubern und füttern. Ein paar Wochen später war es dann soweit, und Opa Harder kam auf diese Weise sehr schnell wieder aus dem Zuchthaus heraus, in das er selbst wohl vierzig Jahre zuvor manch einen Ganoven und auch Antifaschisten hineingebracht hatte.

Ein anderer KVer hatte im Krieg einen Arm verloren, zehn Jahre russische Kriegsgefangenschaft überstanden und danach bis zu seiner Inhaftierung 1976 als kleiner Provinzbuchhalter in einer sächsischen Industriestadt bei Leipzig gearbeitet. Dann aber hatte ihn ein überlebender Partisan aus der Ukraine auf einem Archivfoto als Mitglied eines Erschießungskommandos identifiziert. Ernst, der mit einem Herzleiden auf der Station lag, bestritt diese Behauptung und beteuerte uns, daß er nur ein kleiner Wehrmachtsgefreiter und Transportfahrer fürs Essen gewesen sei. Von den Erschießungen durch seine Kompanie habe er zwar gewußt, aber nie daran teilgenommen.

Wem sollten wir nun glauben? Der Mann war stets freundlich, und in seiner Hilflosigkeit mit dem fehlenden Arm und ohne Aussicht auf Begnadigung tat er mir eigentlich leid. Damals war er gerade zwanzig gewesen, ein lebensunerfahrener Befehlsempfänger. Waren die zehn Jahre Sibirien nicht schon Strafe genug? Aber was, wenn die Russen mit ihrer Behauptung doch recht hatten? In meinem Kopf ging es oft hin und her. Auch wenn die DDR uns mit diesen Leuten auf eine Stufe stellte, konnte ich nicht zum Sympathisanten von Massenmördern werden. Was hatten sich die Staatsfunktionäre nur dabei gedacht, als sie uns zusammenwürfelten?

Weihnachten oder Cognac im Kondom

Dezember 1982. Weihnachten rückte näher. Trotz der Umstände wollten wir uns die Feiertage so angenehm wie möglich machen. Dazu benötigten wir allerdings einige Luxusartikel, die es nur draußen gab.

Ich hatte eine etwas kühne Idee und versprach meinen Kollegen schon mal im Voraus, sie am Heiligabend zu einem Gläschen Cognac einzuladen. Natürlich nahm mich niemand wirklich ernst.

Endlich hatte ich wieder einen Sprechtermin mit meinen Eltern. Trotz Mikrofon auf dem Besuchertisch und ständiger Beobachtung durch die Bullen wollte ich meine Mutter zu einer kleinen verbotenen Handlung überreden und sie bitten, den Cognac in mein nächstes Paket zu schmuggeln. Natürlich war klar, daß jede Postsendung, bevor sie der Häftling erhielt, von der Stasi oder dem Erzieher gründlich durchsucht wurde. Aber ich hatte einen Plan. Und den teilte ich meinen Eltern in Zeichensprache mit.

Ein paar Tage später – genau einen Tag vor Heiligabend – brüllte Kurze durch den Flur: »Garve! Paket abholen!«

Die Pappe war von ausgelaufenem Apfel-Haarshampoo durchsuppt. Alles, selbst die Zigaretten, roch nach Apfel. Sorgsam ließ mich Kurze die Bundesadler-Etiketten von der Packung Westzigaretten abreißen, während er nochmals den Plastverschluß der Flasche beschnupperte.

»Diese Sauerei hier, müssen Se mal den Eltern sagen, dat man so wat nich schickt. Wir ham jenuch Shampoo hier. Oder wolln Se unbedingt wie'n Appel riechen, he? Haun Se bloß ab mit dit Zeuch, Mann!«

In der Zelle verteilte ich heute nur eine Runde Zigaretten.

Auch Manschke und Jonas erhielten an diesem Tag ihre Weihnachtspakete. Jonas hatte eines von seinem Bruder aus Frankreich bekommen, und darin waren ausschließlich bunte und wohlriechende Westartikel wie Schokolade, Marzipan, Salami, Kosmetika, Tabak und so weiter. Er war glücklich wie ein kleines Kind und genoß die neiderfüllten, scheinbar desinteressierten Seitenblicke der Zellenmitbewohner, breitete das Zeug auf dem Tisch aus und betrachtete lange mit glänzenden Augen seinen Schatz.

Manschkes trockener Topfkuchen zerbrach sofort, als er ihn aus dem Zeitungspapier auswickelte. Zusammen mit einer Flasche billigen Rasierwassers der Marke »Pitralon« und zwei Schlager-Süßtafeln sah das recht mickrig aus gegen die andere Weihnachtsausbeute. Aber seine einst mitverknackte Ehefrau war schließlich erst seit kurzem wieder auf freiem Fuß und konnte sich keine großen Sprünge leisten.

Trotz der Unterschiede auf dem Tisch, in einem Punkt glichen sich die beiden Paketempfänger aufs Haar: Keiner würde jemand anders auch nur einen Krümel von seinem Besitz abgeben. Nur bei mir machte Jonas eine Ausnahme. Ich durfte hier und da schnuppern und probieren, um stellvertretend für die anderen festzustellen, wie toll alles war. Jonas wollte bewundert werden. Ich tat ihm den Gefallen und zelebrierte meine Neugier wie ein Steinzeitpapua, der zum ersten Mal in seinem Leben an einer Mettwurst riechen darf. Offensichtlich wollte er die anderen auf diese Weise quälen und sich für erlittene Demütigungen rächen. Und er wußte, daß er sie gerade jetzt damit traf, zu Weihnachten, wo selbst üble Halunken kurzfristig zu frommen Lämmern mutierten, weil draußen niemand auf sie wartete.

Übrigens hatte Jonas bei der Paketkontrolle die Bundesadleretiketten von den Zigarettenschachteln nicht entfernen müssen. Warum aber ich?

Nach ausgiebiger Zurschaustellung verstaute er seine Kostbarkeiten sorgsam im Spind. Mittlerweile roch es in unserer stickigen Karo-Bude wie im Intershop.

In Alexanders Zelle duftete es dagegen nach frischgebackenem Streuselkuchen. Dieser Weihnachtskuchen stammte nicht aus der Knastküche, sondern den hatten James, der Anästhesist, und Alexander gemeinsam gebacken. Ich erhielt keine zufriedenstellende Antwort, als ich nach den genauen Umständen fragte. Nur Grienen. Als ich der Duftmarke folgte und im Sterilisationsraum landete, war mir alles klar. Ein Heißluftsterilisator ist im Grunde genommen nichts anderes als ein Backofen.

Man muß bloß darauf kommen! Die Bullen hatten von ihrer Aktion nichts bemerkt. Und vorsichtshalber hatten die beiden so viel gebacken, daß es auch für unser Killerpersonal reichte und Denunziationen vorgebeugt war.

Der Streuselkuchen war aber noch nicht alles. Wie schon in den Vorjahren mußte noch eine zünftige Weihnachtskekstorte her. Die hätte hier gewissermaßen schon Tradition, klärte mich James auf.

Zunächst war die Frage der Zutaten zu klären. Also, was braucht man für eine echte Brandenburger Knast-Weihnachtstorte? Butter (im Notfall Margarine), Milch, Zucker, Kekse, Mandeln oder Nüsse (Haferflocken gehen auch) – und eine große Dose Schmalzfleisch.

»Wozu denn das?« frage ich James. Tief nachdenklich schaute er mich an und erklärte mir, daß es sich um ein uraltes Großmutterrezept handeln würde. Die anderen grienten.

Wo die lieben Kollegen kurz vor Weihnachten auf einmal sämtliche Zutaten her hatten, blieb mir ein Rätsel. Die Butter und den Zucker konnte jemand aus der Küche geklaut haben, und Kekse konnte man im Knastkiosk kaufen. Aber woher waren die Mandeln? Na klar, aus'm Westen! Im Osten gab's ja selbst zu Weihnachten kaum welche. Auch die Fleischdose fehlte nicht. Und nun?

James öffnete mit seinem Messer die Dose.

»Hast du deine Gabel dabei? Ist die auch sauber?«

»Na klar!«

»Dann verteil das mal bitte!«

»Wieso, ich denke, das Fleisch ist für den Kuchen?«

»Alles nur Vorbereitung. Nun eßt das Zeug endlich auf, wir brauchen die Dose.«

Das war im Nu erledigt. James wusch die Dose aus und gab sie mir zurück.

»Ja, und jetzt?«

»Du hast doch einen Bunsenbrenner in der Zahnarztpraxis. Sag den Bullen, ich hätte Zahnschmerzen, du müßtest mich behandeln. Dann schließen sie die Türen auf.«

Gesagt, getan. In der Blechbüchse rösteten wir über dem Gasbrenner die Mandeln. Der Duft zog durch alle Zellen. Der Diensthabende drückte die Augen zu.

Anderntags kam Schur ins Krankenhaus. Endlich hatte er mal

wieder einen Arzttermin ergattert. Unsere Begegnung war leider nur kurz. Aber er hatte eine kleine Weihnachtsüberraschung für mich. Unter seiner zerfledderten Uniformjacke zauberte er zwei richtige Altarkerzen hervor, die er in leeren Milchflaschen mit heißem Spulenwachs gegossen hatte. Ein Pfundskerl! Seine Rippen waren wieder zusammengewachsen, freilich etwas schief. Aber er war wieder ganz der alte, lustig und ungebrochen.

Dann war es soweit. Heiligabend.

Vormittags mußten wir noch arbeiten. Man merkte, daß auch die Bullen heute nicht sehr eifrig waren, sondern möglichst schnell nach Hause zu ihren Familien wollten. Zum Schluß blieben nur noch das kurzsichtige Spatzenhirn mit den großen Füßen, genannt Bimbo, und Kurze als Diensthabende übrig. Offenbar waren beide alleinstehend. Kurze überwachte geflissentlich das Aufstellen und Schmücken eines kleinen Weihnachtsbaumes. Der Chef hätte den Baum ausnahmsweise gestattet. Gegen die Strafgefangenen im Arbeitskommando besaßen wir dicke Privilegien.

Am späten Nachmittag versammelten wir Ärzte uns in Alexanders Zelle zum Festakt. Nur Käsebaum, der Arschkriecher, fehlte. Den wollte hier auch niemand. James hatte einen Plattenspieler mit Weihnachtsmusik organisiert. Draußen wurde es bereits dunkel. Wir entzündeten Schurs Kerzen. Nach dem Abspielen von »Stille Nacht, Heilige Nacht« hielt James wie ein Pfarrer eine kurze Andacht und ermahnte uns, an Menschen zu denken, denen es schlechter ging als uns im Moment. Alle in der Zelle waren mucksmäuschenstill und lauschten betreten mit Kerzen- und Bodenhaftungsblick seinen Worten. Nach einem »Vaterunser« begann James, sein Meisterwerk, die Kekstorte, anzuschneiden. Alexander kochte derweil mit seinem Rasierklingen-Tauchsieder heißes Wasser für den Kaffee. Alle großen Plastetassen mit ihren Monatskerben standen militärisch exakt nebeneinander, als er das Wasser gleichmäßig verteilte. Der Duft zog durch die Flure. Nur hier im Haftkrankenhaus war es für das Gefangenenpersonal nicht verboten, Bohnenkaffee zu trinken. Wie in vielen DDR-Betriebskantinen üblich, wurde jede Tasse einzeln aufgebrüht. Obwohl man anschließend warten mußte, bis die »Flöhe« auf den Tassengrund abgesackt waren, schmeckte mir diese einfache oder türkische Variante auch später immer noch besser als dauererwärmter Filterkaffee aus der Glaskanne.

Die Gesichter hellten sich auf. Jemand hatte von Kurzes Weihnachtsbaum einen Tannenzweig abgebrochen und unter die Kerzen gelegt. Wenn man mit den Tannennadeln in den brennenden Kerzen kokelte, knackte es so schön und roch ähnlich wie Weihrauch, eben wie Weihnachten.

Die fette Torte schmeckte wunderbar – obwohl ich eigentlich gar keine Kekstorte mag.

Danach forderte uns James dazu auf, gemeinsam ein Weihnachtslied zu singen. Früher wäre ich mir dabei vielleicht blöde vorgekommen, aber nicht in diesem Moment. Leider konnte ich nur »Oh, Tannebaum« und davon auch nur die erste Strophe. Aber es reichte, den Refrain mitzubrummen. Ein tolles Gefühl von Zusammengehörigkeit!

Plötzlich wurde die Tür geöffnet. Oberleutnant Kurze betrat die Zelle. Sofort war Ruhe im Salon.

»Bleiben Se sitzen, Mann!«

Tatsächlich war einer von uns vorschriftsmäßig aufgestanden und hatte Meldehaltung angenommen.

Kurze, etwas schwermütig und mit Alkoholfahne, glotzte auf den reichlich gedeckten Tisch. »Wollte Se ja eigentlich nich stören, wa. Is nur wegen dit Fernsehen. Könn' Se wieder kieken, wenn Se wollen.«

Alle starrten ihn an. Was war denn mit dem los?

James bot ein Stückchen vom verbotenen Streuselkuchen an.

»Nee, nee, lassen Se ma, bin schon jenuch versorgt, wa!« meinte er, obwohl ich den Eindruck hatte, daß er sich am liebsten dazugesetzt hätte. Wer ist Weihnachten schon gern allein?

»Na, denn noch frohe Weihnachten, Jenossen ... äh ... kleener Scherz ... Tschuldigung! ... Strafjefangene!«

Wir konnten uns das Lachen nicht verkneifen. Aber Kurze lachte mit. Auch wir wünschten ihm im Chor ein frohes Fest, was freilich blanker Hohn war.

Nach Kaffee und Kuchen kam endlich meine Festtagsüberraschung unter dem Tisch hervor. Während noch jemand den Kaffeesatz aus den Tassen spülte, beeilte ich mich, Schraubverschluß und Pfropfen von der Apfel-Haarshampoo-Flasche zu entfernen. Mit einer chirurgischen Pinzette griff ich nach dem verknoteten Oberteil eines im Shampoo schwimmenden Kondoms und zog es heraus.

Erst ungläubige Blicke, dann Grölen am Tisch. Zuerst ließ ich das Waschmittel über dem Waschbecken abfließen und umspülte unter einer größer werdenden Schaumglocke das gefüllte Kondom mit Wasser. Als kaum noch Schaum entstand, war es soweit. Mit einer spitzen OP-Schere öffnete ich den Bindfaden und ließ den wohlriechenden Inhalt in eine große Plastetasse laufen. Danach wurde brüderlich geteilt. Zum Besaufen war es leider zu wenig, aber mindestens ein Doppelter war es für jeden.

Wir erhoben uns und stießen gemeinsam auf unsere Zukunft an. Der Cognac stammte aus dem Freß-Ex (offiziell Delikatladen). Er schmeckte zwar etwas seifig, aber das war uns egal.

In den anderen Zellen sah das Fest etwas trister aus. Die einen spielten Skat, andere stocherten, um nicht teilen zu müssen, für sich allein in ihren Weihnachtspäckchen herum. Manche knabberten an den volkseigenen Lebkuchenherzchen, die es zur Bescherung gab, schauten sich Familienfotos an oder dröhnten sich mit Tabletten zu.

Als ich wieder in meine Zelle zurückkam, roch es süßlich nach Jonas' neuem Rasierwasser. Jonas lag auf seinem Bett, rauchte Westzigaretten und heulte. Neben ihm lag ein angebissener Schokoladenweihnachtsmann.

In einem solchen Fall war es, wie schon gesagt, am besten, man setzte sich kurz zu ihm und streichelte ihn wie ein Kind. Jetzt sprudelte es nur so aus ihm heraus. Er hätte furchtbares Heimweh und Sehnsucht nach seinem Typ in Berlin. Der hätte schließlich trotz seiner Anzeige versprochen, zu ihm zu halten, all die Jahre auf ihn zu warten. Und nun war der Saukerl weg mit'm andern. Das Schwein! So sind die Kerle!

Seine ganze Westpaket-Euphorie war dahin, und er eröffnete mir, daß er am liebsten überhaupt nicht mehr länger leben wolle mit den ganzen Verbrechern ringsherum.

Hoffentlich ratscht er nicht wieder an seinen Pulsadern herum, schoß es mir durch den Kopf. Schließlich gelang es mir, ihn wieder zu beruhigen. Ich lud ihn ein, am nächsten Tag mit uns Ärzten zum Weihnachtsgottesdienst zu kommen. Vielleicht würde ihm das ein wenig helfen. Tatsächlich brachte er umgehend sein verheultes Gesicht mit Puder und Schminke wieder in Form. Ich glaube, ihm fehlte ein wenig das Gefühl von Dazugehörigkeit.

Er bedauerte allerdings sehr, daß ich nicht ein klitzekleines bißchen schwul war. Wir würden ein tolles Paar abgeben, meinte er.

Gemeinsam schlenderten wir tags darauf im Gänsemarsch zum Gottesdienst, wo wir gesondert von den anderen Strafgefangenen plaziert wurden. Die Bankreihen waren unverhältnismäßig voll. Diesmal waren viel mehr Mörder und Sittenstrolche als Ausweiser hier. Vielleicht wollten manche von ihnen wenigstens einmal im Jahr Buße für ihre Verbrechen tun. Ich freute mich jedenfalls, einige altbekannte Gesichter wiederzusehen.

Nach dem Gottesdienst wurde ich sofort in die Zahnarztabteilung beordert, um das Resultat einer kleinen weihnachtlichen Meinungsverschiedenheit zahntechnisch zu reparieren. Die Oberkieferprothese eines Ganoven hatte durch einen Kinnhaken einen Sprung erlitten. Und weil es zum Mittag Broiler gab, tat ich ihm den Gefallen in aller Eile, damit er erstens seine Portion noch bekam und zweitens auch richtig abbeißen konnte.

Zurück in der Zelle, fand ich Jonas wieder heulend vor. Die anderen Insassen rekelten sich auf ihren Betten und kümmerten sich nicht um sein Gejammer.

»Was ist denn nun schon wieder los?«

»Die haben mich beklaut. Meine ganzen Filterzigaretten, das schöne Deo, das teure Rasierwasser und die gute Seife – alles futsch! Verdammte Schweine!«

Jetzt fühlte sich ein Neuling in unserer Zelle angesprochen. Hartmann, zirka dreißig Jahre alt, strohblond, Mitglied der Freiwilligen Feuerwehr aus irgendeinem Kaff bei Neubrandenburg und für siebeneinhalb Jahre hier wegen Brandstiftung: »Wirst doch wohl nich behaupten, daß wir dir was geklemmt haben, du schwule Sau!« Angriffslustig erhob er sich.

»Schnauze, du Wicht!« entgegnete ich ihm barsch, um gleich mal die Machtverhältnisse in der Zelle klarzustellen. Er mußte meine Entschlossenheit spüren, im Falle einer Auseinandersetzung sofort den Fuß ins Gesicht zu bekommen. Natürlich war das nur Bluff, aber wenn es hart auf hart gekommen wäre, hätten mindestens zwei Leute zu meinen Gunsten ausgesagt. Ein kurzes Brabbeln, und er setzte sich wieder.

Ich wühlte in meinem Fach. Tatsächlich fehlten auch mir Zigaretten und ein Stück Seife. Über diese Art von Scherz konnte ich überhaupt nicht lachen.

»Wer war das?« fragte ich wütend. Natürlich war das überflüssig.

»Los, Leute, Spindfächer aufmachen, sonst geht sofort 'ne Meldung an die Bullen ab!«

Auch diese Drohung war fruchtlos. Der Dieb nahm derartige Meldungen sicherlich dreist in Kauf.

Uwe sprang vom Bett, öffnete sein Fach, auch ihm fehlte eine Tafel Schokolade. An Manschkes Süßtafeln würde sich freilich niemand vergreifen. Der war seit der Geschichte mit der Zahnbrücke stinksauer auf mich. Dennoch, einen Diebstahl traute ich ihm nicht zu.

Nachdem er uns seinen leeren Spind offeriert hatte, begann Hartmann mit wilden Verdächtigungen. Die Bullen selbst hätten das Zeug während der Freistunde geklaut. Oder die Patienten. Könne man eben nichts machen. Das habe er schon in anderen Kommandos erlebt. Trotz des eifrigen Suchens unter den Betten und des kumpelhaften Tons, den er auf einmal anschlug, wirkte er unsicher. Ich weiß auch nicht, woher ich plötzlich meine Gewißheit nahm: Hartmann war der Dieb! Oder wollte ich es nur so, weil ich ihn nicht leiden konnte?

Jemand aus einer anderen Zelle konnte in diesem kurzem Zeitraum kaum so viel und gezielt zusammengeklaut haben. Logisch, daß er das Zeug nicht hier in der Zelle versteckt hielt. Aber so schnell konnte er das Zeug auch noch nicht verhökert haben.

Auf dem Arbeitskommando und mit Hilfe von Freunden wie Schur hätte sich die Angelegenheit mit Sicherheit nach einigen Fausthieben geklärt. Um dort zum Beispiel Lebenslängliche zu beklauen, mußte der Dieb schon sehr lebensmüde sein.

Aber hier konnte ich nicht viel mehr machen, als mit Jonas und Uwe zum diensthabenden Bullen zu gehen und den Vorfall zu melden.

Der schaute sich kurz in der Zelle um und machte sich eine Notiz. Weiter passierte nichts. Auch Alexander bestätigte mir, daß seit einiger Zeit in seiner Zelle Sachen verschwunden waren. Er hielt allerdings nicht nur Hartmann, sondern auch dessen Freund Glocke, der seine Frau mit einem Hammer erschlagen hatte und jetzt für unsere Essensausgabe zuständig war, für einen Dieb. Den Tip hatte er von einem Patienten auf der Station, dem zu Wucherpreisen Westartikel von beiden angeboten worden waren.

Kurz nach Weihnachten kam Jonas aufgeregt zu mir. Einer der Patienten auf der Station hatte Westzigaretten vom Essensausgeber zum Kauf angeboten bekommen, und zwar genau die Marke, die ihm gestohlen worden war. Der Essensausgeber stritt natürlich alles ab. Jetzt reichte es. Während einer von uns Glocke ablenkte, durchforstete ich die Küche. Ich fand nichts bis auf ein oberes Schrankfach, das sich nicht öffnen ließ. Doch als ich daran schnupperte, roch es verdächtig nach Westkaffee und Banner-Seife, eben wie ein Westpaket.

»Wat machen Se denn hier inner Küche?! Kriegen Se nich jenuch zu essen, oder wat?«

Mir rutschte fast das Herz in die Hose, als plötzlich Kurze vor mir stand.

»Gut, daß Sie kommen, Oberleutnant, der Glocke hier aus der Küche hat uns alle beklaut.«

»Wat reden Se da für'n Unsinn, Mann! In meinem EB klaut niemand was!«

»Doch, doch! Kameradendiebstahl! Verstehn Sie?!«

Das war das Stichwort für einen alten Militär wie ihn. Jetzt hörte er mir zu. Ich erzählte ihm von den geklauten Weihnachtsgeschenken und behauptete einfach, genau beobachtet zu haben, wie Glocke das Diebesgut in diesem Küchenfach eingeschlossen hatte.

Sofort ließ Kurze den Küchenheini antreten und verlangte von ihm den Schlüssel für das Fach. Der wurde auf einmal sehr verlegen und meinte, den Schlüssel zu diesem Schrank gebe es schon lange nicht mehr. Dabei trafen mich vernichtende Blicke seiner Schielaugen.

Kurze tobte. Er wolle endlich wissen, was in diesem Fach sei, brüllte er.

Da meinte Glocke auf einmal: »Kann ich Se mal alleene sprechen, Herr Oberleutnant?«

»Nix is! Ab in den Verwahrraum, Sie auch, Stra Garve!«

Kurze ließ die Küche abschließen und verschwand. Nach einer halben Stunde tauchte er wieder auf. An seiner Seite kam ein Schlosser mit, der einen Werkzeugkasten in der Hand trug.

»Los, das Fach aufmachen!«

Das Schloß war fast eine Beleidigung für den einschlägig vorbestraften Tresorknacker aus Haus IV. In wenigen Sekunden hatte er es per Schraubenzieher geöffnet. Unglaublich, was da zum Vorschein kam! Das Fach war vollgestopft mit Westartikeln: Kaffee, Kakao, stapelweise Schokolade, Zigaretten, Kosmetikartikel – alles noch originalverpackt. Ein richtiger kleiner Intershop.

Kurze ließ den Schrank wieder schließen und scheuchte uns alle, die wir inzwischen wieder neugierig herumstanden, in die Zellen zurück. Erst am nächsten Tag erfolgte die »Beweismittelsicherung«. Ein Kriminaler in Zivil erschien, verhörte Glocke und beschlagnahmte die Sachen. Wir erwarteten natürlich, auch befragt zu werden und nicht zuletzt unsere geklauten Dinge zurückzubekommen. Außerdem war klar für uns, daß Glocke und sein Kumpel Hartmann strafverlegt werden müßten.

Aber wir hatten uns getäuscht. Nichts, rein gar nichts passierte. Glocke wurde nicht bestraft, sondern führte weiterhin das Kommando in der Küche. Offensichtlich war sein Hamsternest ein Umschlagpunkt für Bestechungsartikel gewesen, und irgendwer aus seiner Kundschaft von reichen Knastern, Zivilangestellten und Bullen hielt jetzt die Hand über ihn.

Hoffnung West

Ich hatte selbst erlebt, wie hier im Knast, wo kriminelle Energie, Dummheit und Antikommunismus schnell eine Einheit ergaben, biedere DDR-Duckmäuser zu knallharten Neonazis mutierten. Es gab Zellen, wo man sich als Zeichen der Loyalität gegenseitig den Deutschen Gruß abverlangte. Ein Killer ging sogar so weit, daß er sich aus den schwarzen Knastlumpen in der Schneiderei eine SS-Phantasieuniform nähte. Natürlich wurde das nach oben gemeldet, und die Klamotten wurden eingezogen. Weitere Konsequenzen hatte ein solches Verhalten allerdings nicht. Auf Verräter aus den eigenen Reihen hatte man ein wachsameres Auge. Zum Beispiel auf die Leute, die ebenfalls die Errichtung einer kommunistischen Gesellschaftsordnung anstrebten, allerdings mit sogenannten revisionistischen oder opportunistischen Methoden, wie es im marxistisch/leninistischen Parteikauderwelsch der DDR hieß. Sie wurden zu Todfeinden hochstilisiert. Das hatte man von Stalin gelernt. Denn diese Abweichler – ausnahmslos keine Dummköpfe – konnten bei entsprechendem Einfluß auf die Parteibasis gefährlich werden.

Erstaunlicherweise hatte die Stasi eine solche Keimzelle, die offensichtlich vom Klassenfeind aus der BRD gesteuert wurde, erst bemerkt, als diese selbsternannte KPD/ML, Sektion DDR, schon eine eigene illegale Zeitung herausgebracht hatte. Auflagenstärke: dreihundert Exemplare. Viele Leser waren SED-Mitglieder.

Zunächst ging die Stasi davon aus, daß die Zeitung von Westberlin aus eingeschmuggelt wurde. Aber Druckerschwärze, Papierqualität und unzensierte Informationen, die nur Insider kennen konnten, verrieten ein »Maulwurfsnest« direkt in der Redaktion des SED-Zentralorgans »Neues Deutschland« in Ostberlin. Spitzel wurden eingeschleust, und schließlich wurde das gesamte KPD-Nest nach Gestapo-Manier ausgehoben. Nichts davon durfte nach außen dringen. Eine Opposition in der eigenen Partei neuen Typus' – undenkbar, obwohl sich die KPD-Leute von Marx bis hin zu Thälmann auf die gleichen gemeinsamen Vorkämpfer beriefen. Die phantastisch anmutende Strategie der KPD/ML war, wie ich erfuhr, die schrittweise Reformierung des nach dem stalinistischen Zentralismusprinzip funktionierenden DDR-Regimes und die Loslösung von der Sowjetunion. Diese seltsamen Kommunisten bezeichneten den sogenannten real existierenden Sozialismus der DDR als Sozialfaschismus und strebten eine Annäherung an das albanisch-marxistische Modell Enver Hodschas an. Also im Klartext: wiederum Diktatur des Proletariats und, hinter anderen Phrasen versteckt, das gleiche Ziel mit angeblich menschlicherem Anstrich. Kommunismus pur, vielleicht noch brutaler und menschenverachtender als der der Moskauer Kontrahenten.

Jedenfalls landeten in Brandenburg mindestens drei KPD-Mitglieder mit Haftstrafen zwischen sechs und acht Jahren. Harry, der ehemalige Drucker vom »Neuen Deutschland«, war eine nette Berliner Pflanze, Anfang Dreißig, humorvoll, ehrlich und fest von dem, was er tat, überzeugt. Auch in seiner Zelle mit Kindermördern und Sittenstrolchen vertrat er seinen Standpunkt ganz offen. Schon nach wenigen Tagen kam es zum Konflikt. Ein knastproduzierter Neonazi schlug ihm die Schneidezähne aus. Als er dann bei mir in der Sprechstunde saß, fragte er mich, ob ich ein Treffen mit einem seiner KP-Genossen, der in Haus II einsaß, organisieren könnte. Kassiber wechselten vertraute Hände, und schließlich kamen beide gleichzeitig als Patienten in meine Praxis mit den zwei Behandlungsstühlen. Als Hotz wie ein Kojote die Ohren spitzte, um Punkte zu sammeln, drehte ich den Wasserhahn auf, damit sich die beiden ausgiebig unterhalten konnten. Für einen Tip an die Sicherheit reichte es jedoch, so daß es kein zweites Treffen gab.

Auf der Station lag ein Patient mit fortgeschrittenem Lungenkrebs. Ein netter Kerl. Im Juni 1983, also in wenigen Wochen, sollte er entlassen werden. Auch er wollte in den Westen.

Er war erst dreiundfünfzig, aber er sah zwanzig Jahre älter aus. Das Rauchen konnte er nicht lassen. Das hätte ihm wohl auch nichts mehr genützt.

Der lustige Ostberliner hatte sich am 17. Juni 1953, wie Tausende andere Werktätige auch, gegen die russischen Panzer zur

Wehr gesetzt. Die Russen erwischten ihn, als er einen Molotow-Cocktail warf. Dafür erhielt er zunächst die Todesstrafe. Später wurde sie in eine dreißigjährige Haft umgerubelt. Die stalinistischen Jasager der vordersten SED-Riege hatten trotz zahlreicher Freikaufsangebote aus dem Westen kein Erbarmen mit ihm. Wenn die Russen dreißig Jahre verhängt hatten, dann sollte er sie auch gefälligst abbrummen. Der Wunsch der Sowjetbürger und ihrer KPdSU war Befehl. Später hatte man ihn wohl einfach vergessen. Seine Haftentlassung soll er nur wenige Wochen überlebt haben.

Die Stasi kannte auch bei zu Krüppeln geschossenen Grenzverletzern kein Erbarmen. Eine Strafe auf Bewährung schied generell aus, wenn der Delinquent dem Staate nicht reuevoll zu Kreuze kroch oder gar weiterhin auf Ausweisung aus der DDR bestand. Die Bezeichnung Grenzverletzer war in sich schon unsinnig und makaber. Die Opfer der Minen, Selbstschußanlagen und MP-Salven verdienten eher das Wort Grenzverletzte, wenn sie den brutalen Crash denn überlebt hatten.

In Berlin-Hohenschönhausen hatte die Stasi in ihrem Untersuchungsgefängnis eine auf Amputationen, Schuß- und Sprengstoffverletzungen spezialisierte Krankenhausabteilung mit eigenem Personal und Operationssälen. Waren die Opfer vernehmungs- und verhandlungsfähig, wurden sie ohne Aufsehen in das zuständige Bezirksuntersuchungsgefängnis des MfS gebracht. Die Verurteilung erfolgte immer unter Ausschluß der Öffentlichkeit. Anschließend landeten die Leute bei uns im Strafvollzug. Die Nachbehandlung der Stümpfe, Narben und anderer Folgerscheinungen überließ man größtenteils uns Knast-Ärzten. Mit den Psychotraumen mußten die Leute alleine fertig werden. Dafür hatte die DDR weder Verständnis noch Geld.

Ich erinnere mich an einen jungen Studenten aus Leipzig: schlank, blond, blaue Augen, gerade zwanzig Jahre alt. Mirko Krüger hatte in einem Studentenclub als Diskjockey gejobt. Er war begeisterter Anhänger der amerikanischen Popmusik und träumte wie viele in seinem Alter von Freiheit und der großen weiten Welt. Richtig politische Motive für seinen Entschluß, der DDR den Rücken zu kehren, hatte er eigentlich gar nicht. Er hatte die Nase einfach voll davon, immer von FDJ und Staat gegängelt zu werden, wollte reisen und frei sein. Ihm war klar, daß ein Fluchtversuch an den DDR-Grenzanlagen durch die Selbstschußanlagen und den Schießbefehl tödlich oder im Knast enden würde. Das war ihm zu riskant. Er wollte die lange zusammengesparte und staatlich genehmigte Reise ins sozialistische Bruderland Bulgarien nutzen, um über die vermeintlich weniger gesicherte Grenze zur Türkei abzuhauen. Aber die militärischen Klassenbrüder in Bulgarien unterschieden sich mitnichten von ihren DDR-Genossen und hielten ohne Rücksicht auf Leben und Gesundheit Schießbefehl und Auslieferungsabkommen mit der DDR streng ein. Zwei Grenzsoldaten erwischten ihn, als er wenige Meter vor der türkischen Seite über einen Grenzhügel klettern wollte. Sie brüllten ihn an und entsicherten ihre Maschinenpistolen. Krüger warf sich auf den steinigen Boden und ergab sich. Am Leben und gesund zu bleiben war ihm in diesem Augenblick wichtiger als weiterzulaufen. Doch die beiden Bulgaren stellten sich neben ihn und richteten ihre Kalaschnikows auf seine Beine. Dann traten sie mit ihren Stiefeln zu. Krüger krümmte sich, aber er wehrte sich nicht. Schließlich verschwand einer der beiden, um die Dienststelle zu verständigen. Der andere versuchte, mit Krüger zu sprechen. Der antwortete, so gut es ging, auf russisch. Er dachte, der Spuk sei nun vorbei, und er könne sich wieder erheben. Abhauen kam für ihn ohnehin nicht mehr in Frage. Aber wahrscheinlich hatte er den etwa gleichaltrigen Soldaten, der mit der Festnahme völlig überfordert war, falsch verstanden. Der Bulgare eröffnete sofort Dauerfeuer auf den noch liegenden Krüger – in einem Abstand von etwa einem Meter. Knochen und Weichteile des linken Oberschenkels wurden völlig zerfetzt. Blutspritzer, Haut und Knochensplitter waren in der Umgebung verteilt. Auch der rechte Oberschenkel hatte zwei Durchschüsse.

Krüger wurde wie ein erlegtes Wildschwein auf ein Militärfahrzeug gehievt und abtransportiert. Erst fünf Stunden später kam er in ein Krankenhaus. Die Bulgaren nutzen die Zeit, um den auf dem Fahrzeug liegenden Krüger zu verhören. Niemand von ihnen sprach deutsch. Auch die Schmerzensschreie hielten sie nicht davon ab, das Verhör auf russisch weiterzuführen.

Durch eine zerschossene Leistenarterie hatte Krüger sehr viel Blut verloren. Das linke Bein spürte er nicht mehr. Schließlich brachten ihn die Bulgaren in ein Haftkrankenhaus.

In dem OP mit den vorsintflutlichen Gerätschaften flehte Krüger die Ärzte an, seine Beine behalten zu dürfen, aber das nützte nicht viel. Der Patient war ein Feind des Sozialismus – und Deutsch verstanden sie ohnehin kaum. Als er, mit Handschellen ans Bett gekettet, aus der Narkose aufwachte und feststellte, daß sein komplettes linkes Bein fehlte, war er am Boden zerstört. Die Militärärzte begutachteten das dunkel verfärbte verbliebene Bein. Es war stark geschwollen. Krüger heulte und zappelte mit dem Fuß, um unbedingt eine zweite Amputation zu verhindern. Gott sei Dank, waren die Ärzte nach der langwierigen und schweren ersten Operation zu faul, auch noch das andere Bein abzusägen.

Krüger sehnte sich nach Hause, nach einer ordentlichen Wundversorgung. Doch darauf mußte er noch warten. Erst wenn in Sofia, Budapest, Bukarest oder Prag genügend abtrünnige DDR-Bürger eingefangen worden waren, um ein Flugzeug mit ihnen zu füllen, brachte die INTERFLUG die geheimen Sammeltransporte zurück. Im Sommer war Hochkonjunktur, bestes Fluchtwetter. Fast jede Woche landete ein bewaffnetes Sonderkommando der Stasi mit Dutzenden Handschellen tragenden Vaterlandsverrätern in Berlin-Schönefeld. Dort warteten hinter einer Flugzeughalle wie Spinnen auf ihre Opfer die Transportfahrzeuge der einzelnen MfS-Bezirksgefängnisse. Auch diese Gefangenentransporte innerhalb der DDR waren streng geheim und nach außen nicht als solche erkennbar. In grauen Kleinbussen der Marke B-1000 befanden sich über der Hinterachse, zum Teil mit Reklameaufdrucken getarnt, zwei kleine Holzkisten. Sie waren etwa fünfzig Zentimeter breit und tief und vielleicht einen Meter hoch. Innen waren sie mit Schaumgummi ausgepolstert. Dort wurde jeweils eine mit Handschellen gefesselte Person hineingestopft. Ein erwachsener schlanker Mensch konnte gerade so mit angewinkelten Knien darin sitzen, ohne sich zu bewegen. In der straßenwärts gelegenen Kistenwand befanden sich kleine Luftlöcher mit einem Durchmesser von drei Millimetern. Direkt vor dem vor Angst und Hitze schwitzenden Gesicht befand sich in der Kistenwand ein etwa sieben mal zehn Zentimeter großes Glasfensterchen, das von der Fahrerseite her mit einer Holzklappe verdeckt war. Alle halbe Stunde öffnete ein Stasi-Offizier diese Klappe, um sich zu überzeugen, daß der Gefangene noch bei Bewußtsein war. Solch eine Fahrt dauerte, wenn man zum Beispiel von Berlin nach Rostock verbracht wurde, schon mal drei bis vier Stunden. Während die Jungs von der Stasi vorne Skat kloppten und ihre Vita-Kola tranken, flossen in den Kisten dicke Tränen und Saunaschweiß. Manchmal auch Urin. Austreten war für Gefangene verboten – Befehl war Befehl.

Zurück zu Krüger. Den Bulgaren war die Sache zu heiß geworden. Wenn sein Fall im Westen publik würde, blieben womöglich die bundesdeutschen Touristen aus und damit die Devisen, die alle Ostblockstaaten dringend brauchten. Jetzt bemühte man sich um Krüger. Die hübsche Tochter des Gefängnisdirektors brachte ihm täglich das Essen, streichelte und unterhielt ihn. Sie durfte ihn sogar mit dem Rollstuhl durch den Garten schieben.

Schließlich landete Krüger wieder im geliebten Vaterland. Die Stasi-Ärzte mußten ihn nochmals operieren. Das rechte Bein erlangte fast wieder seine volle Funktion. Der Stumpf wurde für die Anpassung einer Beinprothese korrigiert. Allerdings erhielt er keine, denn er blieb bei seinem Ausreisewunsch. So mußte er zu den Verhören und zur Gerichtsverhandlung mit Krücken humpeln. Als ob er durch das abgeschossene Bein nicht schon genug bestraft gewesen wäre, wurde er schließlich zu einem Jahr und drei Monaten ohne Bewährung verurteilt.

Bei uns kam er in eine Fünfzehn-Mann-Zelle unter Kindermörder und andere Schwerverbrecher. Er war als arbeitsfähig eingestuft worden und mußte wie die anderen für fünfzig Knastmark hart schuften. Ab und zu hatte er die typischen Stumpfschmerzen, die wir dann im Krankenhaus behandelten. Aber er war stets optimistisch und guter Laune, rechnete sogar mit einer kleinen Rente im Westen für den erlittenen Schaden. Erst gegen Ende seiner Haftzeit wurde er zunehmend depressiv. Von Vogel kamen keine guten Nachrichten. Sein Fall wäre ein gefundenes Fressen für die Medien gewesen. Weder die DDR noch Bulgarien wollte sich im Westen ein wandelndes Denkmal für den brutalen Schießbefehl leisten. Also wurde er nach dem Abbrummen seiner Strafe wieder in der DDR »eingegliedert« und bei Strafandrohung zum Stillschweigen verdonnert. Tatsächlich interessierte sich, als er nach jahrelangem Behördenkampf endlich in den Westen abgeschoben wurde, niemand mehr für ihn.

Auch ein anderer meiner Patienten hatte keine Chance, in den Westen zu kommen. Bei einem Fluchtversuch im Thüringer Grenzgebiet war er in eine Selbstschußanlage geraten. Ausgelöst durch Stolperdrähte oder eine Lichtschranke, hatten Geschosse seinen Körper mit Kunststoffsplittern förmlich zerfetzt. Diese tückischen Apparate waren übrigens die Weiterentwicklung einer Idee der SS, die man sich hatte einfallen lassen, um die Konzentrationslager abzusichern. Die ausgelösten Schüsse sollten den Flüchtling nicht töten, sondern nur massiv verletzen und an der weiteren Flucht hindern. Die Stasi-Ärzte hatten bei dem Mann alle Hände voll zu tun gehabt, die über den ganzen Körper verteilten, in die Muskulatur eingedrungenen Splitter zu suchen und zu entfernen. Er zeigte mir die vielen schrecklichen Narben. Etliche Splitter waren eingeheilt und wanderten unter der Haut. Bei Wetterumschwung verursachten sie Schmerzen. Aber noch viel schlimmer war, daß er sein rechtes Auge verloren hatte. Ihm wurde ein volkseigenes Glasauge verpaßt, das eine falsche Farbe hatte, zu klein war und ständig herausfiel und ihn zur Zielscheibe des Gespötts der Verbrecher werden ließ. Als ich seine Oberkieferprothese sah, bekam ich einen Schreck. Auf einer Seite war sie durch die Explosion pechschwarz, wie verschmort. Ich bot ihm an, eine neue zu bauen. Aber er lehnte ab. Er meinte, er brauche die Prothese später noch im Westen als Beweismittel. Aber die Stasi ließ ihn nicht rüber. Nach knapp vier Jahren Haft landete er wieder in der DDR.

Nicht nur die DDR war derart rabiat, wenn es darum ging, Westflüchtlinge aufzuhalten. Als besonders brutal bei Verhaftungen galten neben den Tschechen die rumänischen »Waffenbrüder«. Prügelstrafe und das Stehlen persönlicher Wertsachen waren schon fast obligatorisch. Oft machten sich Securitate-Offiziere und Soldaten auch einen Spaß daraus, Scheinhinrichtungen gleich am Ort des Geschehens durchzuführen. Die geschnappten DDR-Flüchtlinge mußten sich hinknieen und mit einem Klappspaten ihr Grab schaufeln. Dann wurde hörbar die MP entsichert und in die Erde geschossen. Manchmal hielt man dem Delinquenten auch genußvoll die Waffe an die Schläfe, bis dieser anfing, um sein Leben zu winseln. Und hatten die Rumänen jemanden im Grenzgebiet erschossen, war es eine probate Methode, den anonymen Leichnam über den

Grenzzaun zu hieven, um sich die Büroarbeit zu ersparen und den Jugoslawen die Schuld unterzujubeln.

Im Januar 1983 ergaben sich im Haftkrankenhaus einige Veränderungen. Käsebaum war wegen guter Führung einen Monat vorzeitig auf Bewährung entlassen wurden. All sein Kratzen, Buckeln und Arschkriechen hatte ihm nicht mehr als lausige vier Wochen eingebracht. Jakob Stein wurde drei Tage vor seiner amtlichen Entlassung im üblichen Schnellverfahren abgeholt. Beim nächsten Sprecher erfuhren wir, daß er anschließend über irgendwelche unklaren Wege nach Westberlin abgeschoben worden war. Das von Schmelzer verbreitete Gerücht, Stein sei wieder in seiner Heimatstadt in Thüringen gelandet, erwies sich also als falsch.

Doch bald schon kam Ersatz für Stein und Käsebaum. Vier Ärzte, ebenfalls politisch Inhaftierte, kamen allein aus dem Strafvollzug Cottbus, wo sie zum Teil schon mehrere Jahre abgesessen hatten. Dort hatte man sie nicht als Ärzte arbeiten, sondern Fließbandarbeit beim Bau der Fotokamera »Practica« der Firma Pentacon verrichten lassen. Diese auch im Westen beliebten und dort vergleichsweise preisgünstigen Kameras wurden hauptsächlich von politischen Gefangenen in Cottbus, also billigsten Arbeitskräften unter Akkorddruck, hergestellt.

Die Stasi hatte sich einen Spaß daraus gemacht, die Gefangenenverlegung von Cottbus nach Brandenburg so zu organisieren, daß die Leute während der Fahrt in dem Glauben waren, sich auf dem Weg in die ersehnte Freiheit zu befinden. Das böse Erwachen kam, als sich hinter ihnen die Brandenburger Gefängistore schlossen. Nun waren wir im HKH insgesamt acht Ärzte, sieben davon mit Fluchtdelikten.

Auch in der Zahnarztpraxis gab es Personalzuwachs aus Cottbus. Ich bemühte mich gerade schweißüberströmt um die Extraktion einer bombenfest sitzenden Weisheitszahnwurzel. Da tauchte plötzlich Kurze auf, hinter ihm ein kleiner, etwa fünfzigjähriger Strafgefangener mit lustig funkelnden Augen. Auf seiner krummen Nase trug er eine große schwarze Hornbrille. Die Knastuniform war um mindestens eine Nummer zu groß.

»Stra Garve, dit is Ihr neuer Kollege, lern Se ihm ma an! Der hat draußen irgendwatt mit Kiefern jemacht, wat weeß ick.«

Der Neue schaute erst mich, dann die Geräte an und schmunzelte über Kurzes Worte.

»Da jibs jarnischt zu lachen, Mann!« hob Kurze seine Offiziersstimme. »Sein Se froh, daß Se hier arbeiten können, Mensch!«

Und halblaut zu Hotz: »Und wenn der hier Mist macht, melden Se mir das! Verstanden?«

»Jawohl, Herr Oberleutnant!« Hotte nahm sofort militärische Grundhaltung ein. Langsam wurde der Patient auf dem Behandlungsstuhl unruhig. Verständlicherweise wollte er endlich seinen schmerzenden Zahn loswerden. Die Wirkung der Betäubung ließ langsam nach. Patientengejammer konnte Kurze nicht ertragen, und so räumte er schnell das Feld.

Der kleine Mann mit dem freundlichen Blick reichte mir die Hand. »Hallo, Herr Kollege, ich bin Viktor!«

»Und auch wegen Flucht hier?« fragte ich sofort.

»Klar!« antwortete er in seelenruhigem, fast pessimistischem Ton.

Mehr Zeit blieb uns zum »Vorstellungsgespräch« zunächst nicht, denn die Kolonne in den Wartezellen war noch nicht »durchgebohrt«. Also weiter mit der Wurzelextraktion.

Trotz Einsatz unterschiedlicher Zangen ruckte die Weisheitszahnwurzel um keinen Millimeter. Stück für Stück zerbrach der Rest der noch sicht- und greifbaren Zahnsubstanz. Ich erwog bereits einen tieferen chirurgischen Eingriff, um der verdammten Wurzel habhaft zu werden. Das gestreifte Hemd klebte feucht auf meinem Rücken. Das war also das erste, was ich dem neuen Kollegen vorführte.

Viktor klopfte mir väterlich auf die Schulter: »Soll ich es mal probieren?«

Dankbar legte ich die Zange aus der Hand und rieb mir das verkrampfte Handgelenk. Wie ein Adler auf der Jagd fixierte Viktor den kleinen schmerzverursachenden Bösewicht. Dann griff er nach einem einfachen, mir bis dato bedeutungslos erschienenen Zahnhebel, der Ähnlichkeit mit einem Schraubenzieher hatte. Er schob die Spitze unter den vorderen Wurzelrand. Gekonnt und ohne großen Kraftaufwand ruckte er zweimal. Innerhalb von fünf Sekunden war das passiert, was mir in der halben Stunde vorher nicht gelungen war. Die Wurzel war vollständig und ohne Bruch draußen. Alle Achtung! Routiniert drückte er einen Tupfer auf die Wunde und entließ den erleichterten, schweißtriefenden Patienten.

Viktor war von Beruf Kieferorthopäde. Er konnte nicht nur auf stolze fünfundzwanzig Jahre Berufserfahrung zurückblikken, sondern war draußen in Gera sogar Chefarzt einer Bezirkspoliklinik gewesen. Bei ihm hatten die Thüringer Kieferorthopäden ihre Weiterbildung und Facharztprüfung absolviert. Aufgrund seiner Qualifikation war die Stasi mit dem Strafmaß nicht zimperlich gewesen. In zwei Verhandlungen hatte er wegen Fluchtversuches und angeblicher Schleusung insgesamt fünf Jahre erhalten. Er mußte fast die vollständige Strafe absitzen. Mir gefiel sein trockener Humor. Und natürlich konnte ich fachlich sehr viel von ihm lernen.

Ein anderer netter und hochqualifizierter Neuzugang aus Cottbus war Malte. Er hatte als Neuroanästhesist in Berlin-Buch gearbeitet. Ab jetzt gehörten Flurwischen und Feudelschwingen zu seinen Hauptaufgaben. Aber Malte störte sich nicht an dieser Diskriminierung. Er behielt seine Berliner Heiterkeit.

Über den Transi hatten wir schon vor einiger Zeit erfahren, daß die SPD in Bonn als Regierungspartei von der CDU/CSU-Koalition abgelöst worden war. Dieser Wechsel bereitete mir Bauchschmerzen. Die DDR-Unterhändler mußten für den Freikauf von Häftlingen erst neue Verhandlungspartner aus dem jetzt zuständigen Bundesministerium für Innerdeutsche Angelegenheiten finden. Außerdem hieß es, daß der für diese Transaktionen in Westberlin zuständige Anwalt wegen Veruntreuung von Geldern weg vom Fenster sei und die Christdemokraten bei den Verhandlungen mit der DDR eine härtere Gangart einlegen wollten.

Seit langem war bekannt, daß die Stasi ganz gern auch Schwerkriminelle mit auf ihre Verkaufslisten setzte. Wenn Bankräuber oder Mörder von der Polizei gesucht wurden, befanden sie sich automatisch auf der Republikflucht. Mit dem zusätzlichen Paragraphen 213 erhielten diese Täter dann einen politischen Status. Bei der späteren Abschiebung ließ man den kriminellen Paragraphen kurzerhand aus den Unterlagen verschwinden und veranschlagte unter dem Deckmantel »Familienzusammenführung« vom Westen die entsprechende Kopfgeldprämie. Beste

Beispiele für die Rückfälligkeit von aus Brandenburg freigekauften Berufsverbrechern waren ein Totschläger, der gleich nach seiner Ankunft im Notaufnahmelager in Gießen einen Taxifahrer umgebracht hatte, und ein wegen schweren Raubes vorbestrafter Täter, der im Westen bald mehrere Tankstellen überfallen und dabei einen Tankwart erschossen hatte. Logisch, daß sich die neue Regierung solche Fälle nicht mehr andrehen lassen wollte. Der Mißbrauch mußte unterbunden werden.

Anstatt aber jetzt die politischen Gefangenen zum »Sonderpreis« anzubieten – immerhin waren wir ja ein wichtiges Hartgeldkapital für die Volkswirtschaft –, zog die DDR-Regierung betroffen den Kopf ein und tat überhaupt nichts mehr. Schon seit Monaten lief kein Abschiebetransport mehr. Unter den Ausweisern machte sich Resignation breit.

Anfang März erschien plötzlich Oberleutnant Kurze in der Zahnabteilung und meinte, er müsse ein wichtiges persönliches Gespräch mit mir führen. Er schickte Hotz vor die Tür und holte einen Fragebogen heraus, den er gemeinsam mit mir ausfüllen wollte. Dann fragte er, ob ich bereit sei, durch mein Verhalten und eine entsprechende politische Einstellung die Bedingungen einer vorzeitigen Haftentlassung in die sozialistische Gesellschaft nach Paragraph 349 StGB zu erfüllen. Er würde dann noch gutes ein Wort für mich einlegen, und schon in einer Woche sei ich wieder bei meinen Eltern. Allerdings müßte ich meinen Ausreiseantrag zurückziehen – Kurze verwies dabei auf das zweite Formular, das direkt ans MfS adressiert war.

»Sie denken doch wohl nicht im Ernst, Kurze, daß ich Ihnen diesen Schwachsinn ausfülle«, reagierte ich darauf. Ich hatte mir die kleine Frechheit angewöhnt, ihn, wenn kein Zeuge dabei war, nur mit dem Nachnamen anzusprechen. Für ihn war ich ja auch immer nur »Garve« oder »Stra Garve«. Er schluckte es, und das gefiel mir.

»Ja, wat soll ick denn nu machen, Mensch«, sagte er achselzuckend.

»Gar nichts, zerreißen Sie das Ding, und weg mit dem Scheiß! Oder kann ich da etwa reinschreiben, was ich will?«

Kurze überlegte einen Moment und fing noch einmal an: »Mann, wolln Se denn wirklich nich? Der Knast ist doch nichts für Sie.«

Da ich auch auf die kurze Bedenkpause nicht reagierte, öffnete er seine Aktentasche und holte ein drittes Formular heraus. »Jut, dann sagen Se noch, wat Se machen wolln, wenn Se nach Verbüßung der Haftstrafe wieder in die DDR entlassen werden!« Er setzte seine Brille auf, nahm am Schreibtisch Platz und entschraubte seinen dicken Pelikan-Füllhalter.

»Na, zuerst würde ich natürlich bei der Abteilung für Inneres einen neuen Ausreiseantrag stellen und abwarten. Wenn die mich immer noch nicht rüberlassen würden, müßte ich mir was anderes einfallen lassen.«

»Wat, wolln Se etwa wieder abhaun?«

»Weiß ich noch nicht. Vielleicht? Wenn mir was absolut Sicheres einfallen würde, bestimmt.«

Gewissenhaft notierte er sich meine Worte. Also erzählte ich weiter: »Wissen Sie, bis zu meiner Inhaftierung war ich alles andere als ein richtiger DDR-Gegner. Mich hat diese ständige Heuchelei und Gängelei angekotzt. Außerdem das Gefühl, mir nicht mehr selbst zu gehören und in einem großen Knast eingesperrt zu sein. Ich lebe doch nur ein einziges Mal. Meine Zukunft liegt mit Sicherheit nicht weiter zwischen Erzgebirge und Ostsee. Es gibt für mich keine andere Alternative, als in den Westen zu gehen.«

»Kenn' ick schon. Dat sagen alle. Und wat denken Se jetzt von der DDR und so?«

Meine Antwort kam prompt, denn immerhin schrieb Kurze die Beurteilung für die Stasi. Darin durfte nichts Positives über die DDR stehen. Also holte ich pathetisch breit aus: »Jetzt betrachte ich mich wirklich als bewußten Staatsfeind. Das System ist menschenverachtend und muß abgeschafft werden. Dieser sogenannte Sozialismus ist ohne Mauern und Selbstschußanlagen nicht lebensfähig. Wozu er fähig ist, das habe ich hier erlebt. Und wenn Sie ehrlich zu sich sind, müßten Sie eigentlich genauso denken.« Unfaßbar: Kurze nickte dazu, sagte aber nichts. Also redete ich weiter: »Außerdem, wenn das System unbedingt Gewaltanwendung zur Durchsetzung seiner Ziele für rechtens hält, halte ich Gegengewalt als Notwehr für legitim.«

»Wie mein' Se dat denn?«

»Na, so wie ich's sage. Man muß sich bewaffnen. Wenn die an der Grenze auf mich schießen, muß ich zurückschießen, ist doch klar«, antwortete ich entschlossen. Ich traute meinen eigenen Ohren nicht. War das eigentlich noch ich, der da sprach? Was erzählte ich denn da? Ich und schießen? Unmöglich! Aber ich hatte es wenigstens zu Protokoll gegeben und mir damit Luft gemacht.

»Reden Se ruhig weiter«, sagte Kurze, der sich über meine Worte nicht erstaunt zeigte.

»Die DDR züchtet sich, wenn sie die Leute nicht rüberläßt, alsbald eine schlagkräftige Opposition im eigenen Land heran. Und irgendwann wird's knallen. Müssen bloß noch die Russen raus«, rundete ich meine kämpferische Rede ab. »Ach ja, und schreiben Sie bitte, daß der Strafgefangene Garve meint, daß ihn der Knast zwar ankotze, er sich aber geistig noch nie so frei gefühlt habe wie hier drinnen«, diktierte ich ihm weiter.

»Dat werden die sich schon denken können, Garve. Lesen Se sich das ruhig nochmal durch und unterschreiben Se dann hier. Ick muß ooch noch ihre Kollejen befragen. Hab' keene Zeit mehr!«

Während ich seine Notizen überflog, kam mir alles noch viel zu lasch vor. Ich befürchtete, daß ich damit noch nicht ans Ziel kam. Aber Kurze war in Eile. »Geben Sie mir bitte noch mal Ihren Stift«, bat ich ihn.

»Wieso? Da wird nischt mehr jeändert«, sagte er.

»Opposition wird aber mit zwei p geschrieben!«

Pedantisch versuchte er, den fehlenden Buchstaben noch in das Wort zu quetschen, malte darüber »geänd. Kz.« und verschwand.

Bei Alexander wiederholte er die Prozedur. Dessen Ausführungen über bewaffneten Untergrundkampf und erhofften Regierungssturz klangen noch schärfer als meine. Jetzt mußte die Stasi erkennen, daß wir nicht mehr resozialisierbar waren. Ausgeschlossen, daß sie solche Staatshasser wie uns noch mal in die DDR entlassen würden. Dachte ich zumindest.

Nachdem ich Theo den OP-Bericht einer gerade durchgeführten Wurzelspitzenresektion und die üblichen Verordnungen von Schmerztabletten, Breikost, Kühlung und so weiter diktiert hatte, ging ich in den Vorraum des Operationssaales zu Alexander.

»Hallo Roland, wie geht's?« lächelte er mir entgegen.

»Bestens, hab' gerade mal wieder 'nem LLer ein paar Tage Erholung verschafft. Liegt jetzt auf der Fünf und wartet auf seine Spaßmacher. Und wie sieht's bei euch aus?« Ich schaute durch die Scheibe zum OP, wo gerade operiert wurde.

»Sind gleich fertig. Bader operiert selbst, James und Malte assistieren. Guck mal her!« Er zeigte auf ein Röntgenbild, auf dem außer Rippen und Wirbelsäule ganz eigenartige Verschattungen zu sehen waren, die aussahen, als hätte jemand eine Handvoll Eisen mit unters Röntgenbild gelegt.

»Was ist denn das?«

»Auf den anderen Bildern ist es noch deutlicher zu sehen. Der Typ hat heute morgen sein Stahlmesser, einen abgebrochenen Löffel, sein Pfeifenbesteck, ein paar Betthaken und wohl auch noch andere Teile aus Kunststoff, die man hier nicht erkennt, runtergeschluckt.«

Die Bauchwand- und Magenöffnung war inzwischen erfolgreich beendet worden. Bader eilte mit gewichtigen Behlsworten aus dem OP und verschwand nach schnellem Kittelwechsel, ohne mich zu registrieren, in Richtung seines Büros. Der Patient namens Karol wurde vorsichtig auf die Intensivstation geschoben.

Ich schaute völlig fassungslos auf die Glasschüssel, in der auf blutverschmiertem Verbandmull der Haufen wieder ans Tageslicht beförderter Gegenstände lag: »Wie hat er das denn runtergekriegt, und vor allen Dingen – wozu?«

Malte, der hochspezialisierte Neuroanästhesist aus Berlin-Buch, den Bader zu der komplizierten Operation hinzugezogen hatte, kam herbei: »Hat lebenslänglich für irgendeinen Mord und inzwischen vierzehn Jahre 'rum. Er hat erzählt, er will unbedingt nach Moisdorf, weil man seine Mieze dorthin verlegt hat.« Er tippte sich mit dem Zeigefinger an die Stirn. »Armes Schwein!« Er fischte sich etwas aus dem Topf und schüttelte lächelnd den Kopf.

Um weiteren Komplikationen vorzubeugen, wurde eine Sitzwache bei Karol eingeteilt. Malte übernahm das und beschäftigte sich auch in den nächsten Tagen ausgiebig mit ihm. Nachmittags, als ich mit Viktor gerade ein interessantes Fachgespräch führte, kam Malte dazu. In der einen Hand, wie gewohnt, seine Pfeife, in der anderen ein Stahlmesser.

»Wo hast'n das her?« Derartige Messer waren hier eine Rarität und verboten. Malte besaß schon seit längerem keines mehr.

»Von Karol. Hab's schon sterilisiert.« Wir grinsten uns an.

»Kannste mir das ein wenig schärfer machen? Sonst kann man das Brot schlecht damit schneiden.«

»Klar, gib her!«

In den nächsten Tagen ging es Karol zunehmend besser. Malte kümmerte sich rührend um ihn. Einmal kam Kurze in seiner typisch trottligen Art und Weise dazu und beschwatzte Karol in väterlich-beruhigendem Ton. »Mensch, SG Karol, wolln doch nicht schlappmachen, was? Machen Se doch nich wieder, nech? Jetzt wird alles anders. Se komm in Ihr Haus zurück, und dann fängt 'n völlig neuer Lebensabschnitt für Se an.« Dabei klopfte er ihm ganz vorsichtig und kumpelhaft auf die Schulter. Karols Augen leuchteten. So viel Zuwendung hatte er seit Jahren nicht mehr erfahren, und er freute sich wie ein Kleinkind, das seine Mutti schützend-streichelnd auf dem Arm hält.

Nach vierzehn Tagen und einem abschließenden, fast kameradschaftlichen Gespräch mit Kurze wurde Karol wieder in seine Strafeinheit entlassen. Morgens um sieben Uhr war er von einem Bullen in seine Hauszelle geführt worden. Schon gegen Mittag wurde er erneut eilig ins Haftkrankenhaus gebracht. Wieder hatte er den Magen voller Gerümpel, Stahlmesser, Gabeln – alles, was er in den letzten Stunden in der Zelle so gefunden hatte. Und nun wartete er in völliger Seelenruhe und naiv-blindem Vertrauen auf das Können der Ärzte und auf erneute Zuwendung und Wärme. Ich fragte mich, was Bader nach der frisch zugeheilten Magen-OP machen würde. Wir alle stellten uns diese Frage. Die kleinste Verletzung mit dem Messer im Magen konnte auf schnellstem Wege zur Verblutung führen. Aber Bader unternahm nichts. Er ordnete nur an, Karol sofort in den Arrest zu sperren.

Die Tage wurden länger. Erste Tulpen blühten auf dem Hof. Es waren nur noch vier Tage bis zu meinem offiziellen Haftende. Die Tatsache, daß schon wochenlang keine Abschiebetransporte mehr stattgefunden hatten, machte mich nervös. Aber ich tröstete mich damit, daß es bei Jakob Stein ganz ähnlich gewesen war. Erst einen Tag vor Haftende war er abgeholt und via Westberlin abgeschoben worden. Warum sollte es bei mir anders sein?

Ich schlenderte also wie gewohnt in die Praxisräume und begann mit der Arbeit. Plötzlich erschien Kurze und forderte mich auf, sofort mitzukommen. Ich solle zwecks Haftentlassung verlegt werden und umgehend meine Sachen packen. Allerdings dürfe ich nur das Nötigste mitnehmen. Briefe und andere Aufzeichnungen seien zu vernichten. Kontakte zu anderen Gefangenen hätten zu unterbleiben.

In meinem Kopf schwirrten die Gedanken hin und her. Jetzt würde endlich das Ersehnte passieren. Was sollte die Geheimnistuerei mit dem Vernichten der Briefe denn sonst bedeuten? Nicht mal tschüs sagen zu den Kollegen durfte ich. Karol fiel mir ein. Ich sollte also auch nicht mehr erfahren, ob er die Messerschluckerei überstehen würde.

Während ich in aller Eile mein Päckchen schnürte, blieb Kurze wie ein Arbeiterdenkmal stehen und beobachtete mich. In dem Durcheinander fiel ihm nicht auf, daß ich mein Restgeld von achtzig Knastmark und einen Zettel mit einer Kontaktadresse unter Uwes Kissen schob. Dann stürmte ich ungefragt an Kurze vorbei Richtung Station, um mich von den Kollegen zu verabschieden.

Er rannte hinter mir her, beeilte sich allerdings nicht sehr. So konnte ich wenigsten noch Alexander und Malte erwischen und kurz umarmen. Mich beherrschte in dem Moment ein ungeheures Gefühlswirrwar. Freude, Trauer über den Abschied, der Wunsch, den anderen Mut zu machen, mischten sich. Dann ging alles sehr schnell. Die Tür vom Krankenhaus öffnete sich, und ich folgte Kurze Richtung Zugangsabteilung. Aus den Fenstern winkten mir die Kameraden hinterher.

Angekommen im Haus I, schloß mich Kurze in eine Zelle, die wohl schon seit langem nicht mehr belegt gewesen war, denn sie war sehr schmutzig. Ich sollte dort auf alles Weitere warten. Natürlich fragte ich ihn, ob ich jetzt abgeschoben würde. Er zuckte mit den Schultern: »Weeß nich, kann sein. Jedenfalls allet Jute, Stra Garve!« Damit verriegelte er die Tür von außen.

Aufgeregt lief ich wie ein Tiger im Käfig hin und her. Eigentlich hatte ich das Rauchen schon vor Monaten aufgegeben. Eine Schachtel Karo hatte ich aber immer für den Notfall behalten. Und der war jetzt gewissermaßen eingetreten.

Die Tür wurde aufgeschlossen, weitere Gefangene kamen herein. Die meisten von ihnen kannte ich von Elmo und als Patienten: Leute mit Ausweisungsdelikten, auch Solschenizyn, der wegen »staatsfeindlicher Hetze« verurteilte Satireschriftsteller, und ein Spion, der neun von fünfzehn Jahren abgebrummt hatte.

Zweifellos wurde hier ein Stasi-Transport nach Karl-Marx-Stadt zusammengestellt. Nach einer knappen Stunde waren wir insgesamt zwölf Personen im Raum. Stiefelschritte; die Tür wurde entriegelt. Ein älterer Offizier mit grauem, faltigem Gesicht hielt eine Namenliste in der Hand und beäugte uns feindselig.

Ruhe kehrte ein. Herzklopfen!

»Alles raustreten und mitkommen!« Aufgeregt ergriffen wir unsere Sachen.

»Halt!« Er glotzte noch einmal angestrengt auf seine Liste und fing an zu grinsen: »Alle, außer Garve oder so ähnlich. Der bleibt hier!«

Mir blieb fast das Herz stehen. Hatte ich eben richtig gehört? Der meinte tatsächlich mich. Die mitleidsvollen Blicke der Abschiebekandidaten richteten sich auf mich. Kraftlos ließ ich mein Bündel wieder sacken und setzte mich obendrauf. Das Abrücken der Kolonne nahm ich kaum noch wahr. Irgendwann erhob ich mich schließlich und preßte mein Gesicht ans Fenstergitter.

Draußen im Zugangshof, auf dem ich vor über einem Jahr meine ersten ausgedehnten Schritte im Zuchthaus gemacht hatte, verschwand die Truppe gerade hinter einem Tor. Jemand drehte sich noch einmal um und hob zum Abschied die Hand.

Dann kehrte eine gräßliche Ruhe ein. Ich war fix und fertig und vollkommen allein.

Ich redete mir selber gut zu. Vielleicht handelte es sich nur um ein Versehen? Oder wollte man mich, wie letztens den Kollegen, wegen der Kürze der Zeit direkt über Berlin abschieben?

Ich hielt meinen Kopf über das verstopfte Zellenklo und mußte mich übergeben.

Dann legte ich mich auf eine der verstaubten Pritschen, aber Schlafen war nicht möglich. Unter keinen Umständen hatte ich jemals wieder das mir inzwischen verhaßte Land außerhalb der Zuchthausmauern betreten, geschweige denn dort leben wollen. Genau so hatte ich es Kurze bei seinem merkwürdigen Abschlußbericht zu Protokoll gegeben. Aber nach all diesen qualvollen Monaten und Entbehrungen verpaßte mir der Staat noch einmal einen Tritt.

Das Zeitgefühl ging mir verloren. Erst am Abend, als zur Zählung aufgeschlossen wurde, fiel mir auf, daß ich den ganzen Tag über nichts zu essen bekommen hatte. Auch am nächsten Morgen vergaß man, mir etwas zu bringen, aber mir war ohnehin der Appetit vergangen. Mir war kotzübel und schwindelig. Über Nacht hatte ich Fieber bekommen.

Zwar erhielt ich mittags endlich etwas zu essen, aber der Gang auf den Freihof wurde mir aus unerklärlichen Gründen verwehrt.

Eine Etage über mir befand sich die Zelle, in der Volker saß, der Dresdner Elektroingenieur, den ich bei Elmo kennengelernt hatte. Durchs geöffnete Fenster rief ich seinen Namen. Er war noch immer nicht abgeschoben worden und antwortete. Wir konnten uns zwar nicht sehen, aber er war so nett und ließ mir an einer Schnur einen Beutel herab, in dem sich eine Flasche Milch und ein an Franz Josef Strauß und ans Brüsewitz-Zentrum in Bad Oenhausen gerichteter Brief befanden. Den Brief sollte ich auswendig lernen, anschließend vernichten, draußen neu schreiben und über Deckadressen in den Westen schmuggeln.

Ich war froh über die Ablenkung. Wie unter Zwang büffelte ich mir Satz für Satz, jedes Wort einzeln wie bei einem Gedicht ein. Ich wiederholte den Text, bis er perfekt und abrufbereit in meinem Kopf saß. Es war ein trauriger Bericht über Volkers Schicksal und ein Appell an den Westen, unbedingt eine härtere politische Gangart gegen die DDR einzulegen. Auch wenn es nur ein winziges Sandkorn im Getriebe werden sollte, für Volker und all die anderen, die hier unschuldig einsaßen, war es wichtig. Man mußte immer wieder Zeichen setzen, um zu zeigen, daß es in der DDR Leute gab, die sich von der Stasi trotz Haft nicht von ihrer politischen Überzeugung abbringen ließen.

Schließlich verbrannte ich den Brief. Ich war stolz, wenigstens diese kleine Aufgabe mit nach draußen nehmen zu können. Ich war es Volker und den anderen einfach schuldig.

Dann schlug ich die Zeit damit tot, indem ich auf den Zugangshof starrte und die frisch Eingekleideten während der Freistunde beobachtete. Genau das gleiche Bild wie damals, als ich das erste Mal da unten ging. Ein Spektrum in der Altersspanne von achtzehn bis siebzig, einige vorsichtig mit unsicheren Blicken dahinschreitend, andere dagegen scheinbar voll in ihrem Element, als ob sie wieder zu Hause wären.

Ganz am Rande marschierte ein Schwarzafrikaner. Das war in Brandenburg auffällig. Normalerweise steckte die Stasi exotische Ausländer in einen ihrer Privatknasts wie Bautzen II oder ins berüchtigte Lager X, dessen genauer Standort nicht bekannt war.

Und dann erblickte ich ein vertrautes Gesicht in der Menschenmenge.

Seinen richtigen Namen hatte ich längst vergessen. Nur der Spitzname Ernie und sein Delikt fielen mir wieder ein. Er hatte fünf Jahre wegen Vergewaltigungen abgesessen und war eigentlich im vergangenen Jahr wegen guter Führung entlassen worden.

»Hallo, Ernie! Bist du immer noch oder schon wieder hier?« rief ich hinunter.

Ernie blickte auf: »Hey, Alter, grüß dich!« Er schien es zu genießen, jetzt von den anderen beachtet zu werden. Sein rundes, tätowiertes Gesicht verzog sich zu einem vielsagenden Grinsen. Er kam unter mein Fenster und schnorrte eine Zigarette.

»Nee, nee, ich war wirklich draußen. Aber hat nicht so richtig geklappt mit der Arbeit bei meinem Schwager, verstehste!« Natürlich verstand ich nicht, auch interessierte mich das mit seiner Arbeit eigentlich weniger. Aber neugierig war ich schon, warum der Kerl so schnell wieder eingefahren war.

»Wieviel Jahre hast'n mitgebracht?«

»Ich? Ach Scheiße!« Verlegen starrte er für einen kurzen Moment auf seine nagelneuen Arbeitsschuhe, um dann wieder mit strahlendem Gesicht aufzuschauen und selbstsicher, als ob er mir seinen Dienstgrad bei der Freiwilligen Feuerwehr mitteilen wollte, zu sagen: »LL.«

»Wie hast'n das hingekriegt, Mensch?«

Ernie sog tief an der Filterlosen, bevor er sich zu einer Erklärung durchrang: »Die Bullen hatten 'ne Olle gefunden. Irgendwo im Kanal, was weiß ich. Und denn haben se mir die untergejubelt, verstehste? Dabei hatten die nich mal was in der Hand gegen mich. Kannte die Frau nich mal. Weißt ja, einmal vorbestraft reicht denen schon. Vielleicht war die auch nur beim Baden ersoffen. Egal!«

Ernie machte sich nicht die Mühe, vor mir das Unschuldslamm zu mimen. Im Arbeitskommando später würde er die Katze schon aus dem Sack lassen und für Geld vielleicht seine neue Anklageschrift unter den Verbrechern als Wichsvorlage verleihen.

»Sag mal, kommst du an Tee ran, oder kannst du mir 'n paar Mark pumpen?«

»Tut mir leid, hab nichts mehr. Aber 'n paar Zigaretten kannste haben, wenn du mir einen Gefallen tust.«

»Okay, was soll ich machen?«

»Wenn du zur Eingangsuntersuchung ins HKH gebracht wirst, bestell dort bitte Grüße von mir und sag denen, daß ich nicht mit auf Transport gegangen bin!«

»Und wem soll ich das sagen?«

»Völlig egal! Bloß keinem Bullen. Die Nachricht kommt garantiert an.«

Am Vorabend des Entlassungstages brachte mich der Offizier mit dem Faltengesicht zum Friseur. Offensichtlich hatte es ihm noch nicht ausgereicht, mich mit der ominösen Liste zu demütigen. Jetzt sollten auch noch die Haare drankommen, um mich lächerlich zu machen. Gott sei Dank war der »lebenslängliche« Haarschneider ein guter Patient von mir und ging gnädig mit meiner Haarpracht um. Die letzte Nacht im Zuchthaus machte ich fast kein Auge zu. Es fiel mir unglaublich schwer, mich an den Gedanken zu gewöhnen, wieder in die DDR entlassen zu werden. Am nächsten Morgen hatte das Knittergesicht noch immer Dienst. Er brachte mich in die Effektenkammer. Dort erhielt ich meine Privatklamotten. Sie rochen nach Mottenpulver. Das einzige, was auf Anhieb noch paßte, waren die Schuhe. Alles andere war inzwischen zwei Nummern zu groß.

Ich erhielt meinen Entlassungsschein, der vorläufig als Personalausweis galt, bekam meine Lohnrücklage in Höhe von 448,48 Mark ausgezahlt und wurde aufgefordert, mich umgebend im Volkspolizei-Kreisamt Hagenow zu melden. Unterbringung und Arbeitsstelle seien schon geklärt.

Insgesamt siebenmal krachten Türschlösser, bevor sich das Haupttor hinter einer Schleuse öffnete. Am liebsten hätte ich kehrtmarsch gemacht. Ich hatte Herzklopfen, die Beine zitterten. Warum hatte ich nicht noch ein Jahr länger bekommen? So verrückt es auch klingt, ich hatte Angst vor dem da draußen. Es kam mir so vor, als würde ich ein fremdes Land betreten, in dem es vor Feinden nur so wimmelte.

Ein frischer Frühlingswind trocknete mir die Augen. Es roch angenehm nach Lindenblättern. Grüne Bäume hatte ich all die Zeit über vermißt.

Auf der anderen Straßenseite stand ein alter sowjetischer T-34-Panzer auf einem Sockel, ein sozialistisches Ehrendenkmal. Da war es wieder, das Feindbild. Jetzt konnte ich verstehen, warum Knöfel den Russenpanzer in Karl-Marx-Stadt hatte in die Luft jagen wollen.

Gleich daneben warteten meine Eltern mit ihrem »Russenpanzer«, einem sauer zusammengesparten Saporoshez, auf mich. Also doch nicht alles Feinde?

Epilog

Zehn Monate später waren etliche Resozialisierungsversuche seitens der staatlichen Organe bei mir fehlgeschlagen. Sogar eine AWG-Neubauwohnung und ein gebrauchtes Auto hatte man mir angeboten.

Zweimal wurde ich direkt vom Arbeitsplatz weg von der Stasi verhaftet und jeweils zwölf Stunden lang wegen angeblicher staatsfeindlicher Aktivitäten verhört. Man unterstellte mir, ich hätte eine »konterrevolutionäre Organisation« mit dem Decknamen »Stille Hilfe« gegründet. Wie ich später aus den Stasi-Akten erfuhr, wurden in dieser Zeit fast täglich IM-Berichte über mich verfaßt. Die miesesten stammten von meinem Chef aus der Poliklinik, einem Medizinalrat mit Decknamen »Manfred Horn«. Ein kleiner Apparatschik, der ein Problem damit hatte, sich nicht Doktor nennen zu können, denn er hatte niemals promoviert. Ständig spürte ich seinen Schatten in meiner Nähe. Meine Zahnarzthelferin, Schwester Linda, Deckname: Gabriele, verfaßte fast ein ganzes Buch über mich und wurde schließlich sogar zum IMB, zum Inoffiziellen Mitarbeiter mit Feindberührung, befördert. Wir verstanden uns bestens. Trotzdem war ich der Feind.

Auch ein MfS-Offizier aus der Kreisdienststelle Hagenow soll sich für seinen tatkräftigen Einsatz in der OPK, der Operative Personenkontrolle »Dentist« einen Pickel auf den Schulterstücken dazuverdient haben.

Der letzte Stasivernehmer vor meiner Ausweisung schlug einen fast kumpelhaften Ton an: »Herr Garve, Sie haben doch auch einmal Marxismus/Leninismus studiert, oder?«

»Sicher, ohne M/L lief doch kein Studium.«

»Kapier' ich nicht. Dann müßte doch eigentlich was hängengeblieben sein?« fragte er scheinheilig.

»Na klar!« Ich grinste ihn an: »Kennen Sie den kürzesten Satz mit Lenin?«

»Nö!« Er schaute mir gespannt direkt in die Augen.

»Ich lehn' ihn ab«, sagte ich trocken.

Der Stasi-Mann fing schallend an zu lachen und schlug sich mit den Händen auf die Knie: »Den muß ich mir merken!« Also eigentlich auch nur ein ganz normaler Mensch mit Humor und Frust. Wie der wohl zur Stasi gekommen sein mochte? Oder stimmte es, daß die besten politischen Witze sowieso von der Stasi gedichtet wurden?

Am 9. März 1984, zehn Monate nach meiner Haftentlassung, verfrachtete man mich endlich mit einer Entlassungsurkunde aus der Staatsbürgerschaft der DDR im Gepäck in den Interzonenzug Richtung Hamburg. Es wurde übrigens ausdrücklich vermerkt, daß ich nicht übersiedelte, sondern ausgewiesen wurde. Nur meine Mutter durfte am Bahnhof Abschied von mir nehmen, hinter sich zwei unauffällige junge Herren, die offenbar meinen Abgang zu überwachen hatten.

Meine Barschaft bestand aus zehn DDR-Mark, dreißig Pfennig West und jeder Menge Optimismus. Die zehn Mark durfte ich nicht ausführen, dafür gab's in Schwanheide, am Grenzübergang, eine Solidaritätsspendendose. Mein Dreißig-Pfennig-Westvermögen verschwieg ich sicherheitshalber.

Vorsorglich hatte ich den Haftentlassungsschein in eine Plastetüte eingewickelt und in meiner Wegzehrung, einem Broiler, »versenkt«. Irgendeinen Nachweis meiner Haft brauchte ich schließlich im Westen. Den wollte ich mir nicht abnehmen lassen. Die Erfahrung aus dem Knast, daß Bullen oder Vertreter anderer »Organe« beim Filzen die Finger von Nahrungsmitteln ließen, sollte sich auch bei der Grenzkontrolle bestätigen.

In Hamburg angekommen, investierte ich meine dreißig Pfennig in ein R-Gespräch mit einem ehemaligen Haftkameraden. Auf Anhieb bekam ich für die erste Nacht ein Dach über den Kopf.

Zwei Tage später fuhr ich ins Zentrale Aufnahmelager Gießen, um die Einbürgerungsformalitäten zu erledigen. Die Flure und Büros waren verstopft mit Übersiedlern. Die DDR hatte nach den Botschaftsbesetzungen in Ostberlin auf einen Schlag vierzigtausend Leute in den Westen entlassen. Die meisten Ankömmlinge kamen aus Dresden und Umgebung. Gießen war vorübergehend zu einer sächsischen Exklave geworden.

Und dann der Hammer! Ich stand gerade bei der Essenausgabe an, als mir plötzlich jemand kräftig auf die Schulter klopfte. Ich zuckte zusammen. Wer, in drei Gottes Namen, kannte mich hier?

»Hey, Alter, du auch hier? Dat is ja 'n Ding!« grölte eine mir nicht unbekannte Stimme.

Ich drehte mich um und wollte meinen Augen nicht trauen. Dort stand leibhaftig Hinrichs, mein ehemaliger Zellenmitbewohner, inmitten einer Schar bunttätowierter, betrunkener Gesellen. Auch deren Gesichter und Zähne waren mir nicht fremd.

Er trug weite Schlaghosen und ein geblümtes Hemd mit extra weitem Kragen. Genau wie es vor über zehn Jahren, als er wegen Mordes eingesperrt worden war, Mode gewesen war. Seine Haftstrafe hatte er noch lange nicht verbüßt.

»Wußte gar nicht, daß du auch in den Westen wolltest!« sagte ich verwundert.

»Nö«, antwortete er grinsend. »Ick vor zwee Wochen ooch noch nich.« – »Meine Mörder« wurde ich wohl niemals los.